あ

発刊の想《おも》い。

これからの世代のみんなが、
日本中と交流をするためには、
「デザインの目線」がとても
重要になっていくと考えます。
それは、長く続いていくであろう
本質を持ったものを見極め、
わかりやすく、楽しく工夫を感じる創意です。
人口の多い都市が発信する
流行も含めたものではなく、
土着的でも、その中に秘められた「個性」——
それらを手がかりとして、
具体的にその土地へ行くための
「デザインの目線」を持った観光ガイドが今、
必要と考え、47都道府県を一冊一冊、
同等に同じ項目で取材・編集し、
各号同程度のページ数で発刊していきます。

d design travel
発行人　ナガオカケンメイ

problems, we will point out the problems while recommending it.
- The businesses we recommend will not have editorial influence. Their only role in the publications will be fact checking.
- We will only pick up things deemed enduring from the "long life design" perspective.
- We will not enhance photographs by using special lenses. We will capture things as they are.
- We will maintain a relationship with the places and people we pick up after the publication of the guidebook in which they are featured.

Our selection criteria:
- The business or product is uniquely local.
- The business or product communicates an important local message.
- The business or product is operated or produced by local people.
- The product or services are reasonably priced.
- The business or product is innovatively designed.

Kenmei Nagaoka
Founder, d design travel

編集の考え方。

・必ず自費でまず利用すること。実際に泊まり、食事し、買って、確かめること。
・感動しないものは取り上げないこと。本音で、自分の言葉で書くこと。
・問題があっても、素晴らしければ、問題を指摘しながら薦めること。
・取材相手の原稿チェックは、事実確認だけにとどめること。
・ロングライフデザインの視点で、長く続くものだけを取り上げること。
・写真撮影は特殊レンズを使って誇張しない。ありのままを撮ること。
・取り上げた場所や人とは、発刊後も継続的に交流を持つこと。

取材対象選定の考え方。

・その土地らしいこと。
・その土地の大切なメッセージを伝えていること。
・その土地の人がやっていること。
・価格が手頃であること。
・デザインの工夫があること。

SIGHTS
その土地を知る
To know the region

CAFES
その土地でお茶をする
お酒を飲む
To have tea
To have a drink

RESTAURANTS
その土地で食事する
To eat

HOTELS
その土地に泊まる
To stay

SHOPS
その土地らしい買物
To buy regional goods

PEOPLE
その土地のキーマン
To meet key persons

A Few Thoughts Regarding the Publication of This Series

I believe that a “design perspective” will become extremely important for future generations, and indeed people of all generations, to interact with all areas of Japan. By “design perspective,” I mean an imagination, which discerns what has substance and will endure, and allows users to easily understand and enjoy innovations. I feel that now, more than ever, a new kind of guidebook with a “design perspective” is needed. Therefore, we will publish a guide to each of Japan’s 47 prefectures. The guidebooks will be composed, researched, and edited identically and be similar in volume.

Our editorial concept:

- Any business or product we recommend will first have been purchased or used at the researchers’ own expense. That is to say, the writers have all actually spent the night in at the inns, eaten at the restaurants, and purchased the products they recommend.
- We will not recommend something unless it moves us. The recommendations will be written sincerely and in our own words.
- If something or some service is wonderful, but not without

KATOUKE STUDIO

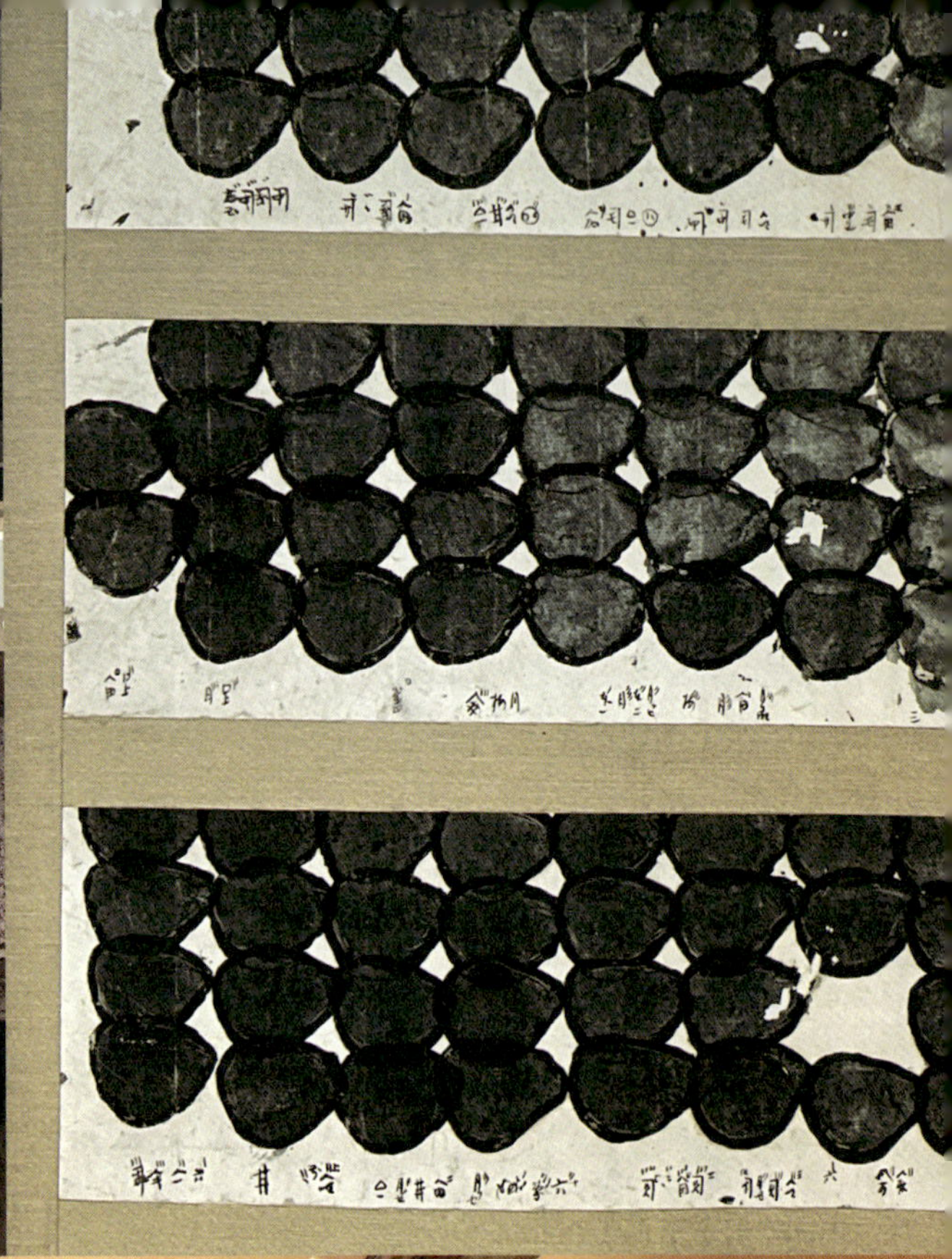

RAILWAYS

鉄
TANABE TATARANOSATO
田部家のたたら吹き

島根県の12か月

12 Months of SHIMANE

Sunday Market CiBO（出雲市）

毎年3月から12月の第4日曜日に開催しているマーケット。「ワクワクする食卓づくりを地域の人と楽しむ」をテーマに、農業者や漁業者だけでなく、パンや焼き菓子、干物や練り物、自家焙煎《ばいせん》珈琲、燻製《くんせい》などさまざまな食の担い手が一堂に集結。毎月約30店舗が参加し、ジャズバンドの生演奏も楽しめる！　夏(7月・8月)には、第4土曜日にナイトチーボも開催。

まつえ土曜夜市（松江市）

昭和の頃にあった「土曜夜市」を30年ぶりに復活。5～9月の第4土曜に、松江の商店街を中心に、グルメブースや物販など、約80店舗が出店。麺フェス、スパイスフェス、地ビールフェスに、まちなかアート、ダンスコンテスト、謎解きクエストなどなど、イベントも盛り沢山《たくさん》。土曜に向けて、松江の人は今日も頑張って仕事してます。

温泉津《ゆのつ》やきもの祭り（大田《おおだ》市）

温泉津やきものの里で、江戸時代中期に築窯された登り窯を復元し、「やきもの祭り」が開催。登り窯で焼かれた陶器は、唯一無二の色合いがとても魅力的なのでぜひこの機会にゲットしてみては？　登り窯の窯焚きは、自由に見学も可能で、森山窯や椿窯《つばきがま》などの窯元周遊スタンプラリーに、飲食や雑貨販売もある。2024年は、春と秋の年2回開催。

6 JUNE　5 MAY　4 APRIL　3 MARCH　2 FEBRUARY　1 JANUARY

津和野の鷺舞《さぎまい》（鹿足《かのあし》郡津和野町）

津和野町に伝承されて400余年。京都発祥でありながら、現在まで廃絶することなく奉納され続けている唯一の鷺舞。2羽（人）の鷺は、ヒノキでできた白い羽と、桐《きり》でできた頭部を身に着け、鷺舞を披露しながら津和野の町を練り歩く。小刻みの羽ばたきさえも美しく、休憩している姿も愛らしい。子どもたちによる「子鷺踊り」もあり、それはそれで可愛《かわい》い鷺舞。

亀尾神能《かめおしんのう》 春の例大祭（松江市）

起源ははっきりしないが、1290年以上の歴史がある「持田神社」に伝わる神事芸能。国指定重要無形民俗文化財「佐陀《さだ》神能」の流れを組み、石見《いわみ》神楽のような派手さはないが、独自の世界観を持ち、コアなファンもいる。地元の選りすぐりの飲食店が出店するオルタナティブ屋台も楽しみの一つ。

松江水郷祭（松江水郷祭湖上花火大会）（松江市）

松江市中心部の宍道湖で行なわれる日本有数の花火大会。八百万《やおよろず》の神が宍道湖《しんじこ》に集まる物語『豪華絢爛《けんらん》 神々の宴』など、島根県らしく神々がテーマの演出にしたり、色とりどりの大輪の花火が、暗い夜空と湖面を華麗に染め上げる。同時開催の「松江だんだん」も合わせて楽しんでみては！？

松江天神さん夏祭り（松江市）

“天神さん”の愛称で親しまれている「白潟《しらかた》天満宮」で、400年以上続く伝統行事。本宮と、女みこし、企業みこしの計7基からなる壮大な連合みこし渡御、そして、子どもみこしまで、松江の町中に響きわたる「ソイヤサー！」が、松江の夏の始まりを告げる！

神在祭《かみありさい》(出雲市)

旧暦の10月は、全国の八百万の神々が出雲国に集まる月。出雲国以外の土地では、神様が留守になるので「神無月」と言うが、ここ出雲では「神在月」と呼ぶ。神々が集う出雲の各神社では「神迎祭」に始まり、「神在祭」、そして、全国に神々をお見送りする「神等去出祭《からさでさい》」が行なわれる。

石見神楽(島根県全域)

神社だけでなく、美術館やホテルに、海や山などあらゆるところに、まさに“神出鬼没”の神事芸能。石見エリアでは、一年中、どこかで必ず行なわれ、旅人をも魅了する。子どもたちにとっても、テレビのスーパー戦隊シリーズより遥かに人気で、古事記などの神話に基づく題材を迫力ある演技で表現し、伝えている。『大蛇《おろち》』『恵比須』『八十神《やそがみ》』など、島根にゆかりある演目は、特に興味深い。

津和野会議(鹿足郡津和野町)

年に一度、津和野で開催される「長い・歩く・垣根がない」の3つの特徴を持つまちづくり会議。老若男女、出自も職業も異なる多様な人々が集まり、地域や現代社会が持つさまざまな課題について議論する。“会議室”は、一般社団法人「津和野まちとぶんか創造センター(TMC)」のカフェを拠点に、町中にも飛び出し、まち歩きをしたり、ランチミーティングしたり、夜には居酒屋にまで場所を変え、思いもよらぬところに出会いや発見がある!?

一夜嶽牛突き大会(隠岐郡隠岐《おき》の島町)

1221年の承久の乱により隠岐へ配流となった後鳥羽上皇を慰めるために御前で披露したのが起源とされ、800年近い歴史を持つ闘牛大会。隠岐の島町の嶽山《だけさん》の中腹にある「一夜嶽神社」で、毎年神社の祭礼に合わせて開催。他にも2つの本場所大会があり、西郷港近くの「隠岐モーモードーム」では、年間を通じて観戦可能。

12 DECEMBER　11 NOVEMBER　10 OCTOBER　9 SEPTEMBER　8 AUGUST　7 JULY

出雲民藝《みんげい》館 手仕事の会(出雲市)

出雲市の「出西窯《しゆつさいがま》」を会場に、毎年恒例となった出雲民藝協会主催の販売会。出雲民藝協会に縁のある作り手の作品を集めた販売会で、縁のある作り手が出店。一度に見ることができるのは、民藝と関わりの深い島根県ならではで、併設する「ル コションドール 出西」でランチしつつ、ぜひ立ち寄ってみてほしい。

益田I・NA・KAライド(益田市)

100キロメートル信号が全くない=「100ZERO」が自慢の田舎町「益田」を、海から山へと満喫しながら優雅にサイクリングを楽しむイベント。2024年の第11回では、“萩・石見空港滑走路走行”が復活。益田のお薦めスポットを巡る45キロコースは、ビンディングシューズからスニーカーに履き替えて、衣毘須《えびす》神社をはじめ、3つの神社の御朱印を集めるなど、新しい自転車の旅を提案。もちろん本格的なロングコース(120キロ・160キロ)もある。宿泊は、全室自転車を持ち込める「MASCOS HOTEL」へ!

時の祭典(大田市)

毎年大晦日(12月31日23時から1月1日0時10分)に開催する世界最大の1年計砂時計「砂暦」を反転させる年越しイベント。地元出身の建築家・高松伸氏設計の「仁摩《にま》サンドミュージアム」館内に、当選された新年の年男年女の人と、その関係者が集う。マジックショーやビンゴ大会などもあり、明けて2025年を迎える2024年で35回を数える。

音楽一直線(松江市)

松江の音楽好きのネットワークが広がり、「AND EQUALITY」「BIOTOUP」「NU」「Cafe PUENTE」「NAKED SPACE」という“音スポット”の点と点が線になってついに2024年、第1回となる音楽イベント「音楽一直線」が開催。どの会場に行ってもどことハシゴしても、松江の街と音楽を楽しめる。

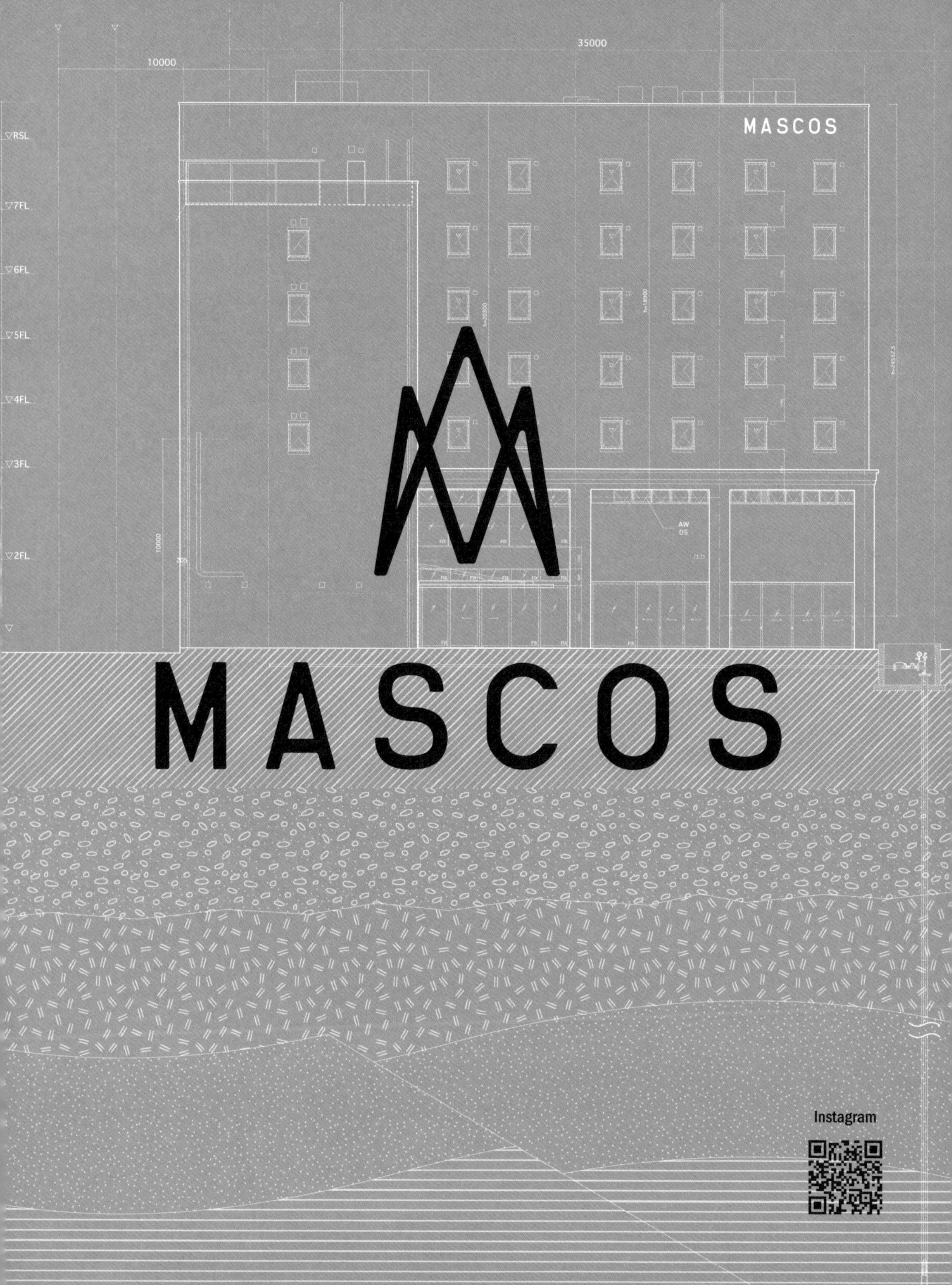
35000
10000
MASCOS
▽RSL
▽7FL
▽6FL
▽5FL
▽4FL
▽3FL
▽2FL
MASCOS
Instagram

一等丸
中国北京中医学院

Masuda 100 Zero
Oki
Shinjiko
Kunibiki Coast
Iwami Ginzan
Tsuwano
BRUNO bike
diatec ltd.
www.diatechproducts.com

＊1 d design travel 調べ（2025年1月時点）　＊2 国土地理院ホームページより
＊3 総務省統計局ホームページより（2024年7月時点）
＊4 社団法人 日本観光協会（編）「数字でみる観光」より（2023年度版）　※（ ）内の数字は全国平均値
*1 Figures compiled by d design travel.（Data as of January 2025）　*2 Extracts from the website of Geographical Survey Institute, Ministry of Land, Infrastructure, Transport and Tourism.　*3 According to the website of the Statistics Bureau, Ministry of Internal Affairs and Communications.（Data as of July 2024）
*4 From Suuji de miru kanko, by Japan Travel and Tourism Association（2023 Edition）
※ The value between the parentheses is the national average.

島根の数字
Numbers of SHIMANE

美術館などの数 *1（122）
Museums
Number of institutions registered under the Shimane Prefecture Association of Museums

80

スターバックスコーヒーの数 *1（42）
Starbucks Coffee Stores

5

歴代Gマーク受賞数 *1（1,052）
Winners of the Good Design Award

26

経済産業大臣指定伝統的工芸品 *1（5）
Traditional crafts designated by the Minister of Economy, Trade and Industry

4

石見焼《いわみやき》、石州《せきしゅう》和紙、
雲州そろばん、
出雲石燈《いしどう》ろう

Iwami ware, Sekishu *washi*,
Unshu abacus, Izumo stone lantern

ものづくり・商業・サービス生産性向上促進補助金に採択されたプロジェクト（18次まで） *1（906）
Projects that have been selected for the Monozukuri Subsidy

146

日本建築家協会 島根県の登録会員数 *1（66）
Registered members of the Japan Institute of Architects

20

日本グラフィックデザイナー協会 島根県登録会員数 *1（65）
Registered members of the Japan Graphic Designers Association Inc.

10

県庁所在地
Capital

松江市
Matsue City

市町村の数 *1（36）
Municipalities

19

人口 *3（2,637,773）
Population
人

641,396

面積 *2（8,042）
Area
㎢

6,707

1年間観光者数 *4（20,249,000）
Annual number of tourists
人

10,170,000

郷土料理
Local specialties

しじみ汁
小豆雑煮
へか
うずめ飯
芋煮

Clam soup,
Adzuki beans *zoni*,
Heka（Seafood *Sukiyaki*）,
Uzume meshi（Dish with ingredients hidden under rice for a simplistic appearance）,
Imoni（Stewed taro and sea bream）

しじみの漁獲量 *1（195）
Volume of basket clams catch
t

4,595

主《おも》な出身著名人（現市名、故人も含む）
Famous people from Shimane

森鷗外（小説家／軍医・津和野町）、**安野光雅**（画家・津和野町）、**江角マキコ**（元女優・出雲市）、**小笹大輔**（ミュージシャン／Official髭男dism・松江市）、**河井寛次郎《かわいかんじろう》**（陶芸家・安来《やすぎ》市）、**澄川喜一《すみかわきいち》**（彫刻家・吉賀町《よしかちょう》）、**高松伸**（建築家・大田《おおだ》市）、**竹内まりや**（シンガーソングライター・出雲市）、**藤井保**（写真家・大田市）、**錦織《にしこり》圭**（テニス選手・松江市）、**森英恵《はなえ》**（ファッションデザイナー・吉賀町）、**山内健司**（お笑い芸人／かまいたち・松江市）、他

Ogai Mori（Novelist/Military doctor, Tsuwano Town）, **Mitsumasa Anno**（Painter, Tsuwano Town）, **Makiko Esumi**（Actor, Izumo City）, **Daisuke Ozasa**（Musician / Official Hige Dandism, Matsue City）, **Kanjiro Kawai**（Potter, Yasugi City）, **Shin Takamatsu**（Architect, Oda City）, **Mariya Takeuchi**（Singer Songwriter, Izumo City）, **Tamotsu Fujii**（Photographer, Oda City）, **Kei Nishikori**（Tennis, Matsue City）, **Hanae Mori**（Fashion Designer, Yoshika Town）, **Kenji Yamauchi**（Comedian / Kamaitachi, Matsue City）, etc.

Grand Toit 20th

グラントワ Grand Toit

島根号 目次

CONTENTS

ごうぎん
株式会社山陰合同銀行
UNITE! for the FUTURE.

Normal for SHIMANE

島根のふつう

d design travel 編集部が見つけた、島根県の当たり前。

絵・辻井《つじい》希文《きふみ》
文・神藤《しんどう》秀人《ひでと》

屋根が赤い　島根県を車で走っていると、特に西の石見《いわみ》エリアの家々の屋根が赤い。正確には、赤褐色で、三州瓦、淡路瓦と並ぶ日本三大瓦の一つ、石州瓦《せきしゅう》。江津《ごうつ》市を中心に、大田《おおだ》市、浜田市、益田市などでも生産が行なわれ、焼成温度が高いため、凍害に強く、日本海側の豪雪地帯でシェアが高い。ちなみに、この色は、出雲エリアで採れる「来《き》待石《まちいし》」を釉薬《ゆうやく》にすることに起因する。島根県ならではの風景。

「電車」より「汽車」が主流　「田舎」と揶《や》揄《ゆ》されるも、今では貴重ということで、それほど島根の人は否定しなく寛大。そんな島根では、さまざまな理由から、鉄道の路線の電化が遅れている。非電化路線を走る代表の車両は「汽車」、つまり機関車（正確にはディーゼル機関車）。もちろん、その昔は、日本中どこでも汽車が走っていたが、都会はどんどん電化していき、島根の電化は遅れてしまったという。実際には、JRだと東側「出雲市駅」までが電車で、それより西側が汽車。松江から出雲までは、「一畑《いちばた》電車」というローカル鉄道も走ってはいるが、大半のエリアが汽車である。

ヒーローショーは、「神楽」　島根県西部を中心に伝わる「石見神楽」は、エンターテインメント性が高く、子どもにとっては、戦隊もののヒーローショーよりも馴染みがある。しかもこの神楽、年中どこかしらで行なわれていて、

children than actual superhero shows. This Kagura show is also put up all year round in various locations, and there are regular performances that are recommended for first-time viewers such as travelers and foreign tourists.

Winter spells cloudy skies

I have heard that San'in has terrible winters, but it really was bad, due to the Chugoku Mountains in the south of the prefecture. If you don't bring an umbrella with you, you'll be hit by sudden rain, hail, or sleet, and the cheerful Shimane locals would proudly say, "This is San'in!"

Clam soups everywhere

Everybody knows the freshwater basket clams of Shinji Lake. When you go from one accommodation to another in the prefecture, you will almost always see clam soup at the breakfast table, to the extent that you may groan, "Not again?!"

旅人や外国人観光客など初めて観る人にもお薦めな定期公演もある。その人気ぶりは、町のコンビニや道の駅にも必ず売っているDVDにも表れ、神楽なくして〝島根の日常(ふつう)〟は、語れない。詳しくは、特集『わかりやすい石見神楽』(p.108)を。

冬は、曇り空　「山陰の冬は、天気が悪い」と聞いてはいたが、本当に悪かった。原因は、県の南側に横たわる中国山地。どこに行くにも、傘を持たなければ突然の雨や雹《ひょう》、霰《あられ》に降られ、「これが山陰です」と、もはや意気揚々と話す、明るい島根県民。ただ、体質的に不都合な「気象病」という人も少なくなく、気圧の変化にみんながそれぞれ適宜対応している。いい意味で、〝山陰らしさ〟を存分に味わえた取材だった。

高確率でしじみ汁　言わずと知れた宍《しん》道湖《じこ》のしじみ。県内の宿泊施設を転々としていると、ほぼほぼ朝食にしじみ汁が出る。「これでもか!」というほど出る。呑兵衛《のんべえ》だけでなく、現代人に不足がちな栄養素が豊富で、島根を代表する〝自然の健康食〟ともいえるしじみ汁。さらに、ラーメンやパスタ、アヒージョや酒蒸し、煎餅にクラフトビールまでにもしじみを使う。

Normal for SHIMANE
Ordinary Sights in SHIMANE Found by d design travel

Text by Hideto Shindo
Illustration by Kifumi Tsujii

Red roofs
When driving through Shimane Prefecture, the roofs of the houses, especially in the western part of Iwami area, are red. They are actually Sekishu tiles that are reddish brown, and are one of the three major tiles used in Japan, along with Sanshu tiles and Awaji tiles.

Steam trains over electric ones
For some reason, railway electrification in Shimane has been slow. The typical vehicle that runs is the steam (diesel) train.

Their superhero show is "Kagura"
"Iwami Kagura" – mainly performed in western Shimane Prefecture – is highly entertaining and is more familiar to

d design travel SHIMANE TRAVEL MAP

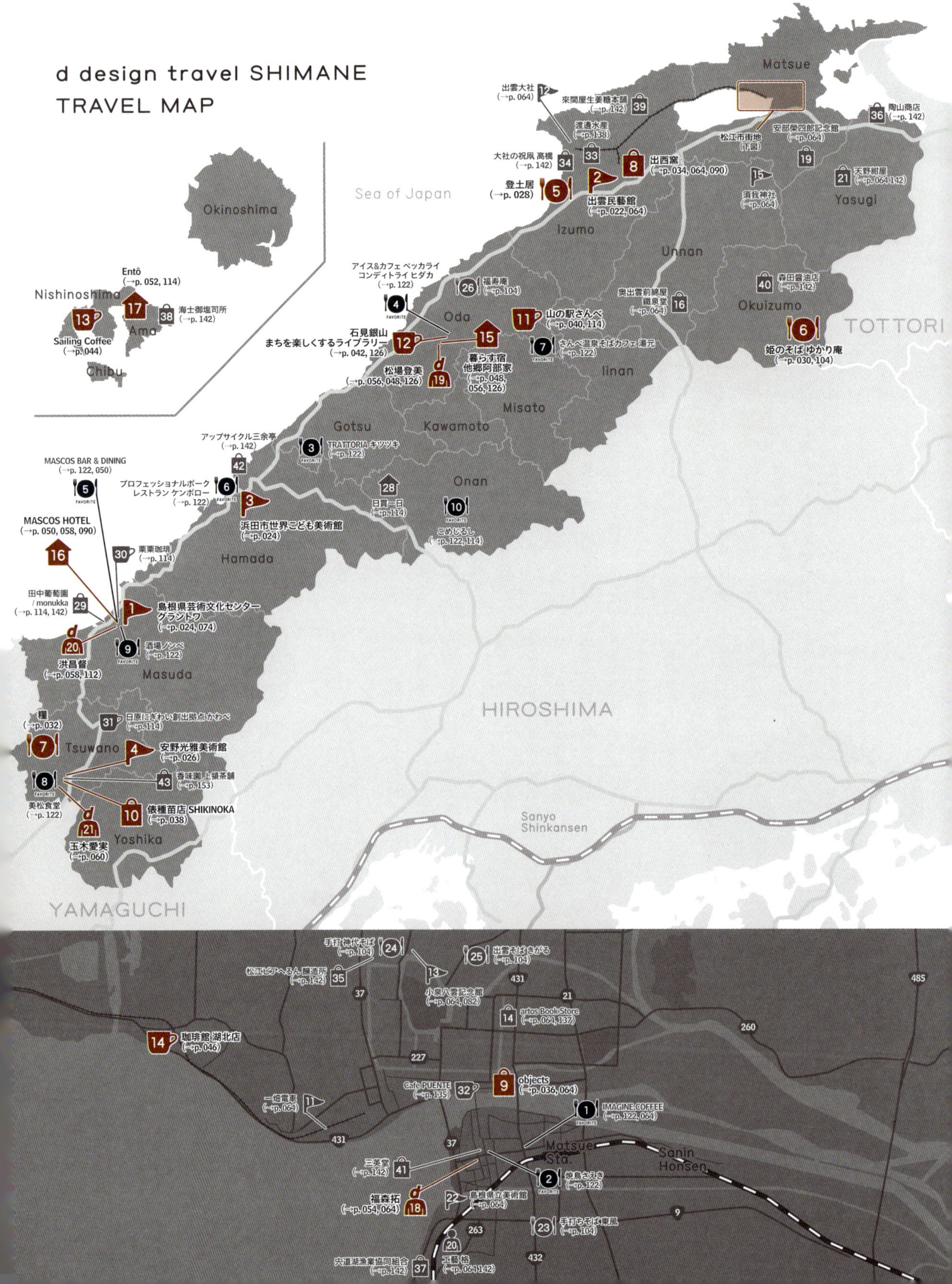

d MARK REVIEW SHIMANE

1

島根県芸術文化センター

グラントワ

島根県益田市有明町 5-15
Tel: 0856-31-1860
9時～22時　第2・4火曜休、年末年始休
※各施設の営業日・営業時間は、要確認
www.grandtoit.jp
萩《はぎ》・石見《いわみ》空港から車で約15分

1. 28万枚の「石州《せきしゅう》瓦」を使った、島根県を代表する壮大なアートベース。

2005年開館。現在も美しさを保ち続ける内藤廣氏設計。

何度でも立ち寄りたい、圧倒的なスケール感を擁する中庭。

2. 石見の文化度を上げる、美術館と芸術劇場。

「森鷗外ゆかりの美術家の作品」「ファッション」「石見の美術」

という3つの収集方針を持つ「島根県立石見美術館」。

オーケストラや、ミュージカルなどの多彩な演目に加え、

「石見神楽」などの伝統芸能も盛んな「島根県立いわみ芸術劇場」。

3. 島根県で観たい、アートやデザインがある。

石見地方出身の森英恵《はなえ》や、澄川喜一《すみかわきいち》などのコレクションは随一。

和歌や民藝《みんげい》など、県民も気になる展示を開催。

石州瓦のスペクタクル　島根県の旅の中で、最も目に焼き付いているのは、「石州瓦」だ。独特の赤色の屋根の建築群は、島根県ならでは風景で、いつしか「石州瓦でないと島根じゃない！」なんて、取材対象の基準値を、勝手に上げてしまったようにも思える。この赤色は、出雲エリアで採れる「来待石《きまちいし》」から作られる釉薬《ゆうやく》の色で、高温で焼成できる石見の「都野津《つのづ》層」の土と、その「来待釉薬」が絶妙な色味を出しているという。ある飲食店では、器に見立てて料理を盛ったり（山口県の郷土料理「瓦そば」などもそう）、ある温泉施設では、サウナストーンに利用したり、屋根だけではない、島根県のみんなが愛して止《や》まない石州瓦。そんな石州瓦の遺産的文化施設・島根県芸術文化センター「グラントワ」こそ、この島根県の旅のハイライトだろう。益田市の街の中心にあって、誕生した2005年以来、島根県全域の文化度を、間違いなく引き上げてきた。しかしながら、全国的に、それほど知られていないというのが、また島根らしいとも言える。設計は、東京赤坂の「とらや」で有名な内藤廣氏。莫大《ばくだい》な数の石州瓦をセンス良く使用し、特に瓦の壁は、設計に1年近くを要したこだわりのデザイン。特色ある企画展が目白押しの「島根県立石見美術館」と、山陰随一の収容者数を誇る「島根県立いわみ芸術劇場」。建物の魅力を、最大限に感じられる中庭に出ると、大きな空が広がり（たとえ曇り空だとしても）、感動の波が、一気に押し寄せる。（神藤秀人《しんどうひでと》）

Shimane Arts Center
Grand Toit

1. **A stunning art complex representing all of Shimane Prefecture, designed using 280,000 *Sekishu-gawara* tiles**

2. **Contains an art museum and theatre that have elevated the cultural level of Iwami**

3. **Must-see art and design work for visitors to Shimane Prefecture**

Sekishu-gawara tiles were present everywhere as I traveled through Shimane; their unique red coloring on roofs there are integral to the prefecture's scenery. Grand Toit is a prime example of these tiles' usage. Located in central Masuda, the facility has undoubtedly elevated the cultural level of Shimane. However, it still isn't well-known on a national level—how very Shimane-esque! The facility was designed by celebrated architect Hiroshi Naito. Grand Toit's numerous tiles are installed tastefully; the walls alone are said to have taken nearly a year to complete. It houses the Iwami Art Museum, which hosts numerous unique exhibitions, and the Iwami Art Theater, which boasts the highest audience capacity in the San'in region. Make sure to visit the impressive courtyard, which showcases the complex's appeal to the fullest. (Hideto Shindo)

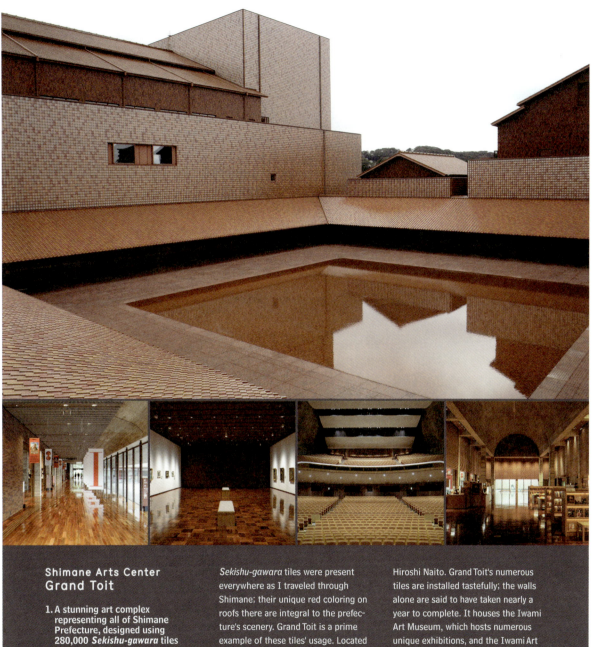

2

出雲民藝館

島根県出雲市知《ち》井《い》宮町《みやちょう》 628
Tel: 0853-22-6397
10時〜17時（入館は、16時30分まで）
火曜休（祝日の場合は、翌日休）、年末年始休
出雲縁結び空港から車で約40分
izumomingeikan.com

1. 島根県の民藝《みんげい》の「歴史」と「今」を知れる。

特別なキャプションはなく、“見て感じろ”の展示の極み。
布志名《ふじな》焼や石見《いわみ》焼をはじめ、日《ひ》の出団扇《でうちわ》や、大津の素陶器、
筒描藍染《つつがきあいぞめ》など、歴史ある島根の民藝を展示。

2. 出雲地方きっての豪農邸宅を一部改修。

元米蔵の「本館」は、江戸末期から昭和初期にかけての民藝が中心。
「出西窯《しゆつさいがま》」の創始者の一人・多々納弘光《たたのひろみつ》の作品も展示。
元木材蔵の「西館」は、民藝の流れを汲《く》んだ近代のものづくりを展示。

3. 出雲の工芸が、一堂に揃うミュージアムショップ。

「袖師窯《そでしがま》」「湯町窯《ゆまちがま》」「白磁工房」「斐伊川和紙《ひいかわわし》」「大社の祝凧《いわいだこ》」……
一部、松江市の「objects」によるセレクトもあり、
工芸店としてもお薦めしたい、隠れた名店。

島根生活の登竜門　島根県が、「民藝ゆかりの地」といわれる由縁には、まず、河井寛次郎《かわいかんじろう》が安来《やすぎ》市出身であることが挙げられる。そして、民藝運動を行なっていた柳宗《やなぎむね》悦《よし》が、当時、松江商工会議所の理事だった太田直行（河井寛次郎の同郷・同級生）に誘われ、1931年に、「島根工藝診察」の旅に来たこと。津和野から安来までの間を、独自の〝用即《すなわ》ち美〟の視点で、各地の手仕事が、「健康であるか否か」批評したという。同行していた太田直行をはじめ、島根の作り手たちは、もしかしたらそんな民藝運動を、神のお告げとでもして受け入れたのかもしれない。だから、今現在も、そうした流れを汲む仕事が、根強く残っているのだろう。「出雲民藝館」は、民藝の考え方に感銘を受けた山本家の寄付に始まり、さまざまなご縁と協力を以《もっ》て、1974年に開館。石州《せきしゅう》瓦がのった白壁のアプローチを進み、入館料を払って門をくぐる。出雲大社造営の棟梁《とうりょう》が手がけたという「長屋門」は、神社にも似た、見えない結界があるようで、身も引き締まる。正面に建つのは、現在も山本家の住まいで、右手の本館から、左手の西館へと順に観ていく。建物の中は、出雲地方特有の「来待石《きまちいし》」を敷き詰めた空間が広がっていて、「見て感じろ」と言わんばかりの、極めてシンプルな展示。決して、人気の観光地ではないにせよ、出雲や松江をはじめ、島根のライフスタイルの根幹には、間違いなく、この〝民藝〟があり、その原点を知れる場所。（神藤秀人）

Izumo Folk Crafts Museum

1. **You can learn about the "history" and "present" of Shimane Prefecture's *mingei* (folk art).**

2. **Partially renovated residence of the Yamamoto family, one of the wealthiest farmers in the Izumo region.**

3. **A museum shop where you can find all the classic Shimane traditional crafts in one place.**

Shimane Prefecture is known as a "place associated with *mingei*." The Izumo Folk Crafts Museum opened in 1974 from a donation from the Yamamoto family who were impressed by the philosophy of *mingei*. The austere "Nagayamon Gate" built by the master carpenter of the Izumo Oyashiro Shrine, seems to act like an invisible barrier similar to that of a shrine. The building in front remains the Yamamoto family residence, and you can tour the museum from the Main Gallery on the right to the West Annex on the left. Inside the museum is a space paved with "*Kimachi* sandstones" unique to the Izumo region, showcasing extremely simple exhibits as if to say, "Look and feel." While it is indeed not a popular tourist attraction, *mingei* is unmistakably at the core of the lifestyle in Shimane, and this is where you can learn about its origins. (Hideto Shindo)

3

浜田市世界こども美術館

島根県浜田市野原町《のばらちょう》 859-1
Tel: 0855-23-8451
9時30分〜17時（入館は、16時30分まで）
月曜休、祝日の翌日休、年末年始休、展示替期間休
www.hamada-kodomo-art.com/
竹迫ICから車で約2分

1. 次代を担う子どもたちのための芸術文化施設。

“過疎発祥”ともいわれる島根県で、
最も子どもが集うアートスポット。市内外の保育園、
幼稚園、小学校に向けた、ミュージアムスクールがある。

2. 海、魚、森、宇宙、石見神楽《いわみかぐら》……テーマは無限。

浜田市の小学生による公募展『浜田こどもアンデパンダン展』。
若手アーティストも参加する、目を見張る独自企画。
柚木沙弥郎《ゆのきさみろう》や五味太郎、やなせたかしなど、世代を超えた企画展も開催。

3. 大田《おおだ》市出身の建築家・高松伸氏による設計。

5階から4階へは、スロープで繋《つな》がるユニークな展示室。
3階の多目的ホールからは、浜田漁港の景色が広がっている。

未来を明るくする美術館　僕のプライベートを話すと、3年前に子どもが生まれた。今では、だいぶ言葉も覚え、時々ドキッとするような単語も発し、数年後には、インターネットなどを通じて、「デザイン」の会話まで対等にできてしまうのではないかと、現代の子どもたちが置かれる社会に驚きもしている。そうした中、幼い頃から美術に触れ合い、創造力・感性を養うことをモットーとした「浜田市世界こども美術館」へ。「船」を模した大きな建物は、大田市出身の高松伸さんによる設計で、既に子ども騙《だま》しではない雰囲気に、僕も子どもも、少しうろたえもしたが、中に入ると一変、おおはしゃぎ（僕も）。5階まで一気にエレベーターで上がり、そこからスロープで4階へと下っていくユニークな展示室。２０２４年12月には、『光と影の不思議展』が開催していて、影アーティストの佐藤江未さんの作品は、身の回りにある素材を集めて作った物体に、光を当てて影のアートを浮かび上がらせるというもので、近海の海洋プラスチックごみで、なんと、『大蛇《おろち》（石見神楽）』を表現!?　他にも企画展は、年に数回。浜田市の小学生を対象とした公募型の『浜田こどもアンデパンダン展』も、大人も驚くようなアイデアが大集結。過疎の発祥ともいわれる島根県で、僕は、こんなにも、のびのび成長している子どもたちに、ある意味嫉妬し、一方で、ＤＸが進む世の中に対して、リアルな教育の場の必要性を、改めて感じもした。（神藤秀人）

Hamada Children's Museum of Art

1. An arts and culture facility for children who will lead the next era.
2. Endless themes such as the ocean, fish, forest, outer space, *Iwami Kagura*, and more.
3. The museum was designed in the image of a ship by architect Shin Takamatsu who was born in Oda City.

I brought my child to the Hamada Children's Museum of Art that aims to foster creativity and senses through exposure to art from an early age. Designed by Shin Takamatsu, the large building was modeled after a ship. The exhibition room is unique in that you have to take an elevator straight to the fifth floor and then walk down one floor via a ramp. The museum held the "Mystery of Light and Shadow" exhibition in December 2024 that showcased shadow artist Emi Sato's installations. It also holds other special exhibitions several times a year. I was kind of jealous of the children who were growing up carefree in Shimane Prefecture, which is said to be one of the first regions to show signs of depopulation. At the same time, I was reminded again of the need for real educational facilities in this era of digital transformation. (Hideto Shindo)

4

津和野町立

安野光雅美術館

島根県鹿足《かのあし》郡津和野町後田《うしろだ》イ 60-1
Tel: 0856-72-4155
9時〜17時（入館は、16時45分まで） 木曜休（祝日は開館）、12月29日〜31日休 ※展示入れ替え休館あり
www.town.tsuwano.lg.jp/anbi/anbi.html
津和野駅から徒歩約１分

1. 津和野町出身の画家・安野光雅が監修した自身の美術館。

漆喰《しっくい》の白壁に赤色の石州《せきしゅう》瓦。津和野の町並みに溶け込む建物。
ロビーの「魔方陣」のタイルや、プラネタリウム、
子ども時代の教室の再現など、世代を超えて楽しめる場所。

2. 世界の豊かさを見直すきっかけをくれる。

『旅の絵本』や『ふしぎなえ』をはじめ、世界的にも有名な絵本。
安野少年が体験した津和野の文化や風習が描かれる
『昔の子どもたち』シリーズ。

3. 「津和野町芸術士®」と共に、絵本や作品にまつわるワークショップなどを開催。

周辺地域の劇団や役者による、朗読・リーディング公演等。

山陰から見た世界　機関車のエンジンが唸《うな》りを上げ、益田駅を出発し、およそ40分。山に囲まれた津和野は、かつて城下町だった歴史を持ち、〝山陰の小京都〟ともいわれていて、今でも町を歩けば、漆喰の白壁に、赤色の石州瓦という、山陰ならではの趣ある町並みが残っている。そんな津和野で、お薦めしたいのが、一見酒蔵のようにも見える建物の「安野光雅美術館」だ。安野光雅さんというと、誰もが一度は目にしたことがある『旅の絵本』『ふしぎなえ』『ＡＢＣの本』などの画家で、世界的にも有名。しかも、美術だけでなく、科学や数学、文学などにも理解が深く、その豊かな知識と、想像力を駆使した独創性溢《あふ》れる作品も多い。僕のお気に入りは、『もりのえほん』。ぱっと見ると、繊細に描かれた普通の森の風景に見えるのだが、目を凝らすと、いろいろなところに動物が隠されているというもの。また、津和野町出身の安野さんならではといえば、『昔の子どもたち』シリーズ。「蒸気機関車」をはじめ、「鷺舞《さぎまい》」「石見神楽」「森鷗外」「源氏巻き」などの〝今昔の津和野らしさ〟を楽しい画と文で綴《つづ》っている。そんな安野作品を、定期的に展示替えをしながら、さまざまに紹介している安野光雅美術館は、彼自身が生前に監修してつくったという。山陰は、今でも〝田舎〟と揶揄《やゆ》されるが、見方を変えれば〝日本の伝統〟とも捉えることができる。世の中全てのモノゴトの魅力に、改めて気づかせてくれる場所。（神藤秀人）

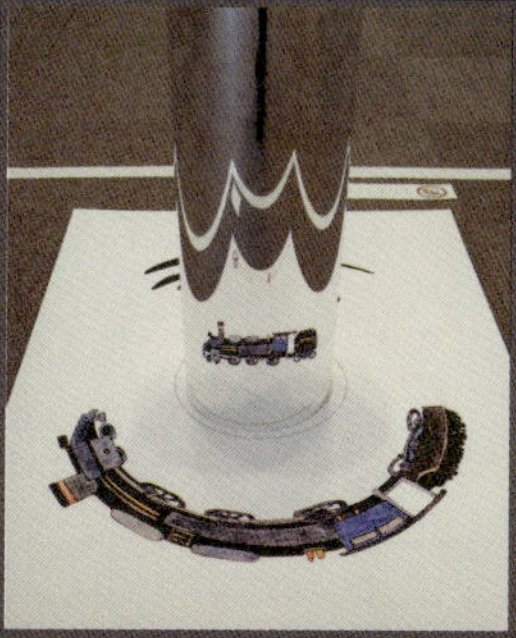

Anno Mitsumasa Museum of Art

1. This is the museum that Tsuwano-born painter Anno Mitsumasa supervised himself.
2. His "*Travelogue Picture Book*" series give us an opportunity to take a fresh look the world's abundance.
3. Holds workshops on picture books and artwork together with "Artists in Tsuwano®."

My to-go-recommendation for Tsuwano is the Anno Mitsumasa Museum of Art, located in a *sake* brewery-esque building in front of the station. Anno Mitsumasa is a world-famous artist whose works include " *Picture Book*," " *Pictures*," and "*Anno's Alphabet*." He also has a deep understanding of art, science, mathematics, and literature, of which he uses his knowledge and imagination to create many original works. A series that could only be born of Anno's hands, a Tsuwano native, is the "*Children of the Olden Days*" series. The museum, which regularly rotates its exhibits to showcase a variety of his works, was created under his supervision before his death. Although San'in is still mocked as the boonies, it can also be seen as "traditional Japan." Anno's works remind us of the charm of all things in the world. (Hideto Shindo)

5

登土居

島根県出雲市湖陵《こりょう》町《ちょう》大池 858
Tel: 0853-77-0799
火～土曜 11時～15時（14時L.O.）
金・土曜のみ 17時～21時（20時L.O.）
日・月曜休、祝日不定休、他臨時休業あり
dohdoi.com 出雲市駅から車で約20分

1. 日々変わる雄大な日本海と料理を味わう食事処。

湖陵の海辺に立つ、平屋造りの木造建築。日本海を見ながら、
昼は、日替わり定食、夜は、地酒やワインを楽しめる。

2. 島根県の器に盛られる絶品料理の数々。

目の前の海で獲れるサワラやコシナガマグロ、
十六島《うっぷるい》わかめなど、旬の海産物は外せない。
西浜芋や鵜鷺《うさぎ》の塩などのスイーツも美味。

3. 地元の木工作家・梶谷和正《かじたにかずまさ》さんによる モダンで趣ある店内空間。

「筒描藍染《つつがきあいぞめ》」の座布団や、彌久賀《みくが》神社の「神事華《しんじばな》」など、
店内にちりばめられた島根の工芸。
梶谷さんの作品や、店オリジナルグッズも購入できる。

出雲の海を望む〝新進食堂〟　「稲佐の浜」の南、くにびき海岸道路を走ると、食事処「登土居《どうどい》」がある。店の目の前には、雄大に広がる日本海。その景色を含んだ佇《たたず》まいは「間違いなく美味《おい》しい」と、感じさせてくれる。店主の三原雄太さんは、18年間大阪でビストロを経営したのち、湖陵町に帰郷。知人から譲り受けたというこの平屋に「登土居」をオープンさせた。縄暖簾《なわのれん》をかき分け、店内へ入ると地元の木工作家・梶谷和正さんが手がけたモダンで木の温もりを感じる机や椅子の雰囲気が、来る人を優しく出迎えてくれる。つくり込み過ぎないことを意識したという店内には、洗い出しの床に「筒描藍染」の座布団や、彌久賀神社の「神事華」など、島根の工芸品がさりげない。昼と夜とで、営業スタイルを変えていて、昼は、肉と魚の2種類から選ぶ日替わり定食で、やっぱり目の前で獲れた魚の定食が、私のお薦め。サワラの幽庵《ゆうあん》焼きをメインに、小鉢類が3種。小鉢の料理や漬物は、地元の料理上手なお母さん直伝だという。夜は、和食とフランス料理が融合したユニークなアラカルトメニューが並ぶ中、お薦めでいただいたのは、島根ならではの葉物（春菊）の入ったおでんや穴子の白焼など。版画家・岩垣正道《しょうどう》さんによる店のロゴを誂《あつら》えた愛らしい徳利で呑《の》む地酒は、ぐいぐいとハイペースに。その土地に根を下ろした食堂とは、目の前にある豊かな食材たちと優しく向き合い、地元の人たちと交流しながら育っていく場所だと、登土居は教えてくれる。（大北吾子《おおぎたあこ》）

Dohdoi

1. **An eatery where you can enjoy meals with a view of the majestic Sea of Japan that changes from day to day.**
2. **Exquisite cuisine served on Shimane Prefecture tableware, including Iwami ware.**
3. **Modern and quaint interior of the eatery designed by local woodworker Kazumasa Kajitani.**

One is bound to feel that the food will be delicious given the appearance of the eatery offering a superb view of the majestic Sea of Japan. As I brushed aside the rope curtains and entered the eatery, I was warmly greeted by the ambience created by the modern, warm wooden tables and chairs created by local woodworker, Kazumasa Kajitani. Adorned with Shimane handicrafts such as the floor cushions, the eatery changes its business style between lunch and dinner, where they offer a different set menu (fish or meat) everyday for lunch. My personal recommendation is no doubt the fish set meal where the day's catch is served. For dinner, they offer a unique à la carte menu combining Japanese and French cuisine, and the recommendations of the day were *oden* with crown daisy, a dish unique to Shimane, and unseasoned grilled conger eel.
(Ako Ogita)

6

姫のそば ゆかり庵

島根県仁多《にた》郡奥出雲町稲原 2128-1 稲田《いなた》神社内
Tel: 0854-52-2560
ランチ 11時〜14時30分（L.O.）
火曜・第３水曜休（祝日の場合は営業）、
1月初旬から2月末まで冬季休業
r.goope.jp/sr-32-323421s0022/
出雲横田駅から車で約５分

1. 奥出雲町の神話ゆかりの地、「稲田神社」境内にある蕎麦店。

出雲大社《いづもおおやしろ》宮司の千家《せんげ》家が命名。開放的な縁側から広がる、
四季折々の豊かな自然。祭神・イナタヒメ（奇稲田姫《くしいなだひめ》）と、
ヤマタノオロチ退治のスサノオ（須佐之男命《すさのおのみこと》）の石像も。

2. 奥出雲の在来種「横田小そば」の石臼挽き自家製粉の十割蕎麦。

独特の穀物感を楽しむ「割子蕎麦」をはじめ、
トロトロの蕎麦湯が唯一無二の「釜あげ蕎麦」。

3. 自家栽培のハデ干し「仁多米 姫ゆかり」の塩むすび。

たたら製鉄時代からの歴史を美味《おい》しくいただく「おむすび」。
仁多米や、朝採れ野菜も購入できる。

縁起のいい蕎麦　出雲大社に祀《まつ》られる大国主大神《おおくにぬしのおおかみ》の祖先・スサノオ。全国的にも有名で、「石見神楽《いわみかぐら》」の演目『大蛇《おろち》』など、ことあるごとに編集部の前に現れた島根県ゆかりの神。そのスサノオが、ヤマタノオロチを退治した話は、実は、奥出雲が舞台。簡単に説明すると、斐伊《ひい》川《かわ》の氾濫を、恐ろしいヤマタノオロチと喩《たと》え、その被害にあうのが稲作（田んぼ）であり、イナタヒメのこと。退治後には、オロチの体内（尾）から、三種の神器の一つ「草薙剣《くさなぎのつるぎ》」を取り出すのだが、それは、斐伊川の上流域でかつて盛んだった「たたら製鉄」の称賛を表してもいる。そうして、スサノオとイナタヒメは結ばれ、この地に鎮まった——そんな日本神話を聞いた後で訪れれば、何倍も楽しめる出雲そばの名店「姫のそば ゆかり庵」。イナタヒメが祀られる「稲田神社」の鳥居をくぐった先、社務所の中に店があって、奥出雲の在来種「横田小そば」がいただける。食べ方は、２種類。一つは、出雲そばの定番「割子蕎麦」。丸いお重に盛られた冷たい蕎麦で、独特の穀物感が面白い。そしてもう一つが、蕎麦好きをも唸《うな》らせる「釜あげ蕎麦」。茹《ゆ》でた蕎麦を水で洗わず、そのまま丼に盛って、茹で汁（蕎麦湯）ごと食べる温かい蕎麦で、トロトロの食感は癖になる。たたらの地で育った鉄分豊富の「仁多米 姫ゆかり」の塩むすびも忘れずに食べてほしい。気候のいい季節には、扉を開け放し、縁側から広がる境内の自然も同時に味わえる、唯一無二の蕎麦店。（神藤秀人）

Hime-no-Soba Yukarian

1. A ***soba*** eatery located within the grounds of Inata-Jinja Shrine that is linked to the mythology of Okuizumo.

2. Their ***soba*** is made with only in-house stone-milled buckwheat flour from a native species of Okuizumo.

3. Plain salted rice balls made with home-grown, sun-dried "Nita Rice Hime Yukari."

Just past the *torii* gate of Inata-Jinja Shrine, where Princess Inata is enshrined, is this *soba* eatery located in the shrine office where you can try "*Yokota Kosoba*," a native buckwheat species of Okuizumo. There are two ways to eat it. One is the classic "*Warigo soba*" of Izumo *soba* – cold *soba* with an interesting, unique grainy texture served in a round-tiered box. The other is "*Kamaage soba*" – warm *soba* that is served directly in a bowl with water used to boil the noodles without any rinsing. The addictive soft, gooey texture will impress even *soba* lovers. Do try their plain salted rice balls made with locally-grown "Nita Rice Hime Yukari" that's high in iron. In good weather, the doors are wide open and you can also enjoy the view of the nature of the temple grounds from the veranda, making this a unique *soba* eatery. (Hideto Shindo)

7

糧

島根県鹿足《かのあし》郡津和野町邑輝《むらき》 829-1
（堀氏庭園敷地内 旧畑迫病院）
Tel: 0856-72-0339
土・日曜 ［レストラン］ 11時～14時（13時30分 L.O.）
［カフェ］ 11時～17時 ［本屋・物販］ 10時～17時
木・金曜 11時～14時 月～水曜休 ※1～2月は冬季休業
津和野駅から車で約15分
72recipes.jp

1. 津和野町の山間《やまあい》にある旧病院跡に入るレストラン。

季節の食材を活かした「医食同源」がテーマのレストラン。
平日は、地元の野菜ソムリエの自家菜園ランチ。
週末は、津和野野菜の一皿盛りビュッフェ。

2. 国指定名勝「旧堀氏庭園」の一部。

1892年、実業家・堀礼造によって創設された私立病院。
病院の部屋を再現し、当時、先端医療だった貴重な資料などを展示。

3. 『大地の再生講座』をはじめ、“津和野らしい暮らし方”を学べる場所。

ベジフル料理教室や、薬膳お茶会、古代大和健葉蒸しや、
歩き方教室、出張施術……などなど、生活にハリが出る。

〝心の糧《かて》〟になるレストラン 津和野の山間にある、「糧」は、明治・昭和にかけて地域住民に親しまれた「畑迫病院」を改装した、「医食の学び舎」の一角にあるレストラン。病院資料館を併設しており、当時の医療器具などを見学した後に、レストランに立ち寄る導線が、ユニークで面白い。代表の大江健太さんは、食の見直しで体調を改善させたことをきっかけに、「旬の食材を味わい、暮らしの学びが体験できる場所」をつくりたいと、2016年に店をオープン。店内のテーブルや椅子は、元々は家具作りをしていた大江さんが自作したもの。建物の雰囲気と相まって居心地の良さを感じる。糧では、地元の野菜ソムリエの資格を持つ谷口志津子さんが育てる無農薬野菜を使った、郷土料理ランチが人気で、県内外からお客さんがやって来る。メニューは、毎朝採れた野菜を並べて、一から考えているという。印象的だったのは、ゆずの皮を、器に見立ててグラタンを詰めた「ゆずグラタン」や、初めての組み合わせが新鮮だった「梅干しの茶碗蒸」。谷口さんの愛情と、おもてなしのアイデアがたっぷり詰まったメニューは、一品一品感動する。平日は、定食だが、週末は、ビュッフェ形式で堪能できるそうだ。「今後は、季節の手仕事を学ぶワークショップや、イベントを広げていきたい」と、大江さん。病院から学び舎レストランへ、時代や形は変われど、健康を支えたいという優しい思いが、これからもここを訪れる人たちの心の豊かさを育んでいくだろう。（鹿子木《かのこぎ》千尋）

Kate

1. Restaurant in a former hospital building tucked away in a Tsuwano-cho valley.

2. Visitors can tour part of the Hori Teien Garden, a National Place of Scenic Beauty.

3. Functions as a venue for learning about Tsuwano living through the "Reviving the Land Seminar" and more.

Kate is a restaurant in a Tsuwano-cho valley, housed in the renovated former Hatagasako Hospital which operated in the latter 19ths and early 20th centuries. An exhibition facility inside provides information on the institution's history and exhibits medical tools. Owner Kenta Oe opened Kate in 2016 with the goal of serving dishes with seasonal local ingredients and providing a place to learn about local lifestyles. Originally a furnituremaker, Oe crafted the tables, chairs and other furnishings a used at Kate, which give the space a welcoming feel. Certified "Local Vegetable Sommelier" Shizuko Taniguchi grows pesticide-free vegetables for the dishes here, and her traditional local cuisine is popular. Her passion for the job and hospitality come through in the menu selections, each more impressive than the last.
(Chihiro Kanokogi)

8

出西窯

［出西くらしの village］
島根県出雲市斐川町《ひかわちょう》出西《しゅっさい》3368
9時30分〜18時　火曜休、元旦休
※営業時間は各施設で異なる
www.shussai-village.jp
出雲縁結び空港から車で約20分

1. 民藝《みんげい》の流れを汲《く》む島根県随一の窯元。

粘土作りから、すべて手作業。登り窯などで焼く、普遍的なものづくり。1947年の創設以降、同じ場所で、無名の民衆による、民衆のための器を焼いている。

2.「縁《ふち》鉄《てつ》砂《さ》呉《ご》須《す》釉《ゆう》皿《ざら》」をはじめ、365日使えるスタンダードウェア。

バーナード・リーチや濱田庄司《はまだしょうじ》、金津滋、吉田璋也《よしだしょうや》などのアドバイスから生まれたロングライフデザインの器たち。常に時代の流れの中の“民藝”を生み出す姿勢。

3. ベーカリーカフェや、セレクトショップを併設した「出西くらしのvillage」。

出雲民藝館の山本家の米蔵を移築し、改修した展示販売所。

暮らしの中で生まれる暮らしの器　僕が、「出西窯」の器を使い始めたきっかけは、珈琲を飲むために買った「コーヒー碗・皿（カップ&ソーサー）」で、碗は、持った時の指の掛かりは、他のカップに類を見ない。しかも、子どもにスープを飲ませたり、皿は、お浸しなどを盛り付けたり、我が家の万能選手。ちょっとやそっとじゃ割れもしない（食洗機だってへっちゃら）。そうした汎用性と、使い勝手が、抜群に優れているところが、出西窯の良さだと、僕は思う。１９４７年、終戦後の激動の時代に、幼馴染みの5人の青年によって創業した出西窯。安来《やすぎ》市出身の陶芸家・河井寛次郎《かわいかんじろう》の指導を受け、実用陶器をつくる窯元としてスタートした。それから半世紀以上が経ち、民藝は、〝特別な物〟になりつつある現代で、満を持して誕生したのが、暮らしに纏《まつ》わるさまざまなアイデアを発信する「出西くらしのvillage」だ。「手にとって、使ってみて、良ければ買う」という民藝のあるべき姿を、現代の人にも伝えていく場所で、実際にカフェで食事をした人が、販売所にもふらりと立ち寄る流れができている。今も、粘土作りから始まり、登り窯は、補修しながらも、まだまだ現役。職人たちが定期的に勉強会を行なうのは、日々邁進《まいしん》していくための「仕事」のうちで、試作は、積極的に店に出し、使い手の反応を見るのだという。工房でせっせと働く職人たちの背中は、まさに質実剛健。加えて、僕には、この土地地で働くことへの誇りも感じた。（神藤秀人）

Shussaigama Pottery

1. **The only pottery in Shimane that adheres to the *Mingei* movement.**

2. **Sells iron-sand-ringed Gosuyu-glaze plates and other "standardware" dishes that can be used year round.**

3. **Don't forget to visit the attached Shussai Kurashi-no-Village bakery-cafe and boutique.**

Shussaigama Pottery was founded by five close friends in 1947, after World War II. Under the tutelage of potter Kanjiro Kawai from Yasugi City, its members began making practical-use pottery. Today, *Mingei* products are coming to be viewed as something special rather than typical. This led to the founding of Shussai Kurashi no Village, a place where people can physically hold and try out products, and then purchase them if sufficiently impressed. The shop lives up to *Mingei* ideals. Even today, its crafters start by procuring and preparing their own clay and then using the old, still-functional (with occasional repairs) climbing kiln to fire ware. They hold regular study sessions for artisans and actively put prototype pieces out for sale in-shop to gauge customer responses. In my eyes, the staff exude true pride in their work. (Hideto Shindo)

9

objects

［本店］島根県松江市東本町2-8
11時～18時　水・木曜休、他不定休
松江駅から徒歩約15分
［別館］島根県松江市天神町17-1 BIOTOUPIA
12時～18時　不定期オープン
松江駅から徒歩約10分
Tel: 0852-67-2547
objects.jp

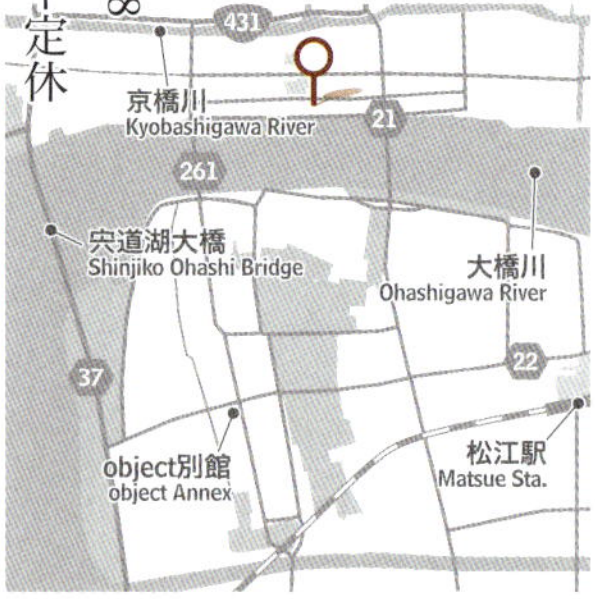

1. “島根県の民藝《みんげい》”を確かめる上で、必ず行くべき工芸店。

店主・佐々木創さんの手仕事における審美眼。
「民藝とは何か」を考え、それを踏まえて、
島根をはじめとする各地の作り手の魅力がわかる店。

2. 大橋川のほとりにある夕日が似合う重厚な店構え。

元洋品店だった昭和初期の建物を、セルフリノベーション。
地元の飲食店をはじめ、工芸初心者も、ふらりと立ち寄る吸引力。
もちろんマニアも大歓迎。地域に根づく松江ならではの店。

3. 店主が蒐集《しゅうしゅう》したアンティーク工芸が並ぶ「別館」。

松江天神町商店街の交差点にある「BIOTOUP」の1階。
“本当にかっこいい”と思う工芸の、全国各地の選《え》りすぐりを販売。

新・島根工藝診察の学び舎　島根県は、「民藝運動と関わりの深い土地」ということは、島根県に訪れる前から聞いてはいたが、それが何故だか、はっきりしないまま、僕は、松江市の工芸店「objects」の扉を開いた。元洋品店という趣ある店内に並ぶ工芸品の中から、僕が、最初に手にした藍色のカップを見て、「それは、温《ゆ》泉《の》津《つ》の『森山窯』のもので、安《やす》来《ぎ》市出身の河《かわ》井《い》寛《かん》次《じ》郎《ろう》さんの『最後の内弟子』ともいわれる森山雅夫さんが作っているんです。もう80歳を超えているのに、衰えるどころか、めちゃくちゃ元気なんですよ」と、店主の佐々木創さんが話してくれた。他にも店頭の物を指して、背景や歴史から、作り手にまつわるストーリーまで丁寧に教えてくれ、「島根で今最も勢いのある作り手」について知りたいと訊《き》くと、彼は、勿《もっ》体《たい》ぶらずに、2組の若い作り手を紹介してくれた。それから、objectsには、何度か顔を出すようになり、その日に見た島根の工芸品について、佐々木さんに意見を聞くことは、僕にとって、「島根の民藝」を知る上での〝学び〟でもあった。さらに、不定期でオープンする「objects 別館」に行くと、佐々木さんが蒐集した世界中の新旧の工芸品を紹介していて、もちろんそこにも島根の民藝……中でも、出雲地方特有の黄色く窯変する「来《き》待《まち》釉《ゆう》薬《やく》」が素敵な「舩《ふな》木《き》窯《がま》」の舩木研《けん》兒《じ》さんの陶板は人気で、地元のクリエイターから絶大な支持もある。ということで、僕の〝島根工藝診察〟は、『編集部日記I』（P.064）に続く。（神藤秀人）

objects

1. A must-visit handicrafts shop for experiencing the *Mingei* of Shimane.

2. Features stately architectural design complemented by sunsets on the Ohashigawa riverbank.

3. The objects annex is filled with antique handicrafts collected by the owner.

The Matsue City handicrafts shop "objects" is lined with craft goods only the owner, former tailor Hajme Sasaki, could have chosen. He gave me a rundown of the shop's history, and when I asked him about the most active creators in Shimane, he told me about two groups of young artisans. Thereafter, I visited Sasaki's shop several more times, and his teachings about Shimane crafts served as a school of sorts on the *Mingei* of Shimane. The objects annex, which operates on an irregular schedule, features handicrafts both old and new collected by Sasaki from around the world. The ceramic panels created by Kenji Funaki of Funakigama Pottery, which feature unique *Kimachi-uwagusuri* glaze from Izumo that turns yellow when fired, are particularly popular. The experience spoke the support Sasaki enjoys from local creators. (Hideto Shindo)

10

俵種苗店
SHIKINOKA

島根県鹿足《かのあし》郡津和野町後田《うしろだ》ロ212
Tel: 0856-72-0244
10時〜18時　不定休
shikinoka.jp
津和野駅から徒歩約10分

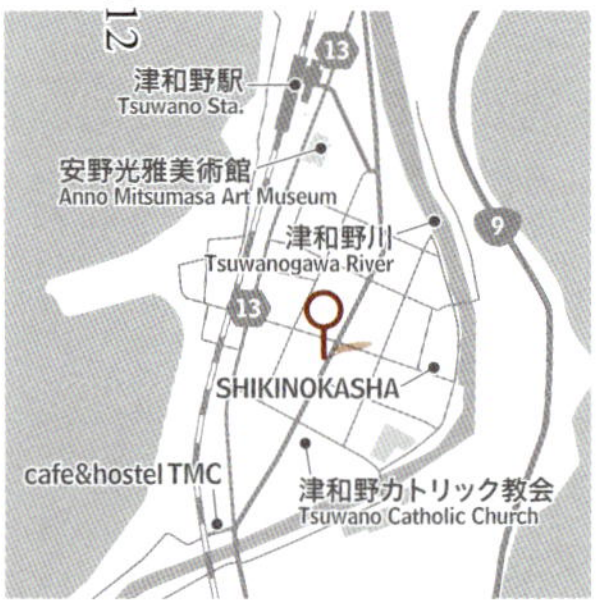

1. 明治期創業の、津和野の現代的な生活雑貨店。

趣ある木造建築を活用し、現代的な雑貨が並ぶ“種苗店”。
種箱と「SUKIMONO」の家具、新旧が絶妙に調和する土間の店内。

2. 島根の手仕事をデザインプロモーションしている。

「宮内窯」「西田和紙工房」「篠原メタル工房」など、
津和野にしかない“日常のプロダクト”を提案。
津和野の地域素材「黒文字」を使った「SHIKINOKA TEA」。

3. 別館の津和野暮らし体験スペース「SHIKINOKA SHA」。

古民家を改修して、ギャラリーやレンタルスペース 、一棟貸しの宿として再生。
絵画・造形教室「アトリエスノイロ」の個展をはじめ、
さまざまなワークショップも開催。

種から始まる暮らしのデザイン　かつては城下町として栄え、〝山陰の小京都〟として知られる津和野町は、森鷗外などを輩出した「藩校養老館」など、色濃い歴史が残っている。そのメインストリートを歩くと、楽しげな様子のお店がある。「俵種苗店 SHIKINOKA」は、明治開業の種苗店。２０２１年、染色家で空間・プロダクトデザイナーの俵志保さんが家業を継いだ。昔ながらの土間が広がる空間で買い物するのは、少し不思議な気分。品揃えは、種や農具はもちろん、県内外のさまざま地域の作り手と風土の感じるものづくりを目指すプロダクトブランド「SHIKINOKA－シキノカ－」の器やお茶など、衣食住暮らし全体に寄り添う道具がセレクトされている。私は、江《ごう》津《つ》市の「宮内窯」と作った「イワミイロ」シリーズのマグカップを手に取った。親指を添えて持ちやすく、色々な場面で活躍しそうな温かみあるサイズ感が心地よい。また、別館として、築約２００年の古民家を改修したギャラリー兼レンタルスペース「SHIKINOKA SHA」も営む俵さん。オリジナルの「SHIKINOKA TEA」のパッケージには、ダウン症の子どもたちが中心の造形・絵画教室「アトリエスノイロ」の作品を起用していて、作り手との繋《つな》がりを大切にしている様子も感じ取れる。歴史と文化と暮らしが交わる町で、種を選び、野菜を育て、作り手に思いを馳《は》せながら器を使い、食卓を囲む――そんな暮らしの基本を教えてくれる種苗店。（鹿子木千尋）

SHIKINOKA

1. **Old accessories and lifestyle goods shop in Tsuwano-cho that embodies both the traditional and the modern.**
2. **The owner personally promotes handicraft design work by local artisans in Shimane.**
3. **The annex, SHIKINOKA SHA, enables you to experience Tsuwano-cho living for yourself.**

SHIKINOKA was founded in the Meiji Period (1868–1912), and dyer and spatial/product designer Shiho Tawara bought it in 2021 for her family business. In addition to seeds, seedlings and farming tools, she offers SHIKINOKA-brand dishware, tea and other products that serve customers in all aspects of day-to-day life. Personally, I was impressed by the "Iwamiiro" line of mugs made in collaboration with Miyauchigama Pottery in Gotsu City. They are comfortable to hold, and their size and design make them suited to many situations. The annex, SHIKINOKASHA, is a gallery and rental space in a renovated 200-year-old house. The package designs for SHIKINOKA TEA are created mainly by children with Down's syndrome taking classes at the art studio Atelier Sunoiro. Tawara's close bonds with creators throughout the region are obvious.
(Chihiro Kanokogi)

11

山の駅さんべ

島根県大田《おおだ》市三瓶町《さんべちょう》池田 3294
Tel: 0854-83-2053（冬季休業あり）
火・水・金曜　10時～14時
土・日曜　10時～16時（雨天の場合は、早めの閉店あり）
月・木曜休、12～3月中旬冬季休業
yamanoekisanbe.net
大田市駅から車で約30分

1. 三瓶山の麓にある創作力溢《あふ》れるレストハウス。

登山者だけでなく、女子会も、読書も、観光客もウェルカム。
「SANBE Botanicals」コーナーや、「はらっぱ図書室」など、
セルフリノベーションした店内空間。

2. 眼前に迫《せま》り聳《そび》え立つ、男三瓶と子三瓶。

これ以上ない三瓶山を借景にいただく、
山小屋の定番でいて、三瓶ならではの贅沢《ぜいたく》なメニュー。
「さんべのトースト」をはじめ、「さんべ放牧牛」など、絶品。

3. 三瓶ならではのオリジナル商品。

はんこ作家のnorio氏のアートワークが可愛《かわい》い「さんべのおやつ」や、
地元の小学生と共同開発した「さんべの熟成ねぎみそ」。
三瓶町出身の写真家・藤井保さんのポストカードは、旅の記念にいい。

現代的山のレストハウス　島根県の中央に位置する「三瓶山」は、標高1126メートルの比較的なだらかな活火山で、トレッキングからピクニックまでさまざまなアクティビティーが楽しめる。麓の「西の原」は、あまりに開放的な草原で、走り回ったり大の字で寝っ転がったり、子どもみたいに過ごせてとても気持ちがいい。「山の駅さんべ」は、西の原から雄大な三瓶山を眺めながら、のんびりとくつろげるレストハウス。ほとんどDIYでつくられたという内装は、ほっこり温かな雰囲気だ。地元の食材を使ったメニューのあるカフェや、三瓶のお土産が手に入るショップ、小さなブックスペースが併設していて、登山客・地元の方問わず、幅広い客層に愛されている。私は、名物「さんべの米粉トースト（はちみつ&アイス）」をいただいた。三瓶産米粉で作ったもちもち食パンにはちみつたっぷりで、疲れた身体が癒される。また、三瓶山周辺に自生する「セイタカアワダチソウ」から生まれたアロマシリーズ「SANBE Botanicals」や、登山やピクニックで訪れた人が何度も利用できるオリジナルクッキー缶など、オーナーの梶谷美由紀さんはじめ、スタッフのアイデア輝くグッズ類も魅力の一つ。三瓶町出身の写真家・藤井保さんが三瓶の風景を収めたポストカードも旅の思い出にぴったりだ。また、周辺には中国地方有数の温泉地「三瓶温泉」があり、店でお薦めを聞いて行き先を選ぶのもいい。道の駅という休憩所としての役割が、現代的に進化した場所。（鹿子木千尋）

Yamanoeki Sanbe

1. A creative rest facility located at the foot of the beautiful mountain, Mt. Sanbe, in Oda City.

2. The Otoko (Man)-Sanbe and Ko (Child)-Sanbe summits looming and towering before your eyes.

3. Original products and services unique to Sanbe, such as *miso*, aromatherapy products, and photography.

"Yamanoeki Sanbe" is a rest facility where one can relax and unwind while looking out at the majestic Mt. Sanbe. It's DIY interior has a warm and cozy atmosphere, and has a café with a menu using local ingredients, a shop selling Sanbe souvenirs, and a small book space, and is loved by both hikers and locals. I tried their specialty, the "Sanbe Toast (Honey)." The springy bread made with Sanbe rice flour topped with plenty of honey soothed my fatigued body. Another attraction is the variety of goods offered, such as the "SANBE Botanicals" aromatherapy series made from Tall Golden rod grows around Mt. Sanbe, and the original cookie tins that visitors can reuse while hiking or picnicking. Postcards featuring Sanbe scenery by photographer Tamotsu Fujii, a Sanbe native, are also perfect as mementos of your trip. (Chihiro Kanokogi)

12

石見銀山 まちを楽しくするライブラリー

島根県大田《おおだ》市大森町ハ94
Tel: 0855-24-2201
10時～17時（16時30分L.O.）月～水曜休、他不定休
12～3月は、冬季営業（要確認）
石見銀山《いわみぎんざん》公園駐車場から徒歩約10分
ginzan-books.com

1. 世界遺産「石見銀山遺跡」にある、古民家を再生した複合スペース。

大田市大森町で、誰もが笑顔になれる図書館。
地元の人も、“生活観光者”も、自由に立ち寄り、お茶ができる。

2.「島根県立大学」の学生による立ち上げと運営。

若い感性を大切に、「地域づくりコース」の授業の一環で開業。
選書やメニュー開発、デザイン、ギャラリー企画なども学生が中心。
町に開かれたサテライトキャンパス。

3. 築200年を超える商家「旧松原邸」をリノベーション。

地元の竹を活用してデザインされた「行燈《あんどん》本棚」に、
石見銀山の坑道をイメージした「えほんのどうくつ」。
2階には、伝統工芸「組子細工」に囲まれたコワーキングスペースがある。

まちに来る人も楽しくするライブラリー　コロナ以降、世の中ではDX化が進み、パソコンひとつあれば、世界中どこにいても仕事ができてしまう時代。そんな時に、石見銀山だと、古民家を再生した「石見銀山 まちを楽しくするライブラリー」のコワーキングスペースがお薦めだ。地元の伝統工芸「組子細工」に囲まれた空間は、この土地ならではで、気分も一新、仕事も捗《はかど》ることだろう。もちろん大人だけでなく、大森町では、「保育園留学」も斡旋《あっせん》していて、小さな子どものいる家族にとっても、カフェ機能が付いた複合施設は、何よりもありがたい。運営するのは、地元「島根県立大学」の地域づくりコースの学生たちで、立ち上げも授業の一環で行なったという。縁のあるクリエイターたちが選書する本棚がある「行燈の間」では、学生もお年寄りも観光客も、みんな思い思いに寛《くつろ》いでいる。子どもたちが大好きなのは、間歩《まぶ》（石見銀山の坑道）をイメージしたという「えほんのどうくつ」。迷路のような薄暗い本棚の部屋で、お気に入りの絵本を探そうという仕掛け。大森町の魅力を伝える「ギャラリー」も興味深く、「よるカフェ」（不定期）では、郵便局の局長は、ビールを呑《の》んだり、パン屋のご主人は、自慢のギターを披露するなど、とても愉快。ここ大森町で長らく生活していると、東京に残してきた家族（妻と2歳の子ども）が心配にもなる。こんな楽しいライブラリーがあるならば、僕も、保育園留学を考えても悪くないと思った。（神藤秀人）

Iwami Ginzan Library

1. **Multipurpose facility in an old, repurposed house near the UNESCO-designated Iwami Ginzan Silver Mine.**
2. **Created and operated by students from The University of Shimane.**
3. **Renovation of a Former Matsubara residence —which is over 200 years old—for a Shimane-style space.**

I recommend the co-working space in this renovated old house—now a town library. The spatial design incorporates a local traditional craft, *kumiko-zaiku* woodworking. Moreover, facilities are family oriented, offering something for adults and children alike, including a cafe. The library is operated by students at The University of Shimane as part of a community development class. Its "Paper-Shade Lamp Room" features books selected by local creators and serves as a place of relaxation. The "Picture Book Cave," modeled after the nearby silver mine's tunnels, is popular with the kids, who can venture in with a flashlight and search for their next read. There is even a gallery that conveys the charms of Omori-cho. Once a month, it hosts the "Nighttime Cafe" event, during which a bread shop owner provides guitar performances. (Hideto Shindo)

13

Sailing Coffee

島根県隠岐《おき》郡西ノ島町浦郷 492
Tel: 08514-2-2488
10時～17時（土・日曜～16時）臨時休業あり
sailing-coffee.com
別府港から車で約10分

1. 西ノ島の港町・浦郷にある民家を活用したコーヒースタンド。

築約100年、町の暮らしを見守ってきた建物。

島内には、「国賀《くにが》海岸」などの景勝地が多くある。

2. 松江市内の焙煎《ばいせん》所のコーヒー豆や、窯元のカップをセレクト。

「CAFFE VITA」によるオリジナルブレンドのコーヒーを、

「袖師窯《そでしがま》」の別注カップで提供。購入もできる。

3. 島にルーツを持つ、オーナー・森山勝心《かつし》さん。

企画・デザイン・コーディネートなどを手がける「Oki Islands Inc.」の代表。

西ノ島町に関わる冊子や、ガイドブックを制作。

キャンプ場「Oki Islands Camping Park –Play in the Ocean–」も運営。

みんなにとっての〝波止場〟　4つの有人島と約180の無人島からなる隠岐諸島は、2013年に「世界ジオパーク」に認定。有人島は「島前《どうぜん》（西ノ島、中ノ島、知夫里島《ちぶりじま》）」と「島後《どうご》（隠岐の島町）」の2つのエリアがあり、西ノ島には、国の名勝および天然記念物「国賀海岸」などがある。その国賀海岸の「摩天崖《まてんがい》」を目指して山道を進むと、牛や馬があちこちに。平地が少なく痩せた土地を有効活用するため「牧畑（放牧と畑作）」という隠岐独自の農法が発達していて、牛馬が草を食《は》む姿に長閑《のどか》さを感じるが、目的地に着くと一転。目の前に広がる日本海と切り立つ断崖、波風に侵食された岩の数々に息を呑《の》む。そんな絶景を見た後に訪れたいのが、浦郷地区にある「Sailing Coffee」だ。民家の佇《たたず》まいはそのまま、通りに面したガラス越しにオーナーの森山勝心さんが迎えてくれた。旅館や食料品店、電気屋などが営まれてきたこの場所に惹《ひ》かれて、2019年にお店をオープン。仲間と改修した店内に、森山さんがセレクトした家具や雑貨、アート、本が並ぶ。コーヒーは「Skipper（船長）」と「Crew（乗組員）」の2種類で、豆はもちろん、店のロゴ入りカップやTシャツなども購入できる。電気屋の物置だった場所はギャラリースペースに改装し、マリンブランド「HELLY HANSEN」との島旅プロジェクトを展示。私はドリップコーヒーを飲みながら、大地の成り立ちに思いを馳《は》せる。簡単には辿《たど》り着けない離島で、旅の余韻に浸り、次の目的地へ向かう。（渡邉壽枝《わたなべひさえ》）

Sailing Coffee

1. A coffee stand housed in a private home in Urago, a port town on Nishinoshima Island.
2. Uses selected coffee beans from a roastery in Matsue City served in cups from a pottery.
3. The owner, Katsushi Moriyama, has roots on the island.

Designated as Global Geoparks in 2013, the Oki Islands will take your breath away with the Sea of Japan, the sheer cliffs, and the rocks eroded by the wind and waves. After taking in this magnificent view, one should visit the "Sailing Coffee" in the Urago area. The owner welcomed us in his café that still retains its traditional Japanese home-façade. Drawn to this location, he opened this café in 2019. The interior of the café is lined with furniture, sundries, art, and books selected by him, and has a gallery space that displays the "HELLY HANSEN Island Project." He offers two types of coffee, "Skipper" and "Crew." The beans, cups and T-shirts with the café's logo can be purchased too. I sip my drip coffee as I soak in the afterglow of my journey, getting ready to head to my next destination from this remote island. (Hisae Watanabe)

14

珈琲館 湖北店

島根県松江市浜佐田町《はまさだちょう》 1044-1
Tel: 0852-36-8968
9時～17時　木曜休
松江しんじ湖温泉駅から車で約5分

1. 宍道湖《しんじこ》の岸壁から迫り出す、圧巻のロケーション。

1981年創業。蔦《つた》が覆う、煉瓦《れんが》造りの“純喫茶建築”。
松江しんじ湖温泉駅から近く、観光客もこぞって訪れる、
松江市のランドマーク的喫茶店。

2. 宍道湖の魅力を再認識する、松江市民とっておきの店。

オープンと同時にほぼ埋まる贅沢《ぜいたく》な窓側の席。
暖かい季節には水辺の席も人気。
しじみ漁や水鳥、そして、風光明媚《ふうこうめいび》な夕日もここならでは。

3. 山陰に至福のカフェタイムをもたらす、地域密着型の喫茶店。

松江市内に展開する3つの店で、最も人が訪れる繁盛店。
自家焙煎《ばいせん》珈琲と、姉妹店「ウィーンの森」の自家製パンとケーキ。

いつもの宍道湖　松江の人にとって、「宍道湖」は、かけがえのないもの。水辺の道をジョギングする人がいれば、宍道湖の見えるベンチでランチを取る人、松江のビル群の夜景の写り込みが好き、という人もいる。中でもみんなが口を揃えて「最高！」と言うのが、空も茜《あかね》色に染まる夕日の景色。偶然だったが、僕も宍道湖大橋の上で、宿へと向かう道すがら、その最高の夕景を見ることができた。それと、朝も気に入っていて、朝靄《あさもや》に覆われた宍道湖は、どこか神秘的な〝島根らしい風景〟をも感じる。そんな宍道湖の湖岸に、わざわざ早起きしてでも、ぜひ行っておきたい喫茶店がある。宍道湖大橋から湖北線を西へ、車で約5分。そこだけ湖に突き出た陸地があって、たった1軒の店が建っている。「珈琲館 湖北店」だ。まるで小規模のモンサンミッシェルという人もいるくらいの驚くほどのロケーション。蔦に覆われた煉瓦造りの建物は、いわゆる「レトロ喫茶」で括《くく》られがちだが、店内に入ると、まっ先に目に飛び込んでくる、想像以上に近い湖の景色に、誰もが感激するだろう。窓側の席は、少し床が低くなっていて、さらに水面が近く、水鳥がプカプカと浮かぶ様子は、心も癒される。松江の人にとって「珈琲館」は、慣れ親しんだ〝いつもの店〟。創業時から家族経営で、珈琲は自家焙煎にこだわり、メニューの豊富さも自慢の一つ。自家製のパンやケーキも、もはやソウルフード。宍道湖になくてはならない、憩いの喫茶店。（神藤秀人）

Coffee-Kan Kohoku Store

1. **Breathtaking location on land jutting out from the shore of Shinji Lake.**
2. **A special spot for Matsue City residents to reaffirm the beauty of Shinji Lake.**
3. **Shop with strong community ties offering a supremely blissful San'in cafe time.**

The appearance of Shinji Lake in the early morning, shrouded by a fantastical veil of mist, is a truly a Shimane-esque vista. It's worth getting up early to see it from this splendid cafe. The Coffee-Kan Kohoku Store is near Shinjiko Ohashi Bridge, situated on a piece of land that juts out into the water. Once inside the ivy-covered brick building, the first thing that catches your eye is the surprisingly stunning beauty of the lake view through the windows. The floor near the window seats is lowered slightly, situating customers closer to the water where they can watch the waterfowl bobbing about. A regular haunt for Matsue citizens, this shop has been family-run since its founding and offers high-quality coffee and a plethora of meal and sweets selections. It is, in short, an essential facet of the Shinji Lake area. (Hideto Shindo)

15

暮らす宿

他郷阿部家

島根県大田《おおだ》市大森町ハ 159-1
Tel: 0854-89-0022
1泊2食付き1名 44,000 円〜（2名利用時）
kurasuyado.jp/takyo-abeke
石見銀山《いわみぎんざん》公園駐車場から徒歩約5分

1. ユネスコ世界遺産「石見銀山遺跡」で暮らすように泊まる宿。

元武家屋敷を「群言堂《ぐんげんどう》」の松場登美さんが暮らしながら改修。
天井の高い和室と隠れ家的茶室のある「母家」と、
重厚感ある蔵を生かした洋間の「蔵」。

2. 竈《かまど》のある台所でいただく大森町の家庭料理。

1日2組（限定）の宿泊客が、同じ時間を共にする“一家団欒《だんらん》”の食事。
自家菜園や地域の食材を生かしたメニューは、レシピをお裾分け。

3. 宿泊者限定の“ 生活観光 ”。

朝食後には、石見銀山の町並みをスタッフが案内してくれ、
茅葺《かやぶ》き屋根の家を擁する「群言堂」グループの本社へも行ける。

美しい〝生活文化〟　自然豊かな山々に囲まれ、「石見銀山」の名で世界中にその名が轟《とどろ》く、大田市大森町。石州《せきしゅう》瓦屋根が特徴の美しい町並みは、どこか〝観光地らしくない〟長閑《のどか》な日常が魅力だ。「暮らす宿 他郷《たきょう》阿部家」は、1日2組限定の一風変わった宿。築230余年の武家屋敷を、アパレルブランド「群言堂」の創業者・松場登美さん自らが、10年以上そこで生活しながら改修を行ない、人家としての〝命〟を吹き込んだ。石州瓦の製造工程で使用する道具を敷き詰めた珍しいデザインのアプローチを進み、地元の鉄の彫刻家・吉田《よしだ》正純《しょうじゅん》氏のオブジェなどに迎えられながら、藍染絣《かすり》の暖簾《のれん》をくぐる。部屋は、2タイプ。和室と洋室ともに、武家屋敷ならではの特徴はそのままに、登美さんのエッセンスが加わり、古さの中にも、モダンな生活感が漂っている。特に面白かったのが、その日の2組の宿泊客は、同じ時間に同じ場所で、登美さんと食事を共にすること。各々《おのおの》の自己紹介に始まり、好きなお酒を注いでグラスを交わす。美味《おい》しい阿部家の家庭料理は、家族とも言える素敵な仲間たちが、腕を振るってもてなしてくれる。阿部家では、普段どおりのありのままの町の暮らしを、お裾分けするような感覚を大切にしているという。この町には、世界遺産という肩書きに囚《とら》われず、〝本物の生活〟が根づいている。それは、大森町が、「観光地化」されないための大きな要素でもあり、この町の住民、みんなの心の中にあるアイデンティティなのだと思う。（神藤秀人）

Kurasuyado Takyo-Abeke

1. Experience daily living near the Iwami Ginzan Silver Mine UNESCO World Heritage Site.
2. Savor home-cooked Omori-cho cuisine made on the kitchen's traditional ***kamado*** cooking stove.
3. "Lifestyle tourism" only available to lodgers at Abeke.

Kurasuyado Takyo Abeke is a unique lodging facility open to a maximum of two groups daily. Originally a samurai household built more than 230 years ago, owner and Gungendo lifestyle products brand founder Tomi Matsuba resided here for more than a decade while making renovations, giving it a lived-in feel. Tools used to make *Sekishu-gawara* tiles can be seen throughout, as can art objects by local metal sculptor Masazumi Yoshida. Two room types are available—Japanese and Western—offering the old feel of a samurai household coupled with contemporary conveniences. Both customer parties enjoy dinner together with Tomi Matsuba, greeting each other while sharing drinks and delicious home-cooked food as they pass the time together. Tomi Matsuba wants guests to share in the experience of typical, everyday life in her town. (Hideto Shindo)

16

MASCOS HOTEL

島根県益田市駅前町 30-20
Tel: 0856-25-7331
1泊素泊まり1名 9,100 円〜
mascoshotel.com
萩《はぎ》・石見《いわみ》空港から車で約15分

1. 益田市発の地場産業と共同で開発したデザインホテル。

アートディレクションは、自社のデザイン会社「益田工房」。

家具や浴衣、備品など、館内の至る所に、島根のものづくりがある。

2. 地下から湧き出る奇跡の湯「益田温泉」。

日帰り入浴もできる、益田市新進の温泉施設。

温泉フロアには、浜田市の「吉原木工所」による組子のオブジェ。

ブックコーナーは、松江市の「artos Book Store」。全室、自転車を持ち込める。

3. 郷土料理「うずめ飯」がある、ハイセンスなレストラン。

宿泊者だけでなく、一般客も多く利用する「MASCOS BAR&DINING」。
食事をしながら楽しめるDJイベント『DINNER&MUSIC』や、
石見神楽が舞う『DINNER & IWAMI KAGURA』など、魅力的なコンテンツ。

今、益田が〃熱い〃！　というのも、まず、益田市が世界に誇る芸術文化施設「グラントワ」の存在。開業20周年を迎えた現在も、まだまだその存在感は、衰えを知らない。そして、石見一の楽園「新天街」の犇《ひしめ》く名店たち。こんなディープな夜は、もはや遺産レベル。そんな益田に足りなかったものといえば、〃ちょうどいいホテル〃で、それが、2019年、満を持して誕生した。益田市を拠点とするデザイン会社「益田工房」の自社ディレクション、「MASCOS HOTEL」だ。石見は、森鷗外ゆかりの地でもあり、ホテルの外装（タイル）こそ、東京文京区の「森鷗外記念館」をオマージュしていて、ロビーには、「石州瓦《せきしゅう》」や「石見焼」などの、地場産業とコラボレーションしたオリジナルグッズが並び、地元への愛情も伝わってくる。「MASCOS BAR&DINING」では、宿泊客と一般客が、混ざり合い、地元食材をふんだんに使った料理が提供される。僕の一押しは、郷土料理をアレンジしたという、マスコス版「うずめ飯」。「今日は、浜田のノドグロです！だいぶお酒も呑《の》まれてますから、半分の量にしましょうか！」なんて心遣いも嬉《うれ》しい。客室には、江津《ごうつ》市の「SUKIMONO」のデスクセットが入り、大田《おおだ》市の「篠原メタル工房」などのインテリアも秀逸。極め付きは、ホテル直下から湧き出る街のニューコンテンツ「益田温泉」。日帰り利用も可能で、ブックコーナーも充実。間違いなく、これからは、〃観光〃としての益田が、注目される。（神藤秀人）

MASCOS HOTEL

1. **A Masuda City designer hotel co-developed with local industry members.**
2. **Situated in Masuda Hot Springs, where water miraculously wells up from the subsurface below the building.**
3. **Features a tasteful restaurant that serves the local cuisine *uzume-meshi.***

Masuda Kohboh, a design firm in Masuda City, oversaw MASCOS HOTEL's design. The lobby displays unique products including *Sekishu-gawara* tiles and Iwami ware provided via collaborations with local industry, conveying the owner's love for Masuda. MASCOS BAR & DINING serves dishes made using plenty of local ingredients to lodging guests and regular customers alike; personally, I recommend their unique take on the local dish *uzume-meshi*. Guestrooms feature desks made by the Masuda furniture-maker and renovator SUKIMONO, and interior goods from Shinohara Metal Koubo in Oda City, all of which are impressive. The pièce de résistance is the newly opened Masuda Hot Springs baths, which use a spring source right below the hotel, This can be used by both lodgers and day visitors. Masuda will undoubtedly become a tourist destination. (Hideto Shindo)

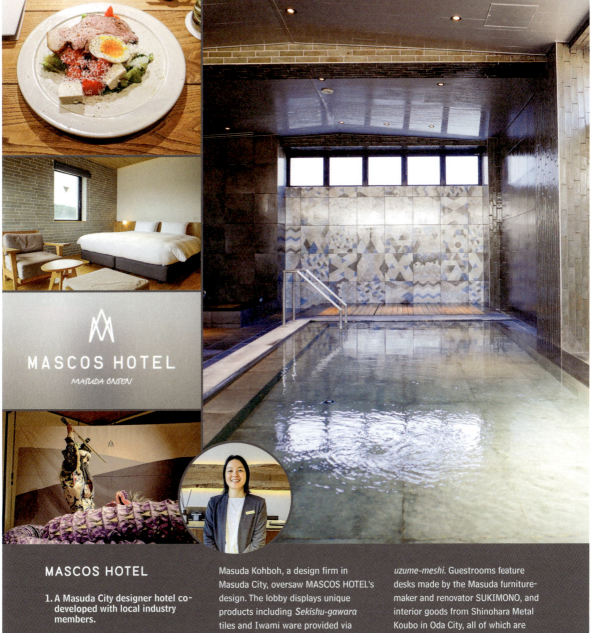

17

Entô

島根県隠岐《おき》郡海士町《あまちょう》福井 1375-1
Tel: 08514-2-1000
1泊素泊まり1名 17,500円〜
ento-oki.jp
菱浦港から徒歩約5分

1. 海士町の玄関口に建つ、隠岐の旅を際立たせる前衛的宿泊施設。

海面に最も近い「NEST 1」をはじめ、
観光客だけでなく、ノマドワーカーにも好条件な客室。
「MOUNT FUJI ARCHITECTS STUDIO」設計、
「日本デザインセンター」アートディレクション。

2.「隠岐ユネスコ世界ジオパーク」の拠点も兼ねた複合施設。

大地の成り立ちや生態系、人の営みの歴史を学べる展示室「Geo Room “Discover”」。

「Entô Walk」では、建物周辺の散歩や展示解説など日替わりツアーを実施。

3.「大人の島留学」の雇用を創出。シェアオフィスは官民共創。

宴会場は、オフィスに活用。
海士町役場「交流促進課」や他企業も机を並べて勤務。

〝遠島〟の泊まれるジオパーク　かつて高貴な方々が遠流《おんる》となった隠岐諸島。菱浦港が近づくと視界に現れるのが「Entô」だ。１９７１年に国民宿舎として開業。町が所有する島唯一のホテルだったが、建物の老朽化と経営不振により、２０２１年、建物の一部を改修した本館「BASE」と、全面建て替えた別館「Annex NEST」で再出発。シングルルームでも眼前の絶景を眺めるには十分な空間で、一度ずつ建物の角度を変えてシミュレーションしたというだけある。冬の日本海といえば荒波を想像するが、隣の「西ノ島」が防波堤となり、驚くほど海は穏やか。ジオパークの拠点でもあるEntôは、展示やツアー、アクティビティを通して自然や歴史に触れることができる。「ジオラウンジ」は、「隠岐ジオパーク推進機構」の管轄で、私が訪れた時は、島周辺の魚を紹介する『漂う水族館』が開催されていた。館内には「島まるごと図書館」もあり、どちらも宿泊者・来島者・島民が利用できる。ホテル存続の危機から再建を図ったのが、元海士町観光協会の職員で、宿泊・観光事業を行なう「海士」の代表・青山敦士さんだ。隠岐諸島では、２００９年から高校生の「島留学」を、２０２０年からは「大人の島留学」制度を開始。海士が運営する島内の売店や飲食店も就職先の一つとなっている。官民連携しながら、「隠岐」として活動を拡げるべく、２０２５年1月には「隠岐プラザホテル」との連携を発表。Entôの挑戦は始まったばかり。（渡邉壽枝）

Entô

1. Located at the entrance to Ama Town, this avant-garde accommodation will heighten your trip in Oki.

2. A complex that also serves as the base of the "Oki Islands UNESCO Global Geopark."

3. Creating jobs for "Island Study Abroad for Adults." Shared offices are a public-private partnership.

"Entô" comes into view as I approach Hishiura Port on the Oki Islands, where nobles were once exiled. Opened in 1971 as a public budget lodging, it was reopened in 2021 with its partially renovated main building, "BASE," and a completely rebuilt annex, "Annex NEST." Even their single rooms offer enough space to enjoy the superb view. One might imagine the Sea of Japan to be rough in winter, but the sea is surprisingly calm with the neighboring Nishinoshima Island acting as a breakwater. At Entô, visitors can experience nature and history through exhibitions, tours, and activities. When I visited their "Geo Lounge," they held a "Floating Aquarium" that showcased the fish around the islands. The hotel also houses the branch library of the Ama Town Library, where both are available to guests, visitors, and island residents. (Hisae Watanabe) sog

福森拓

島根県松江市天神町 17-1 BIOTOUP 1C
Tel: 050-5896-6002
sssog.jp
松江駅より徒歩約10分

1. デザインと民藝《みんげい》と音楽と酒と……

ジャンルをまたぎ、島根を探究し続けるUターン者。
「D&DEPARTMENT PROJECT」を経て、2014年に帰郷。
持ち前の分析力で、価値のある"島根らしさ"を、探し続けている。

2. クリエイティブオフィス「sog」代表。

県内のホテルや和菓子店などのクライアントワークに加え、
情報誌やフリーペーパーなどの企画編集に携わり、
宍道湖《しんじこ》のクルーズ船や、古民家再生の宿泊事業など、幅広く展開。
出雲民藝協会理事、「出雲民藝館」事務局。

3. 松江の文化発信地「BIOTOUP」主宰。

デザインや工芸、古着やキッチンツール、料理教室や音楽イベントまで
マルチにポップアップイベントを受け入れる松江の複合施設。

〝島根らしさ〟の申し子　旧姓の「売豆紀《めづき》」という名前から「豆《まめ》ちゃん」の愛称で呼ばれる福森拓さん。今回の旅の、主に出雲・松江のキーマンで、何を隠そう、元ディアンドデパートメントのウェブディレクター。あらゆるものに探求心を向け、生粋の音楽好きで、松江の文化発信地「BIOTOUP」の経営者。「出雲民藝協会」の理事であり、「出雲民藝館」事務局も担う福森さんに、僕が、無理強いしたことといえば、島根の民藝についてあれこれ尋ねたこと。一緒に、『d design travel』版〝島根工藝診察〟の旅に出たことは、今でも忘れはしない。もともと松江市出身の福森さん。2014年にUターンして、地元の企画会社に参画。地域の特産品を活かしたギフトサービスのブランド立ち上げに携わったのち、2021年に独立。クリエイティブオフィス「sog」を創業。さまざまなクライアントワークに、情報誌などの企画編集を行なっていて、現在は、コピーライター兼ディレクターの井上望さん（実家が神社）という素敵な仲間と共に、島根の文化度を、地道に底上げしている。今後は、松江の古民家再生の宿泊事業や、宍道湖のクルーズ船など、その拡張性は、無限大。そして、福森さんといえば、僕と同じ、三度の飯よりお酒好き。松江の夜も、彼に任せれば間違いない。例えば、「島根の器を使っている店」というリクエストにも応えてくれ、行った店はどれもが間違いない（別の機会でご紹介）。島根の人にして、〝島根らしさ〟を追求している人。（神藤秀人）

sog
Taku Fukumori

1. **A Shimane returnee active in a wide range of genres, including design, *Mingei*, music and *sake*.**
2. **CEO of creative office "sog".**
3. **Director of the Matsue cultural promotion facility BIOTOUP.**

Taku Fukumori is fascinated with many things. He's a hardcore music lover, the owner of BIOTOUP in Matsue, director of the Izumo Folk Crafts Association, and director of the Izumo Folk Crafts Museum. We once took a *d design travel* trip together to explore *Mingei*. Fukumori initially left his home prefecture of Shimane but moved back in 2014, then went independent in 2021 with his opening of the creative office "sog." He has handled editing and design for many informational magazines and other publications, and now works with copywriter and director Nozomi Inoue (whose childhood home is a Shinto shrine). Together, they work tirelessly to elevate the culture of Shimane. Moving forward, the duo intends to pursue renovations of old houses in Shimane into lodging facilities, operation of Shinji Lake cruises, and other projects. (Hideto Shindo)

石見銀山 群言堂

松場登美

［石見銀山《いわみぎんざん》 群言堂 本店］ 島根県大田市《おおだし》大森町ハ 183
Tel: 0854-89-0077
11時～17時（カフェ 16時30分 L.O.） 水曜休（祝日は営業）
www.gungendo.co.jp

1. 石見銀山を全国に知らしめた
ライフスタイルブランド「群言堂」の創業者。

1988年、「BURA HOUSE」を創業。江戸時代の庄屋建築を店舗に再生。
「見て楽、着て楽、心が元気」をテーマに、“大森町に似合う服”をデザイン。

2. 古民家再生を手がける
「石見銀山生活文化研究所」を設立。

江戸時代後期から昭和初期までの古民家を、店や宿などにセンスよく改修。
昔の知恵を今に生かす、「復古創新」の精神。

3. 「暮らす宿 他郷《たきよう》阿部家」の竈婆《かまばあ》。

築230余年の武家屋敷を改修し、2008年からは、「他郷阿部家」を営む。
開業当初は、料理も担当し、現在は、
宿泊客との団欒《だんらん》（情報交換）に勤《いそ》しんでいる。

根のある暮らし　今でこそ世界遺産で知られる「石見銀山遺跡」は、島根県を代表する観光地の一つだが、比較的「観光地化」されていないのが特徴だ。また、そこでの〝当たり前の生活スタイル〟も心地よく、僕は、この旅を続けている中で、次第に心を掴《つか》まれていった。そんな空気感をつくり上げたのは、紛れもなくこの人。大森町に本社を置く、アパレルブランド「石見銀山 群言堂」の創業者・松場登美さんだ。三重県出身の登美さんは、若い頃から芸術への憧れが強く、独自にセンスを磨き上げてきた。そして、縁もあって夫の大吉さんの実家である大森町に越してきたが、当時は、高齢化が進み、空き家が立ち並ぶ、過疎の町だったという。それでも、余計なものがない、その町の姿に惹《ひ》かれ、一念発起。１９８８年、「BURA HOUSE」という名で、手作りの小物を売り始め、築２３０余年の古民家を改修、大森町に新しい風を吹き込んだ。子どもの成長に伴い、ブランドを一新。「みんなで語らう場」という意味を持つ、「群言堂」をスタート。１９９８年には、「石見銀山生活文化研究所」として、古民家の再生事業にも力を入れ出し、２０１９年には、息子の忠さんを中心に「石見銀山生活観光研究所」が設立され、これからの観光の価値を提案する「生活観光」が始まった。この一連の活動は、書籍『ぐんげんどう』でも詳しく描かれ、彼女らの歩みに、誰もが深く共感するだろう。特集「生活観光とは何か?」（p.126）に続く。（神藤秀人）

Iwami Ginzan Gungendo
Tomi Matsuba

1. Creator of the Gungendo lifestyle products brand, the fame of which has grown on a national scale
2. Founder of the Iwami Ginzan Lifestyle Culture Research Institute in an old, renovated house
3. Manager of the Kurasuyado Takyo Abeke lodging facility

Tomi Matsuba is the founder of Omori-cho lifestyle products brand Iwami Ginzan Gungendo. Originally from Mie, she has been fascinated with arts and crafts since a young age. After meeting her husband Daikichi, she moved to his hometown of Omori-cho, which at the time was filled with vacant homes due to the aging of its population. She loved the town and its appealing lack of extraneousness, and opened BURA HOUSE in 1988 to sell handmade goods. This was based out of traditional house built more than 230 years prior, and her business breathed new life into Omori-cho. She launched Gungendo thereafter. In 1998, Matsuba founded the Iwami Ginzan Lifestyle Culture Research Institute to renovate old houses in town, and in 2019, she opened the Iwami Ginzan Lifestyle and Tourism Research Center, putting her son Tadashi in charge. (Hideto Shindo)

益田工房／マスコス

洪昌督

島根県益田市あけぼの西町 3-14
Tel: 0856-25-7651
masudakohboh.com

1. 益田市随一の多才なクリエイター。

デザイン会社「益田工房」の多岐にわたるワークス。

フリーペーパー『TSUWANO –SHIKI–』をはじめ、

「しまね伝統芸能祭」「レストラン ケンボロー」

「吉原木工所」「篠原メタル工房」……

その他、益田高校や島前《どうぜん》高校など、教育機関からの信頼も厚い。

2. クラフトホテル「MASCOS HOTEL」のオーナー。

益田市念願の“ちょうどいい”デザインホテルを開業。

地元の人も日帰り利用する奇跡の湯「益田温泉」。

3. 益田の文化度を高める企画・推進力のある音楽家。

益田の街の未来をみんなで考える「MASCOS AGORA」を企画。

益田を超えろ！ 益田市の「MASCOS HOTEL」のオーナー洪昌督《こうしょうとく》さんとの出会いは、初めてホテルに泊まった日の翌朝。ホテルオリジナルの「羽織カーディガン」がお似合いで、ひとことふたこと話せば、そのハスキーボイスにうっとりもする（?）。というのも、実は、洪さんは、シンガーソングライターでもあって、デザインオフィスと、ホテルの運営会社という２つの会社の社長でもある。洪さんは、地元・益田市出身。高校を卒業して上京し、映像関係の学校に通いながら、音楽活動を行ない、家業を手伝う関係で、２００７年に益田にＵターン。二度と帰りたくないと思っていた益田だったそうだが、２００５年に誕生した芸術文化施設「グラントワ」に初めて訪れた際、そんな思いは、一瞬にして打ち消されたという。その後、その出会いが彼を後押しし、２０１０年、デザインオフィス「益田工房」を立ち上げた。今では、グラントワでの企画にも携わるようになり、市内を含め、県内外でも彼の名前を知らない人は少なくなった。「街に魅力がないのは、大人に魅力がないことに他ならない」、そう思い続けてきたことは、今でもそれほど変わらない。ただ、その矛先が、自分へと向けざるを得ない環境に、身を置くことになったという洪さん。そして、２０１９年、満を持して開業した「MASCOS HOTEL」。渾身《こんしん》の作品〝クラフトホテル〟に懸ける、彼の展望は、街全体の〝共創文化〟。きっと叶《かな》うはずだ。（神藤秀人）

MASUDA KOHBOH / MASCOS
Shotoku Koh

1. The most versatile, multi-talented creator in Masuda City.
2. Owner of the MASCOS HOTEL, a "craft hotel."
3. An ambitious musician pursuing projects that raise the cultural standards of Masuda.

A man of many talents, Shotoku Koh is originally from Masuda. After studying film in Tokyo, he got into music and eventually returned to his hometown in 2007 to help with the family business. He was originally resistant to the idea of living in Masuda again, but those feelings vanished the first time he visited the art and culture facility Grand Toit (opened in 2005). Inspired, he opened the design office Masuda Kohboh in 2010 and made his name known throughout Shimane and beyond. "If a town seems unappealing, it's because the adults there lack appeal." That's what Koh believes, yet this thinking forced him to confront his own shortcomings back in Masuda, driving him pour his all into creating the MASCOS HOTEL, a "craft hotel." Through his continuing hard work, Koh can surely infuse all of Masuda with co-creation culture. (Hideto Shindo)

津和野まちとぶんか創造センター

玉木愛実

[cafe & hostel TMC] 島根県鹿足《かのあし》郡津和野町後田《うしろだ》ロ 60-23
Tel: 0856-73-7400
11時〜18時（17時 L.O.） 無休 ※臨時休業あり
www.tmc-tha.com
津和野駅から徒歩約10分

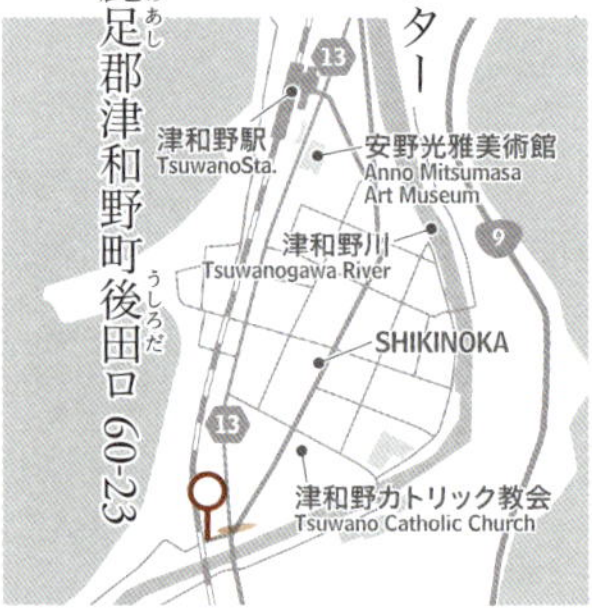

1. 津和野の次代を担う教育魅力化コーディネーター。

元編集者。町営英語塾「HAN-KOH」中等部を経て、津和野高校へ。
「しまね留学」や「高校魅力化」をはじめ、
生徒と学校、そして地域を繋《つな》ぐ、バランサー。

2.「津和野まちとぶんか創造センター（TMC）」を設立。

「地域文化を未来に紡ぐ」を使命に、
学校や、地域の学びと創造を支える環境作りを目指している。
年に一度、さまざまな分野で活躍する人材を集め、
地域の未来について討論する『津和野会議』を開催。

3. 津和野の現代の溜《た》まり場「cafe & hostel TMC」。

TMCの活動拠点であり、高校生はもちろん、地元の人も、
教育者も、観光客も利用。日原《にちはら》のわさびを使った名物「わさび丼」。

愛のある〝斜めの関係〟

「高校魅力化」とは、生徒の人生と、生きる力を育み、地域一丸となって魅力ある高校づくり、ないし地域づくりを図るというもの。いわゆる「しまね留学」が盛んな〝島根県ならではのプロジェクト〟で、隠岐《おき》の海士町《あまちょう》に次いで、津和野町でも、早くから取り組んできたという。また、「コーディネーター」という職業も珍しく、縦（先生）でも横（親）でもなく、〝斜めの関係〟ともいわれていて、教育現場の風通しをよくしていくことが使命でもある。TMCの代表理事・玉木愛実《まなみ》さんは、東京都出身。子どものライフスタイル雑誌の編集を経て、教育現場の近くに身を置き、子どもたちの可能性を広げられないかと、2017年、津和野にIターン。町営英語塾「HAN-KOH」を経て、現在は、津和野高校の「教育魅力化コーディネーター」でもある。「子どもたちの授業も変わった」と、玉木さんは言う。『総合的な探究の時間』に代表されるように、教育課程も社会に開かれるようになった。学校の授業だけに留《とど》まらず、高校生たちが、もっと自由に活躍できる場があればと、「cafe & hostel TMC」をつくった。年に一度のオープンカレッジ『津和野会議』では、さまざまな分野で活躍する大人に交じって高校生も参加。悩み相談は当たり前、生徒のためならば、新しい道も切り開く玉木さん。過去には、実際に教育者になった卒業生もいたという。土地に根を下ろし、見せかけではない愛のある教育の場を、津和野にもたらしている。（神藤秀人）

Tsuwano Machi-to-Bunka Creation Center
Manami Tamaki

1. Coordinator to boost the efficacy of education for youth who will be the next generation of Tsuwano leaders.

2. Founder of the Tsuwano Town and Culture Creation Center (TMC).

3. Creator of cafe & hostel TMC, a contemporary-style gathering place in Tsuwano.

Manami Tamaki aims to unify the community in the goal of enriching the lives of students and invigorating them, which will, in turn, invigorate the region. Serving as a coordinator to this end, she cultivates greater openness and communication in the school environment. Originally from Tokyo, Tamaki worked as a kids' lifestyle magazine editor before coming to Tsuwano. She now serves as TMC's director. Based on past experience and her former job at the local English school HAN-KOH, she serves as the "Educational Appeal Coordinator" at Tsuwano High School. Tamaki created cafe & hostel TMC as a place for high school students to more freely pursue various activities. It hosts an annual workshop, and is a place where students can seek advice and guidance. Tamaki is genuinely passionate about kids and their education in Tsuwano. (Hideto Shindo)

編集部が行く

編集部日記I

出雲エリア編

神藤《しんどう》秀人《ひでと》

Editorial Diary 1: Editorial Team on the Go

By Hideto Shindo

© 神楽殿 Hall for sacred dances

初めての山陰

『d design travel』史上初めての山陰地方は、島根県。飛行機でのアクセスが比較的楽だが、日本で唯一定期運行している寝台列車「サンライズ出雲（・瀬戸）」を利用するのも島根の旅ならでは。住宅メーカーの「ミサワホーム」が内装設計に携わった快適な居住空間は、シングルの個室利用で2万円台（お手頃）。東京駅21時50分発、出雲市駅10時着、仕事や学校帰りにそのまま乗車し、疲れることなく、朝一番に「出雲大社《いづもおおやしろ》」への参拝から旅を始めるのもいいだろう。

　飛行機を使うと、東京羽田空港から出雲縁結び空港までおよそ1時間半。意外にも早くて驚いたが、着陸態勢に入って、それまで真っ青だった空から、広くて分厚い雲の海に潜っていく瞬間、どこか果てしなく遠い世界に引き込まれていく錯覚に陥ったのは、きっと僕だけではなかったと思う。神話が語り継がれ、今もその伝承地としての神社やスポットが数多く存在し、柳宗悦《やなぎむねよし》が提唱した民藝《みんげい》との関わりも深く、流行よりも伝統を重んじる極度の〝土着信仰県〟――それが、島根県の第一印象だった。11月中旬から1月中旬までの約2か月、僕は、そんな島根県で暮らすように旅をしてきた。デフォルトでグレーの空は、嫌いではなかったけれど、雨が降ったり止んだり、少し移動すれば晴れ間が差して、はたまた雪やあられが降ってくるなど、中国山地の影響か、天気の移り変わりが極めて激しく、俗に言う「気象病」（天候の変動に伴い起こる不調全般）になりかけたりもしたが、それはそれで、今ではいい思い出だ。島根県は、出雲・石見《いわみ》・隠岐《おき》の3つのエリアから成り立ち、端から端まで車でおよそ4時間……新幹線はおろか、出雲より西側は電車も通っていない（実際にはディーゼル機関車が走っている）!?　空港に降り立ち、どんよりした曇り空の下、〝近いようで遠い〟島根県の旅が始まった。

1　松江市・出雲市

　僕が、島根県に来た11月（旧暦10月）は、世間でいうところの「神無月」だった。しかし、島根県では、「神在月」といい、読んで字の如く、出雲に全国の〝神様が集まる月〟。縁結びの神様で知られる「出雲大社」をはじめ、出雲の神社には、その日を心待ちにした人たちが全国から多く集まるという。「島根で最も人が集まる観光シーズン」とまでいうくらいで、航空券の高騰は当たり前、宿

Our Maiden Journey to San'in

d design travel's first outing to the San'in region is Shimane Prefecture. Although comparatively easy to access by airplane, a unique way to get there is on the Sunrise Izumo (Seto), the only regular sleeper train in Japan. Departing Tokyo Station at night and arriving at Izumoshi Station in the morning, it is perfect for a trip post-work or school. Visitors can get there feeling fresh and begin with a morning visit to Izumo-oyashiro Shrine.

By air, it is around ninety minutes from Haneda Airport to Izumo Airport. The prefecture comprises three areas— Izumo, Iwami, and the Oki Islands—and it takes around four hours to get from one side to the other. It cannot be accessed by *shinkansen*, and apart from a diesel locomotive, there are no trains west of Izumo.

1. Matsue City to Izumo City

I visited Izumo-oyashiro Shrine by car, but you can also enjoy a relaxing journey there aboard the Ichibata Electric Railway, the region's only private railway that links Matsue City (→p. 067)

もどこもいっぱいだった。しかし、なんとか松江市内で宿を取り、松江天神町商店街の交差点にあるシェアスペース「BIOTOUP」で開催した、本誌恒例の公開編集会議では、島根県の有志の皆さんから沢山《たくさん》のお薦め情報をいただき、いつもにも増して出だし好調で旅の口火を切った。

最初、出雲大社へは、編集部の愛車シトロエン「BERLINGO」で向かったが、〝ばたでん〟こと「一《いち》畑《ばた》電車」でのんびり向かうのもいい。山陰地方唯一の私鉄で、松江市と出雲市を繋《つな》ぐローカル鉄道。一度見たら忘れられないオレンジ色の車両は、田舎ならではの長閑《のどか》な田園風景の中や、日本で7番目に大きい湖「宍道湖《しんじこ》」の湖岸も、マイペースで走り抜ける。特に取材中だった冬の時期には、湖の美しい夕焼けを見ることができ、生活路線だけでなく、観光列車としても多くの利用者がいた。しかも、全区間で終日、車両内に自転車をそのまま持ち込むことができるのも珍しく、次回乗車する際は、編集部の愛自転車「BRUNO」を持ち込み、一緒に旅をしようと思う。その他、島根県産木材を使用したモダンな内装の車両が走っていたり、日本最古級の車両「デハニ50形」を、実際に運転できる週末限定の体験イベントもあり、映画『RAILWAYS 49歳で電車の運転士になった男の物語』で使用された車両に至っては、出雲《いずも》大社《たいしゃ》前駅構内に保存されていて自由に見学もできる。「雲《うん》州《しゅう》平田《ひらた》駅」と「一畑口《いちばたぐち》駅」では、途中下車もでき、木綿街道や佐香《さか》神社など、各周辺エリアの散策を楽しめた。

2 神々のいるところ

「出雲大社」に祀《まつ》られる大国主大神《おおくにぬしのおおかみ》は、広く〝だいこくさま〟として慕われ、日本全国多くの地域で祀られている。そもそも、全国に同じ名前の神社があったり、同じ神様が祀られているということは、どういうことか。これは、日本の神様が分霊によっていくらにでも分けることができるためで、例えば、新しく神社（分祠）を建てる時は、大きな神社の神様から分けてもらい、これを「勧請《かんじょう》」と言う。いくら分けても神様の力は衰えないもので、イメージするなら、蝋燭《ろうそく》の火を別の蝋燭に分けるような感じ。もちろん御利益だって減ることはない（はず）。そして、そのもともとの神様が祀られる根源の神社を「総本社」と呼び、今回の場合、出雲大社こそが大国主大神の「総本社」なのだ。ちなみに、出雲大社の分祠は、ハワイやマレーシアにもある。

Okuninushi was a kind-hearted god whose most famous task was the creation of Japan. In the process, he granted people with the wisdom required for life and provided salvation in numerous other ways. Today he is more widely adored as the god of *enmusubi*, bringing people together and providing them with important connections to enrich their lives.

From a design perspective, the huge *shimenawa* ropes at the entrance to the *Kaguraden* are particularly impressive. The entire production process can be viewed at the Iinan-cho Ohshimenawa Sousakukan.

Greece-born Lafcadio Hearn (p. 082) developed an interest in Japan through the English translation of the *Kojiki* (A Record of Ancient Matters) and spent some time living in Matsue. Hearn was the author of *Kwaidan: Stories and Studies of Strange Things*, his own unique interpretation of the legends and ghost stories from across Japan. It continues to be widely read today and those interested can find out more at the Lafcadio Hearn Memorial Museum.

In Japanese mythology, Yomotsu Hirasaka is the boundary between the world of the dead and the living. (→p. 068)

では、この大国主大神が行なった偉業とは何か——日本神話によると、「因幡《いなば》の素兎《しろうさぎ》」の話でも知られるように心優しい大国主大神だが、代表的なのが「国づくり」の大業で、その最中、人間が生きてゆく上で必要なさまざまな知恵を授け、多くの救いを与えてきたという。今では、広く〝えんむすび〟の神様として多くの人に慕われているが、この〝縁〟は、男女の縁だけではなく、その人の人生を豊かにしていくための、大切な結びつきのことで、仕事や転居、商売などにも当てはまる。

その後、大国主大神は、自ら築いた国を天照大《あまてらすおお》御神《みかみ》（最高神に位置づけられ、皇室の祖神であり、伊勢神宮内宮《ないくう》の祭神）へと還《かえ》し（国ゆずり）、この世の目に見える世界の政治も天照大御神の子孫が行なっていくこととし、代わりに大国主大神は、目に見えない世界を司《つかさど》り、そこにはたらく「むすび」の霊力によって人々の幸福を導くことを約束したという。その中の行ないの一つが「神在祭」で、毎年「神在月」の期間に7日間、日本各地から集まった神様が、「神議《かむはか》り」というご縁を繋ぐ会議をする、という信仰が生まれたのだそう。せっかくなので、僕の島根取材も、素敵なご縁に結ばれたいものだと、心から願った。

and Izumo City. The unforgettable, orange train car ambles through Japan's rural landscape and past Shinji Lake, the seventh largest in Japan. On the way you can alight at Unshu-Hirata Station or Ichibataguchi Station to stroll along the so-called Cotton Road, visit Saka-jinja Shrine, and enjoy other nearby areas.

2. Places of the gods

The main deity worshipped at Izumo-oyashiro Shrine is Okuninushi no Okami. According to Japanese mythology,

デザイン的視点の話をすると、崇高で優美な建築群もさることながら、もともと出雲大社の宮司の家の大広間として使用していたという「神楽殿」の正面にかかる大注連縄が圧倒的。その大きさは日本最大級で、長さ約13メートル、重さ5・2トンにも及ぶその注連縄、実は、飯南町《いいなんちょう》で、1年以上の歳月と、延べ1000人の町民の手によって作られているというから驚きだ。田植えから始まる材料となる稲藁《いねわら》や、吊《つ》り木の素材も飯南町産の樹齢100年を超えた檜《ひのき》を使うなど、その土地ならではの注連縄。その一部始終は、「大しめなわ創作館」で見学もできる。

今回、神社の紹介を、祀られている神様のことから説明したのは、他でもなくここが島根だからで、そのことを知っているのと知らないのでは、島根を旅する上での充実感が大きく異なるからだ。ギリシャ生まれの作家・小泉八雲（P.082）も、英訳『古事記』から日本への関心を持ち、松江でもしばらく生活したという。また、日本各地に伝わる伝説や幽霊の話を聞いて、独自の解釈を加えて制作した怪奇文学作品集『怪談』は、今でも世界中で読まれていて、「小泉八雲記念館」で詳しく知ることができる。

黄泉《よみ》の国（死者の国）と、現世の境目として伝えられる「黄泉比良坂《よもつひらさか》」は、男神イザナギと女神イザナミ夫婦の神話の舞台であり、松江市に実存する。誰もが不気味で恐ろしいイメージを持つだろうが、それをどう捉えるかは、皆さんの自由。松江市の書店「artos Book Store」の店主・西村史之さんが選書した『水木しげるの古代出雲』（p.135）は、「神話初心者」にも、とてもわかりやすい内容なので、それを片手に、聖地巡礼の旅も悪くない（とはいえ怖いけど）。他にも、神話の舞台となる場所が、島根には多く、神話をわかりやすく伝えている「石見神楽」（p.108）なども、島根ならではの伝統文化といえる。

そんな神話にまつわる場所で、もう一つご紹介しておきたいのが、須佐之男命《すさのおのみこと》が祭神として祀られる神社の総本社「須我神社」だ。須佐之男命といえば、太陽の神・天照大御神と月の神・月読尊《つくよみのみこと》の弟で、ヤマタノオロチ退治の神話でも知られ、ゲームやアニメなどにも数多く登場する有名な神様。しかし、荒々しい乱行により天上界から追放されたかと思えば、ヤマタノオロチ退治に成功するなど、正義感も強くて頭も賢い。そのような英雄的な側面から「武の神」としてポジティブに崇められることが多い神様で、僕は、この旅の中で、ひそかにファンになりつつあった。須佐之男命は、

Located in Matsue, it is also the stage for the story of the god Izanagi and goddess Izanami. The prefecture is also home to numerous other locations that feature in Japanese myths, many of which are reenacted in *Iwami Kagura*, a traditional dance-theatre unique to Shimane. Another spot linked to Japanese mythology is Suga-jinja Shrine, the headquarters of shrines throughout Japan that are dedicated to Susanoo-no-Mikoto. A famous god known for his slaying of a serpent, Susanoo-no- Mikoto is the younger brother of Amaterasu, the goddess of the sun, and Tsukuyomi, the god of the moon. Although often worshipped for his good characteristics—a clever and heroic figure with a strong sense of justice—he was also known for his bad side and was expelled from heaven for his wild and violent behavior.

3. *Tatara* ironmaking in Okuizumo

For more than 1,400 years, Izumo has been home to a flourishing *tatara* ironmaking industry. During its peak, Izumo and other surrounding areas produced approximately 80% of the steel in Japan. Okuizumo in particular was home (→p. 071)

八雲立つ　出雲八重垣　つまごみに
八重垣つくる　その八重垣を

と、日本最初の和歌を残し、日本で初めて神社を建て、鎮まったという。それが『古事記』でいう「須賀宮」であり、歌の中の「出雲」が、出雲の国名の起源にもなっている。

3　奥出雲たたら場

出雲は、約１４００年前から「たたら製鉄」が盛んに行なわれてきた土地。最盛期には、日本のおよそ8割の鉄が、この出雲を中心に中国山地でつくられていたといい、中でも奥出雲には、原料となる良質な砂鉄が取れ、燃料の木炭も広大な森林から得られ、炉を作るための粘土もあったので、多くの製鉄業者が集まったそう。この歴史を象徴するのが、鉄づくりの神様として崇められる金屋子神《かなやごがみ》が、製鉄の技術を授けたという神話。現在、安来《やすぎ》市には、「金屋子神社」の総本社が鎮座し、鉄づくり発祥の地として信仰されている。

雲南市吉田町には、全国で唯一、製鉄炉のある建物「高殿《たかどの》」が現存していて、その一帯を「菅《すが》谷《や》たたら山内《さんない》」といい、砂鉄採取から鉄生産まで一連の産業遺産を見学できる。山内とは、製鉄施設とそこで働く人の居住区が一体になった集落のことで、当時は、菅谷だけでなく他にも生産拠点があって、それを取りまとめていたのが田部《たなべ》家だ。江戸時代には、松江藩の鉄師頭取役を長年にわたって務め、全国有数のたたら経営者となったが、明治になると西洋の製鉄法や安価な鉄が日本に流入したため、たたら製鉄は徐々に衰退していき、１９２３年、幕を閉じた。

しかし現在、町の中心部では、田部家による新しい取り組みがうごめいている。それが、「たたらの里づくり」プロジェクトだ。この「たたら文化」を軸に、まちづくりならぬ〝里づくり〟を行なっていくという。実際に、25代目の田部長右衛門さんの熱意が、「たたら吹き」を復興させている。必然的に衰退した文化を、どのように生かし続けていくのか——果てしなく大変なプロジェクトだが、この吉田町を含む、過疎化が進む全国の地方都市にとって、目覚ましい一歩であると僕は思う。その新しいたたら吹きでできた貴重な玉鋼《たまはがね》をオリジナルの鉄製品へと変え、販売する「奥出雲前綿屋 鐵泉堂《てつせんどう》」では、田部家の歴史とたたらの里づくりも紹介している。包丁やナイフなどに加え、ゴルフのパターや靴

to high-quality deposits of iron sand. In addition to these deposits, many ironmakers gathered in the area thanks to the charcoal that could be gathered from its vast forests and the clay that could be used for furnaces.

Yoshida in Unnan City is home to Japan's last remaining *tatara* furnace, called a *takadono.* The area as a whole is known as Sugaya Tatara Sannai and visitors here can find a series of industrial heritage sites that were used for everything from the extraction of iron sand to the production of iron. The Tanabe family have been at the forefront of *tatara* ironmaking in the area for generations. Today, the family is engaged in a new project to develop the town based on the *tatara* culture, known as the Tatara no Sato Development Project. As part of the project, the 25th generation head of the family, Choemon Tanabe, is reviving the *tatara-buki* technique. This new technique is being used to create valuable *tamahagane* steel, which in turn is being transformed into original steel products. These products can be purchased at Okuizumo Maewataya Tessendo, where visitors can also learn about the history of the Tanabe family and the development project.

(→p. 072)

べらなどがあるが、本当につくるべきものは、この土地で生まれ育った「子どもたちの未来」だと、25代目はわかっている。ただの観光地にすることではなく、自走していくためにも雇用を生み、その土地らしい生活を育むことを――10年後、再び訪れるのが楽しみな場所。

4 d編集部の〝島根工藝診察〟の旅

島根県は、民藝との関わりが深く、今も当時のように盛んにものづくりが行なわれている背景は、『島根県の〝民藝《みんげい》〟』で工藝風向《こうげいふうこう》の高木崇雄《たかきたかお》さんの記事を読めばわかってもらえるだろう。それにきっと、僕が思うに、島根県が閉鎖的で、比較的外部から新しいものが入って来なかったことも、理由の一つではある。裏を返せば、内部のものが出て行かず、そのため、良くも悪くも昔からある文化が重宝され、今もなお、この土地で守られ続けてきたのではないだろうか。世の中とは別に、異なる時間軸での生活が島根にはあって、他の地域では廃れて無くなってしまうようなものも、島根には残っている。松江市にある「IMAGINE. COFFEE」で、「森山窯」のお皿でトーストとサラダを、「出西窯《しゅっさいがま》」のエッグベーカーで目玉焼きを、そして、「湯町窯《ゆまちがま》」のコーヒーカップで珈琲をいただきながら、僕はそう思った。店内を見回すと、明らかに僕より若い、20代～30代前半の常連客やカップル、観光客が目立ち、みんな島根の焼物の器に盛られたモーニングを、嬉《うれ》しそうにスマートフォンで撮影している。よく見ると、器には、金継ぎした跡も見られ、店のスタッフも皆、ものを通じて情緒を楽しみ、それが不便だとしても、人間古来の営みを大切にしているようだった。松江で、朝から深夜まで開いているカフェは貴重で、松江に泊まる際は、いつも利用させていただいた。

島根県の民藝を知るならば、「出雲民藝館」は、必ず訪れるべき場所。閑静な住宅地の中にひっそりとあって、砂利が敷かれた白壁のアプローチから静謐《せいひつ》な空気感が漂ってくる。出雲地方きっての豪農であった山本家の邸宅を一部改修し、そのまま展示館として使用。米蔵を改装した本館と、木材蔵を改装した西館があり、特別なキャプションがあるわけではないが、「布志名焼《ふじなやき》」や「石見焼」をはじめ、「筒描藍染《つつがきあいぞめ》」や「大社の祝凧《いわいだこ》」など、島根の旅で巡り合う数々の工藝品の源流がある。「長屋門」に併設されたミュージアムショップの品揃えも秀逸で、現在の島根の手仕事も学べる。

出雲随一の窯元として知られる「出西窯」へは、

4. The editorial department's exploration of the *mingei* movement

Shimane Prefecture is closely linked to the *mingei* folk art movement and has been home to a thriving manufacturing industry for many years. One reason is perhaps the closed nature of the prefecture, and the comparatively low number of external trends that take root. Conversely, it could also be that its own cultures were contained within the prefecture and, for better or for worse, valued and protected across generations. In this sense, life in Shimane has proceeded along a different passage of time. These are the ideas that came to me at Imagine Coffee in Matsue, where I enjoyed some toast and salad on a plate from the Nishi Mochidagama Pottery, a fried egg cooked in a pot from the Shussaigama Pottery, and a coffee in a mug from the Yumachigama Pottery.

To learn more about Shimane and *mingei*, the best place to go is the Izumo Folk Crafts Museum, which is the partially renovated, former home of the Yamamoto family, who were one of the most influential farming families in Izumo. The museum features exhibits on various folk art pieces (→p. 075)

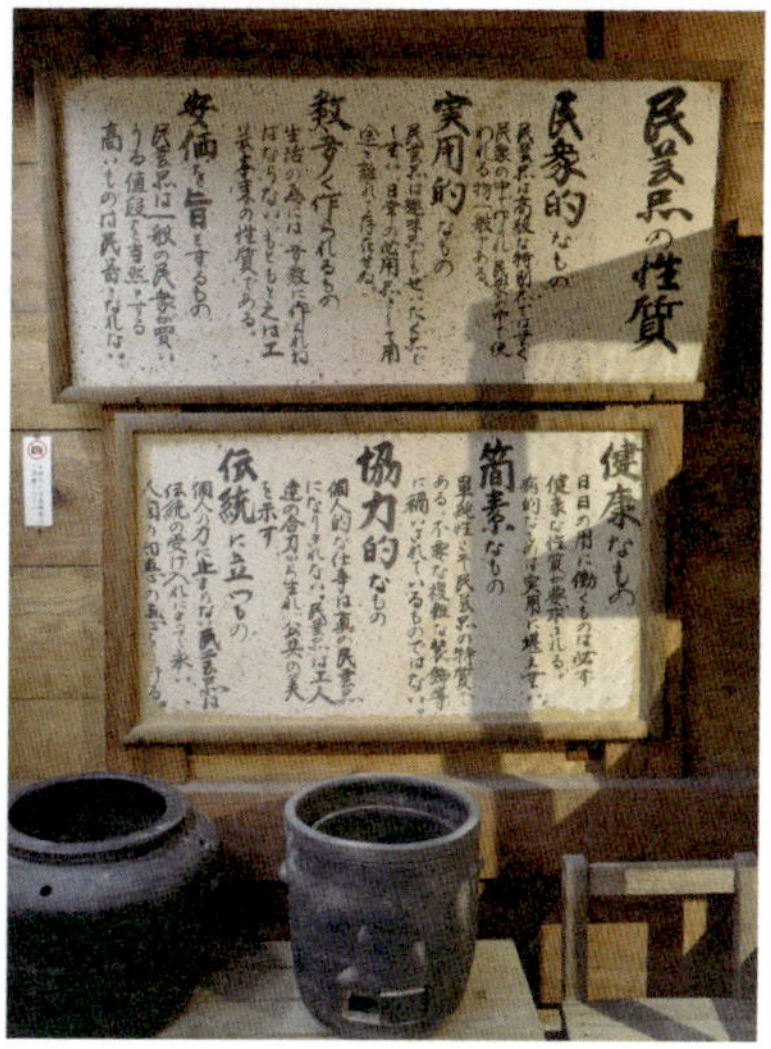
民芸品の性質
民衆的なもの
実用的なもの
数多く作られるもの
安価を旨とするもの
健康なもの
簡素なもの
協力的なもの
伝統に立つもの

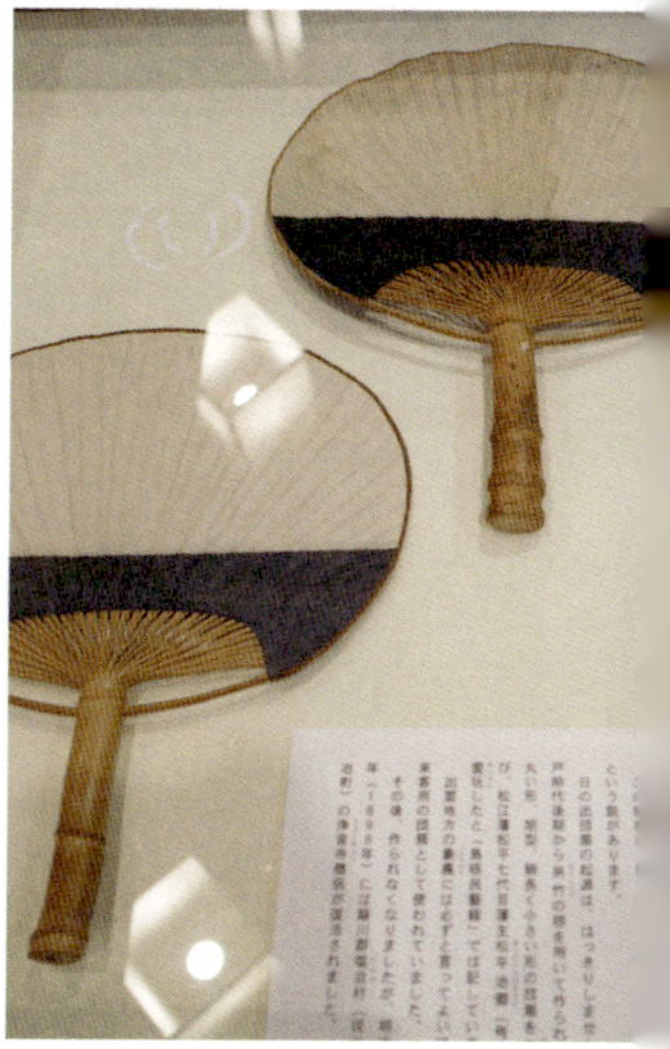

出雲民芸館
Izumo Folkcraft Museum
出云民艺馆
이즈모 민예관

objects

そこから車でおよそ15分。斐伊川《ひいかわ》の近く、辺り一面田んぼが広がる長閑な場所に、窯場と直営ショップ、そして、ベーカリーカフェや服と雑貨のセレクトショップまでがある。出雲民藝館の山本家の、別な米蔵を移築した空間をモダンに改築していて、窯元ならではの圧巻の品揃え。実際に出西窯の器を使用できるカフェの存在は大きく、連日、多くのお客さんで賑《にぎ》わっている。以前から当窯のファンでもあった僕は、いつも行く度に、全国に流通しないような珍しい器をはじめ、掘り出し物を探す感覚で、つい時間を忘れて長居してしまう。開始およそ100年が経つ民藝運動の流れを忠実に継承し、現代の民衆による民衆のための器を焼き続けている。

　紹介が遅れたが、出雲・松江の〝d design travel的工藝診察〟に同行してくれたのが、元ディアンドデパートメントのスタッフ・福森拓さん。みんなから（旧姓である「売豆紀《めづき》」の「豆」の字を取って）「豆ちゃん」と愛着を込めて呼ばれていて、出雲民藝館の事務局を担なう、松江出身のキーパーソン。現在、福森さん自身は、「sog」というクリエイティブカンパニーをつくって、本書「島根号」のワークショップの開催地にもなったシェアスペースビル「BIOTOUP」を運営しながら、幅広い事業を自由素敵に展開中。ビルの1階には、島根県随一の工芸店「objects」の別館が入り、店主の佐々木創さんがセレクトする〝アンティーク工芸〟を、不定期に紹介している。ちなみに、今回表紙にさせていただいた「舩木窯《ふなきがま》」の舩木研兒《けんじ》さんの作品の取り扱いもあって、気になる人は、インスタグラムをチェック。

　「objects」（本店）は、大橋川のほとりに構える昭和初期の立派な建物で、もともとテーラーだった内装はどこか船室のよう。店内には、島根の器をはじめ、日本の生活道具が並び、僕の工藝診察の〝学び舎〟でもあった。近隣の飲食店の店主をはじめ、客層はさまざまで、取材中もひっきりなしでセンスのいいお客さんたちが訪れていた。その様子は、地方の工芸店では珍しく、店の存在が地域性を誘発し、手仕事を大切にするという、〝島根らしさ〟を創出しているかのようだった。

　objectsの佐々木さんに聞いた、「島根で今最も勢いのある作り手」を2組ご紹介。1組目は、松江市の西持田町で、伝統的かつ先進的な器を焼く「西持田窯」の津田堅司・暁子さん夫妻。沖縄県で10年修業した堅司さんが主にろくろを、硝子工出身の暁子さんが主に型物を、それぞれ分担していて、何よりも僕が魅了されたのは、自宅工房の

that can be found across Shimane, including Fujina ware and Iwami wares, Tsutsugaki indigo-dyed textiles, and Hirose-gasuri fabrics. From the museum it is just 15 minutes by car to Izumo's best-known pottery, the Shussaigama Pottery. The pottery itself is located in a rice granary that previously belonged to the Yamamoto family home, before being relocated and modernized. It sells an impressive range of products and has its own bustling café.
Accompanying me on this trip to Izumo and Matsue was Taku Fukumori, a former employee at D&Department. Born in Matsue and now working at the Izumo Folk Crafts Museum office, Fukumori played a key role in the publication of this issue. Fukumori is engaged in a wide range of fantastic businesses. For example, he has established a creative company called Sog, and manages a shared space building called Biotoup, which is where we held the workshop for this Shimane issue. On the first floor of this building is a branch of Objects, Shimane's leading *mingei* folk art shop. The manager of the shop, Hajime Sasaki, brings in various antique *mingei* pieces as and when he feels appropriate. (→p. 077)

裏の敷地から採取した土を原料にしていて、シンプルで思い切りのいい独特な釉薬《ゆうやく》の表情。白とカーキのコントラストが迫力ある器だけに、料理が負けてしまわないかと心配もするが、松江の飲食店がこぞって使う人気の窯元。大皿が極めてカッコいい。

もう1組が、硝子作家の垣内信哉さん。もともと京都出身の彼が、硝子に出会ったのが、objectsだったそうで、店内に並ぶ、岐阜県の硝子作家・安土忠久さんの作品に一目惚《ぼ》れし、「俺もやりたい」と、一念発起。窯づくりからガラス吹きの技術まで、なんと見よう見真似の独学路線を一直線。1年の半分は、安来市の酒蔵で働くという経歴もユニークで、現在は、大田《おおだ》市に新窯を構え、硝子一本を生業に勤《いそ》しんでいる。垣内さんが吹く硝子は、型破りの斬新さが魅力で、手仕事ならではの素朴で可愛《かわい》いものや、工業製品のようにシャープでモダンなものもあって、買い手のライフスタイルに合わせて選べる多様な硝子たち。

民藝運動に参加した紙漉《す》き職人・安部榮四郎自ら、手漉き和紙の普及のために設立した「安部榮四郎記念館」へ行く。柳宗悦から絶賛されたことで、染織や陶芸、版画などの作家仲間に刺激を受け、和紙の持ち味を生かして染めた「和染紙」

The second was glassmaker Shinya Kakiuchi. Originally from Kyoto, Kakiuchi apparently first discovered a love for glass at Objects. Fascinated by the work of glassmaker Tadahisa Azuchi from Gifu, Kakiuchi instantly realized he wanted to do something similar. He learned everything himself by watching others. Despite a unique career background, in which he previously spent half the year working at a sake brewery in Yasugi, today he works exclusively in glassmaking at his new pottery in Oda.

Next is the Abe Eishiro Memorial Hall, established by Eishiro Abe himself to promote the culture of handmade *mingei*. Abe was part of the *mingei* movement started by Muneyoshi Yanagi, and inspired by his fellow artists in dyeing, weaving, ceramics, and printmaking, for example, he went on to create numerous new types of paper. Abe's style of paper later came to be known as Izumo Mingei paper. One excellent piece on display is a letter set designed by Yanagi using paper made by Abe.

Takahiro Yamano is both a producer of Izumo Mingei paper and of rattan work. Yamano has also formed a Matsue-based *mingei* unit with Mayumi Ono, a potter from the (→p. 078)

や、水の動きを生かして繊維を漉き込んだ「漉き模様紙」、楮《こうぞ》、三椏《みつまた》、雁皮《がんぴ》などの植物繊維の特色を生かした数々の「生漉紙《きすきがみ》」など、多くの新しい紙を生み出した。のちに、彼が漉いた紙は「出雲民藝紙」と呼ばれ、全国にも知られるようになったという。当時、安部榮四郎が漉いた紙を使って、柳宗悦がデザインしたレターセットは秀逸で、出雲の旅館の客室に置いてあったら素敵だろうなと思う。同時に、現代人は、手紙やはがき離れが目立つので、これを機に筆（ペン）を取り、今一度日本の文化を見直してみるのもいいと思う。「取材であれば」と、特別に安部榮四郎の自邸も見学させていただいたが、そこは、まるで和紙の博物館のようで、いわゆる人間国宝にもなった安部榮四郎の研究資料や作品群に圧倒される。民藝の同志たちからの手紙には、超貴重ゆえに感動すら覚え、極め付きは、隣町の安来市出身の河井寛次郎《かわいかんじろう》の陶板『紙郷有人』。大きな暖炉を囲んで、幅広い来客をもてなしたそう。

出雲民藝紙の職人である山野孝弘さんは、籐細工の作り手でもある。近年、手仕事の職人も減少している中で、江戸時代末期から続く伝統工芸品「松江藩籐細工」の技術を、本家6代目より習い、「藤吉瓶敷」や「籐のコースター」などを作ってい

The main Objects shop is alongside the Ohashigawa River in a fabulous stone building from the early Showa period. A hub of knowledge, inside are various wares from Shimane alongside uniquely Japanese lifestyle goods. With a diverse customer base including the owners of nearby restaurants, during our visit there was a constant flow of fashionable customers. This hustle and bustle are rare for a regional *mingei* shop, however, and so one can only imagine that the shops' very existence facilitates a sense of community and fosters a respect for handicrafts unique to Shimane.

When we asked Sasaki about who he thought was at the forefront of Shimane's world of crafts, he mentioned two. The first was Kenji Tsuda and his wife Akiko from the Nishi Mochidagama pottery in Matsue, who create traditional yet modern pieces. Kenji spent 10 years training in Okinawa and mainly uses a lathe, while Akiko, who has a background in glassmaking, mainly uses molds. Most fascinating, however, was seeing them use clay from the land behind their home workshop to create simple yet bold pieces with unique glaze expressions.

る。また、「土瓶のつる」に至っては、全国でも希少な作り手の一人でもあり、どれを取っても繊細な仕事がうかがえる。

　さらに、松江市の「袖師窯《そでしがま》」の尾野真弓さんと組む工藝ユニット「工藝 格《いたる》」が興味深い。昭和初期に伊藤三也が製作し、広く愛されたという「干支車」をはじめ、かつて宍道湖で漁をする木船の材をへぎ板にして作られた「松江の蒸汽船」「お宮さん」、そして、小泉八雲が好んだという郷土玩具をモチーフにした「松江古玩はがき」などを復刻。松江を拠点に地域の民藝、郷土玩具のリプロダクト、グラフィックデザインなどを手がけている。それぞれ商品は、袖師窯で購入ができ、ぜひ、尾野さんから制作に対する想いを聞きながら、商品を手に取ってみてほしい。そして、山野さんには、本誌の小泉八雲の特集コーナー（p.082）のために素敵な切り絵を作っていただいたが、それは、松江で最後の茶人ともいわれた工藝家・金津滋の仕事をオマージュしている。。

　安来市広瀬町は、古くから伝統工芸品「広瀬《ひろせ》絣《がすり》」で知られる土地。明治初期に、その広瀬絣の織糸を染める紺屋として創業し、現役で広瀬絣の染元と織元である「天野紺屋」。暖簾《のれん》をくぐると、玄関の土間には、多くの商品が並び、絣はもちろん、がま口やふくさ、手ぬぐいなどモダンな柄の藍染め商品も多数並ぶ。5代目の天野尚さんは、仕事の堅実さもさることながら、藍染職人でいて、実は、プロの占い師でもある。感情や気持ちを多く受け取る繊細な「アマノ属」と、自分の意思をはっきり持つパワフルな「ハラダ属」に分類する誕生日占いの一種で、〝藍すべき〟自分をキャラクター化し、話してくれる。ちなみに僕は、オールハラダの生粋の「ハラダ属」……！ 詳しく知りたい人は、インスタグラムで。紙芝居アーティスト・原田よしとさんのイラストも可愛い。生まれ持っての性質がわかり、その性質を知ることが、やりたいことに出会えるヒントになる。

　出雲エリアの代表的な風景「宍道湖」。地元の人にとっては、神様と同じくらいに大切な場所で、ことあるごとに宍道湖に行く。特に夕日が沈む宍道湖は、格別だという。そんな宍道湖のほとりにある「島根県立美術館」へ。設計は、建築運動「メタボリズム」の提唱者の一人、菊竹清訓《きくたけきよのり》。水や湖、島根の「S」などをモチーフにしたシンボルマークは、田中一光。県立の美術館だけに、島根にゆかりあるコレクションを取り揃えている。鑑賞後に、湖岸を散歩するのが気持ちがよく、また、日没まで入館できるのも嬉しい。

Sodeshi Pottery, which reproduces local *mingei* crafts and toys, and offers graphic design services. The unit's products can be purchased at the Sodeshi Pottery.

Hirose town in Yasugi has long been known for its traditional Hirose-gasuri fabrics. Founded in the early Meiji period to dye the yarn used in Hirose-gasuri fabrics, Amanokouya is now responsible for both dyeing and weaving the fabrics. The entrance space through the shop curtains is full of products. In addition to different fabrics, there are purses, wrapping cloths, towels, and indigo-dyed products with modern patterns. Fifth-generation head of Amanokouya, Takashi Amano, is both an indigo-dyeing craftsman and professional fortune teller.

The next stop on our journey was the Shimane Art Museum. The museum was designed by Kiyonori Kikutake, who was one of the founders of the Metabolism architectural movement. The museum's logo, which was inspired by water, lakes, and the "S" of Shimane, was designed by Ikko Tanaka. The prefectural museum owns various collections associated with Shimane. After appreciating the artwork, visitors can take a walk alongside the lake, or alternatively, enjoy the museum until sunset.

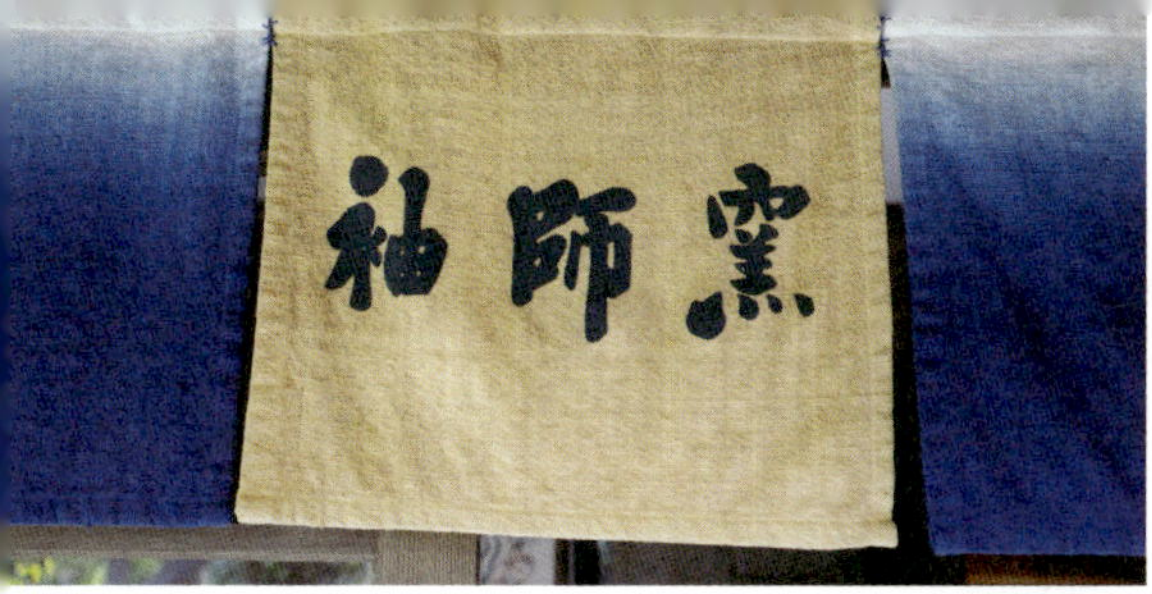
袖師窯

仲間たち
ヨシト

島根県立美術館
SHIMANE ART MUSEUM

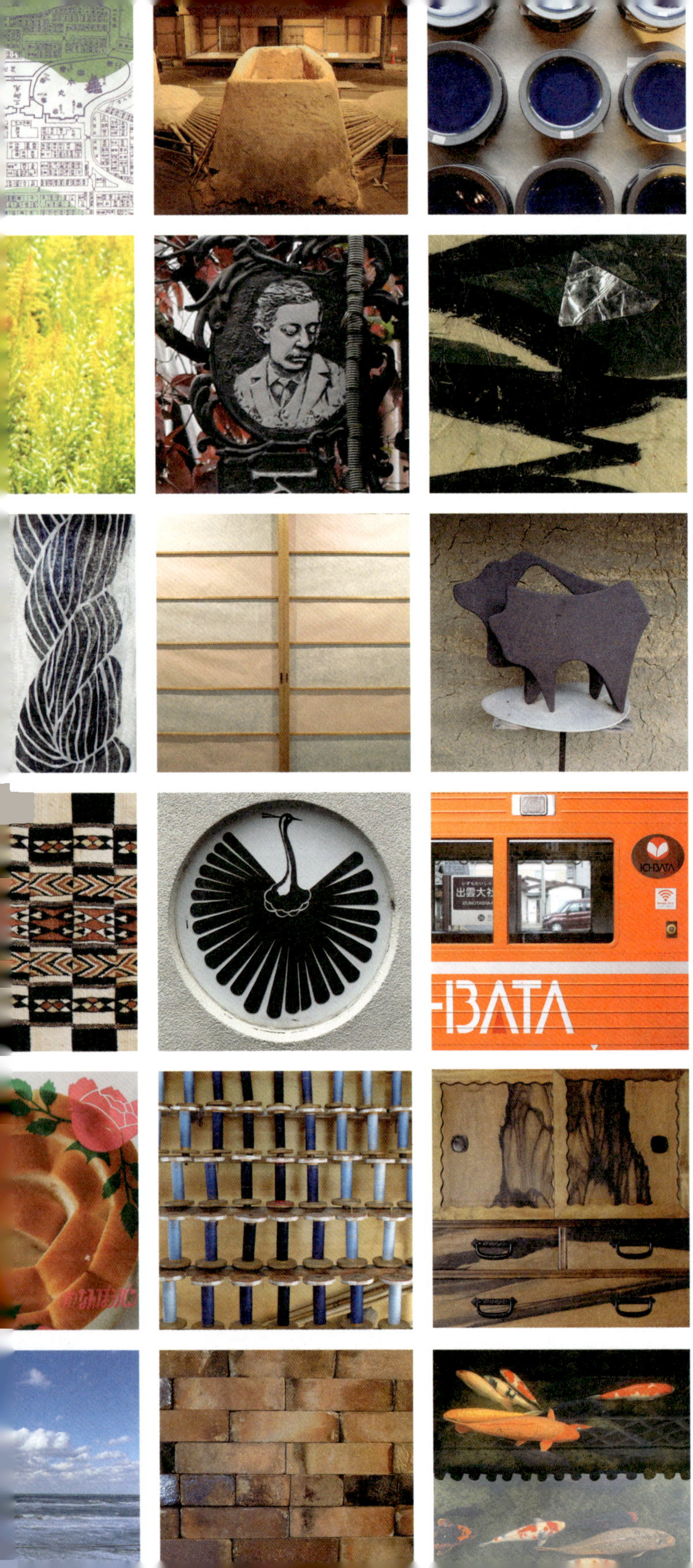

その土地のデザイン

島根もよう

日本じゅうを旅していると、その土地にしかない、〝その土地ならではのデザイン〟が落ちています。それは、紙、布、陶磁器、ガラス、金属、木工、絵画、文字、芸能、祭り、食、生き物、自然――さまざまな〝模様〟。もし、あなたが島根県でデザインの仕事をするならば、何をヒントにしますか？　そんな、島根県のデザインを探してみました。

Designs of the land

SHIMANE patterns

As you travel around Japan, you will come across designs unique to the land that can only be found there. Patterns like paper, cloth, pottery, glass, metals, woodwork, paintings, calligraphy, performing arts, festivals, food, animals and nature. If you are a designer in Shimane, where can you get hints? We searched for Shimane designs that can serve as hints.

D51194
つわ乃
sae
Shotoku Koh
バラ

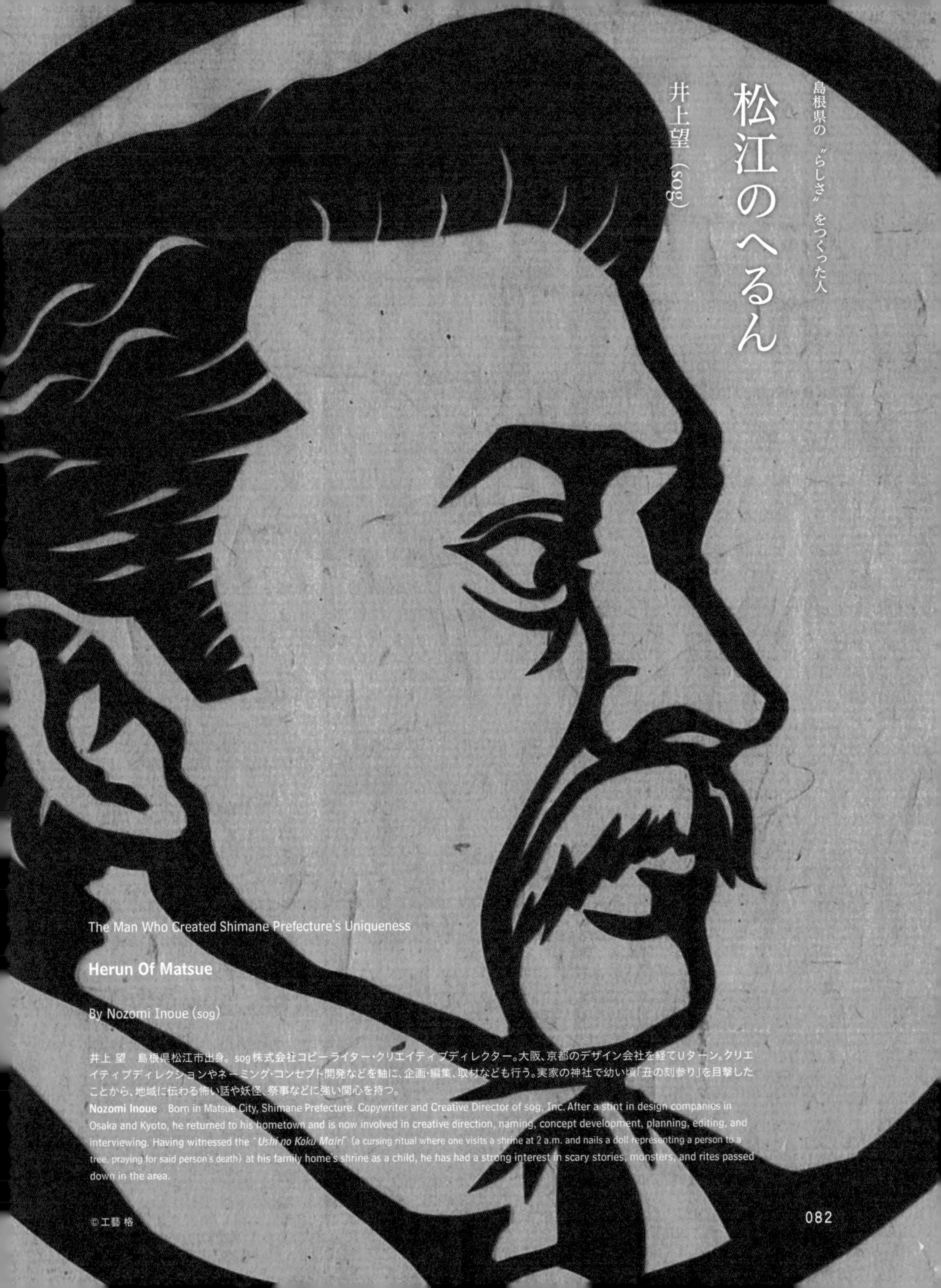

島根県の〝らしさ〟をつくった人

松江のへるん

井上望（sog）

The Man Who Created Shimane Prefecture's Uniqueness

Herun Of Matsue

By Nozomi Inoue (sog)

井上 望　島根県松江市出身。sog株式会社コピーライター・クリエイティブディレクター。大阪、京都のデザイン会社を経てUターン。クリエイティブディレクションやネーミング・コンセプト開発などを軸に、企画・編集、取材なども行う。実家の神社で幼い頃「丑の刻参り」を目撃したことから、地域に伝わる怖い話や妖怪、祭事などに強い関心を持つ。

Nozomi Inoue　Born in Matsue City, Shimane Prefecture. Copywriter and Creative Director of sog, Inc. After a stint in design companies in Osaka and Kyoto, he returned to his hometown and is now involved in creative direction, naming, concept development, planning, editing, and interviewing. Having witnessed the "*Ushi no Koku Mairi*" (a cursing ritual where one visits a shrine at 2 a.m. and nails a doll representing a person to a tree, praying for said person's death) at his family home's shrine as a child, he has had a strong interest in scary stories, monsters, and rites passed down in the area.

小泉八雲（1850－1904）

本名を、パトリック・ラフカディオ・ハーン。アイルランド人の父とギリシャ人の母の元、ギリシャ西部のレフカダ島（ラフカディオの由来はレフカダ）で生まれるが、4歳の頃、母が故郷に帰り大叔母の元で育つ。16歳の頃、事故で左目を失明。右目も極端に視力が悪かった。大叔母の破産を機に19歳で単身アメリカへ渡り、赤貧の時代を経て新聞記者として働く。ニューオリンズの万博で出会った日本文化や、英訳『古事記』をきっかけに日本に強い関心を抱き、39歳で来日。横浜、松江、熊本、神戸、東京と移り住んだ。島根県松江市では1年3か月を過ごし、生涯の伴侶・小泉セツと出会う。文筆家、新聞記者、英語教師、英文学者、民俗学者などの顔を持つ。翻訳、紀行文、随筆、再話など幅広い分野で多くの著作を残し、中でも「耳なし芳一」や「雪女」などをまとめた作品『怪談』で名を馳せる。その著作の数々は日本の文化や精神性を世界に伝える上で大きな役割を担う。46歳で日本に帰化し「小泉八雲」に改名。54歳でこの世を去るまでの14年間を日本で過ごす。

名前はすごく知っているのに

島根県松江市で生まれ育った私にとって小泉八雲（ラフカディオ・ハーン　※以下：八雲）は、幼い頃から馴染みのある名前だ。まず小学校で必ず習う。お気に入りの蕎麦屋に行く途中で、「小泉八雲記念館・小泉八雲旧居」の前を通る。「Hearn」を読み違えた「へるん」という愛称は、愛飲している地ビールの名前にもなっているし、八雲のイラストが大きく施されたラッピングバスが町を走る。とにかく八雲の存在は、松江の町の日常に溶け込んでいるのだ。

だけど、いざ「小泉八雲ってどんな人？」と聞かれると、恥ずかしながら、そして大変失礼ながら「怪談を書いた日本好きの外国人」程度の説明しか出てこない。２０２５年のＮＨＫの『連続テレビ小説』が、八雲の妻・セツがモデルの物語になることが決まり、松江の町は今ちょっとした〝八雲・セツフィーバー状態〟。この波に便乗して、改めて八雲について調べ、自分なりに想いを馳せてみる。

Yakumo Koizumi（1850-1904）

Real name Patrick Lafcadio Hearn, was born to an Irish father and a Greek mother on the Greek island of Lefkada, but when he was four years old, his mother returned to her hometown and he was raised by his great aunt. He lost his left eye in an accident when he was 16, and had extremely poor vision in his right eye. When his great aunt went bankrupt, he moved to the U.S. alone at the age of 19 and worked as a newspaper reporter suffering extreme poverty. He developed a strong interest in Japan after encountering Japanese culture and the English translation of the "*Kojiki*," and came to Japan when he was 39. He spent 15 months in Matsue, Shimane, where he met his lifelong partner. He wore many hats: writer, newspaper reporter, English teacher, English literature scholar, and folklorist. His many works spanned a wide range of genres, and he was especially well known for his "*Kwaidan*"（a collection of ghost stories）. He became a naturalized Japanese citizen when he was 46, changed his name to "Yakumo Koizumi," and passed away at the age of 54.

（→p. 085）

「怖い」より「哀しい」

そういえば、物心ついて初めて読んだ怖い話は、八雲の「水飴《みずあめ》を買う女」だった。怪談の舞台は、現在の一畑《いちばた》電車・松江しんじ湖温泉駅の辺りだと思う。大雄《だいおう》寺《じ》という寺の近くにある飴屋に、不思議な女が夜な夜な水飴を買いに来る。不審に思った飴屋の主人が後をつけて行くと、墓の中から大声で泣く赤ん坊と、お椀に入った水飴、女の亡骸《なきがら》が見つかる……という話。死してなお我が子を愛《いと》おしむ母の物語だ。当時、水墨画風のタッチで描かれた女の幽霊の絵に、手が触れないようにページをめくっていたのを思い出す。それに触れると〝何かもらいそう〟な気がしていたのだと思う。極度の怖がりだった私が、子どもの頃よくやっていた癖だ。

源平合戦の平家の亡霊を描いた「耳なし芳一」や「雪女」などの怪談を読んだことのある人はわかるかもしれないが、八雲の怪談は「すごく怖い」わけではない。どちらかと言えば「哀しい」という言葉の方がしっくりくる。ただ、丁重に向き合わないとよくないことが起こりそうな、そんな「気配」を纏《まと》っている気がする。これに近いのが、少し暗いお寺や神社の空気だ。「怖い」まではいかないけれど、何となく背後がソワソワするような、邪《よこしま》な心は見破られて罰が当たりそうな「畏怖」の感情に似ている。

八雲流、怪談の作り方

八雲の怪談や民話は、単なる翻訳ではなく「再話文学」といわれる。「私の作品はこだま（echo）に過ぎない」と、八雲自身が語るように、日本各地に伝わる伝承をベースに、独自の視点や感性を加え、物語として仕立てる。紀行文やエッセ

than death. Those who have read his ghost stories such as "Snow Woman" may understand that they are not very scary. If anything, "sad" is a more apt adjective.

Writing Ghost Stories, Yakumo-Style

Yakumo's ghost stories and folk tales are not mere translations; they are "retold literature." As Yakumo himself said, "My works are nothing more than echoes;" he adds his own unique perspective and sensibility to the stories he created based on folklore. Yakumo wrote a wide range of articles, from travelogues to cultural commentary, and was also a newspaper reporter. I reckon he was more of a writer and editor than an artist and as a copywriter myself, I felt an immediate affinity with him. His wife, Setsu, played a critical role, and was also his assistant.

"Kojiki" – Bible?

Yakumo was the first foreigner to be allowed in the sanctum of the main sanctuary of Izumo Oyashiro Shrine. In his "Glimpses of Unfamiliar Japan," Yakumo described (→p. 087)

イ、文化論まで幅広い文章を書き、新聞記者でもあった八雲は、アーティストより、ライターやエディターとしての気質が強かったのではないかと想像し、コピーライティングを生業にする私としては一気に親近感が湧いた。そして、「再話」において重要だったのが「語りを聞く」ことで、その役割を担ったのが、最愛の妻であり、八雲の名アシスタントでもあった妻・セツだったという。

『古事記』がバイブル？

実は八雲は、出雲大社の本殿への昇殿を許された初の外国人だったようだ。ニューヨークで読んだ英訳『古事記』が、来日を決意する一つのきっかけになっ

Very Well-Known

As someone who was born and bred in Matsue City, Shimane Prefecture, Yakumo Koizumi (Lafcadio Hearn; "Yakumo") is a name that I've heard since I was a child. We learn about him in elementary school. On the way to our favorite *soba* restaurant, we would pass by the Lafcadio Hearn Memorial Museum and Lafcadio Hearn's Former Residence. His nickname "Herun," a mispronunciation of "Hearn," is also the name of my favorite local beer, and buses wrapped with large illustrations of Yakumo run through the town. At any rate, his presence has become a part of Matsue's everyday life.

More Sad Than Scary

The very first scary story that I can remember reading of was Yakumo's "A Woman Who Buys Syrup." Every night, a strange woman would visit a candy shop near Daioji Temple to buy maltose syrup. The owner of the candy shop became suspicious and followed her, only to find a baby crying loudly in a grave, a cup of maltose syrup, and the woman's dead body... This is the tale of a mother whose love is stronger

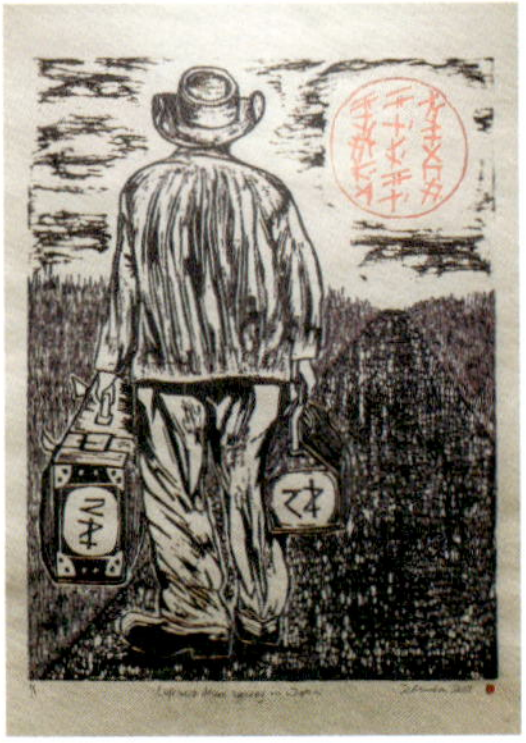

中央左・右下：「小泉八雲記念館」提供（所蔵）

た八雲は、念願叶って、古事記の舞台・出雲の国へ。出雲大社で得た感動を著書『知られぬ日本の面影』の中で丁寧に綴っている。

境内に響き渡る柏手《かしわで》を、「潮騒のような重々しい響き」と表現した一文がある。左目を失明し、右目も極端に視力が弱かった八雲の作品は、「音」の表現が特に印象的だ。風景が目に浮かび、その瞬間の空気や匂いまで伝わってくるようで、「耳の文学」とも評される。そして、八雲のもう一つの魅力は、曖昧で言葉にし難い日本の文化や、美意識への理解度の深さ。松江の宍道湖《しんじこ》や、霧のかかる山々を見て、「神々しいものが存在するように感じられる」「これが、神道の感覚というものなのであろうか」と、記すその感性は、もはや日本人より日本人だと思う。

バーナード・リーチとの共通点

八雲の日本への想いは、時代を超えて多くの人に影響を与えた。イギリス出身の陶芸家で、柳宗悦《やなぎむねよし》や、濱田庄司《はまだしょうじ》と共に民藝《みんげい》運動を広めたバーナード・リーチ（以下：リーチ）もその一人だ。若き日のリーチは、八雲の本と出会い、古き良き日本への憧れを募らせていた。ロンドンの美術学校に通っていた頃、教室で八雲の著書を読むリーチに声をかけたのが、後に詩集『智恵子抄』などで知られる芸術家・高村光太郎。そして、リーチは、高村からの紹介状を手に来日を果たすことになる。八雲とリーチ。2人の共通点は、当時の西洋人としては珍しく日本に対する偏見がなかったこと。そのフラットな目と柔軟な心が、日本の文化や精神性の深い理解に繋《つな》がっていった。

言葉が纏うニュアンス

あまりの日本文化への理解の深さから、八雲は日本語が堪能だったと、私は思い込んでいた。しかし実際は、「日本語や文法を習得する時間がもったいない」と、片言に近い状態だったというから意外だ。八雲とセツが交わしていた2人だけの言語「へるん言葉」は、特殊な省略と英語的表現が混じる日本語のようなもの。「パパサマ」「ママサマ」と呼び合い、たくさんの手紙を交わした2人。言語が違っても愛があれば行間は読めるのだ。

確かに、日本語が持つニュアンスは多言語に置き換えにくいと思う。柳の木の下にいる幽霊を「A ghost! Oh my God!」と表現すると少し違和感がある。日本語の習得が難しいと悟れたのは、八雲が日本語が纏うニュアンスまで大切にしていたからこそだと思う。八雲の著書『怪談』のオリジナルタイトルは「KWAIDAN

his excitement and likened the sound of clapping hands echoing through the shrine grounds to "the crashing of a torrent." Yakumo was especially impressive in depicting sounds. He also had a deep understanding of Japanese culture and aesthetics. Of Shinji Lake in Matsue, he wrote, "There seems to be a sense of divine magic" and "a sense of *Shinto*." His sensibility is more Japanese than that of any Japanese person.

Nuances of Words

I certainly think that the nuances of the Japanese language are difficult to translate into other languages. It feels a bit strange to describe a ghost under a willow tree as "A ghost! Oh my God!" I think Yakumo realized that mastering the language was difficult because of the nuances of the words, which he valued as well. The original title of Yakumo's book is "*KWAIDAN*." The key point here is that it included a "W" as a phonetic notation to depict the Izumo accent. Even though he understood the difficulty, Yakumo probably enjoyed learning the Japanese language. (→p. 088)

（くわいだん）」。出雲訛りを表現するための発音表記として「W」が入っているところがポイントだ。難しさを理解した上で、八雲は日本語を楽しんでいたのだろう。

見えない世界

虫や小さな生き物が好きで、特にカエルが好き。猫が好き、犬は苦手、ビールが好き、泳ぎが得意。「ハイカラ」といわれるファッションは嫌いだが、帽子とシャツにはこだわる。オフの八雲を知ると、マイペースで素朴で、ちょっと愛嬌のある人物像が浮かぶ。両親との別れ、左目の失明、育ての大叔母の破産など、壮絶な生い立ちの中、「よくぞこんな人間でいてくれた」と、感動すら覚える。

4歳にして母と別れ、独りぼっちになった八雲は、厳格なカトリック教徒である大叔母に引き取られ、明かりの無い部屋に一人で寝かされた時から、おばけや精霊などを幻視するようになったという。彼にとっておばけは「恐怖」だったのだろうか？　それとも孤独を忘れる「救い」だったのだろうか？　暗闇で独りぼっちのき八雲を思うと、できれば後者であってほしいと願う。

八雲は、東京帝国大学で行なった最終講義で、日本の「目に見えないものへの感受性」こそが、西洋にはない魅力であると説いた。心臓発作でこの世を去る1年前のことだ。独りぼっちの暗い部屋から、家族の側《そば》で息を引き取るまで、彼は生涯を通して「目に見えない世界」を見ていた。

現代の町からは暗闇が減り、人々の恐怖心や想像力が減り、妖怪やおばけは消えていくとどこかで聞いた。もし八雲が生きていたら、今の日本に何を見るのだろう。

The Unseen World

Yakumo recounted that he began to have visions of ghosts and spirits when he was forced to sleep alone in a dark room. In his final lecture at Tokyo Imperial University, Yakumo explained that Japan's "sensitivity to the unseen" was fascinating and not found in the West. He had been looking at the "unseen world" from a dark room where he was alone to his last breath by his family's side. I heard somewhere that there is less darkness in modern cities, people's fears and imaginations are fading, and monsters and ghosts are disappearing. If Yakumo were alive, what would he see in today's Japan?

群言堂
BURA HOUSE

島根のものづくりを楽しむ

島根の工芸（うつわ編）

編集部が、今、使いたい
島根県の窯元の器をご紹介します。

※各サイズは、手仕事のため個体差あり

写真　山崎悠次

Kenji Tsuda (Nishimochida-gama Pottery)

津田堅司（西持田窯）

皿 流し掛け三色釉　7,700円
8寸（直径250mm 高さ60mm）
pour-on-glaze plate

垣内信哉
Shinya Kakiuchi

ワイングラスA　6,600円
直径70mm　高さ125mm（約200ml）
Wine Glass A

Enjoy the Handicrafts of SHIMANE

Shimane's Kogei: Tableware

The editors at *d design travel* recommend the following tableware from potteries in Shimane Prefecture. Please note that each is handmade, so appearance may differ by individual product.

Photo: Yuji Yamazaki

MASCOS × 石州宮内窯

MASCOS and Sekishu Miyauchigama Pottery

石見焼 PLATE
S 4.5寸（直径140mm）1,980円／M 6寸（直径180mm）3,520円／L 8.5寸（直径260mm）4,840円
Iwami ware PLATE

出西窯

Shussaigama Pottery

コーヒー碗・皿（黒）　3,770円
碗　直径80mm 高さ75mm（180ml）　皿　直径150mm
coffee cup with saucer（black）

人は生まれる
前に人生で
やりたい事を
決めている
そしてそれに
必要な性格を
持って生まれる
プロアマノ
性格自信学講師
プロアマノ

島根県の街にあるフライヤー

TSUWANO -SHIKI-

その土地の個性を真剣に広く伝えようと、ローカルから発信されるフライヤーやパンフレットたち。広告満載の大都市圏の雑誌とは違う、キリッとした編集やメッセージを、それらから感じ取って、その土地を旅しましょう。島根県からは、〝山陰の小京都〟で知られる山間《やまあい》の城下町・鹿足《かのあし》郡津和野町の『TSUWANO -SHIKI-』をご紹介。「鷺舞《さぎまい》」などの伝統行事から四季折々の津和野を感じ取ってください。

正式名称	TSUWANO -SHIKI- vol.1	ディレクション	洪昌督（益田工房）
発行元	公益社団法人 島根県観光連盟 石見《いわみ》事務所	デザイン・編集	桑原宏幸（益田工房）、森畑慶子（益田工房）、井上高臣（益田工房）
発行日	初版2024年3月	撮影	洪昌督（益田工房）
価格	無料	お問い合わせ	0855-29-5647 （島根県観光連盟 石見事務所）
配付場所	津和野町役場 津和野庁舎、津和野町観光協会、津和野町日本遺産センター、他	ウェブサイト	www.kankou-shimane.com

Fliers Found in Cities in SHIMANE

“TSUWANO -SHIKI-”

Fliers and pamphlets are distributed by the local areas in an earnest attempt to extensively communicate the unique characteristics of the area. Take a trip and feel in person the crisp editorials and messages that are different from those found in advertisement-packed magazines. Here we present from Shimane the “TSUWANO -SHIKI-” of Tsuwano Town; the town is also a nationally designated Important Preservation Districts for Groups of Historic Buildings.

Publisher: Iwami Office, Shimane Tourism Association
Publication Date: First edition in March 2024
Distribution place: Tsuwano Government Office, Tsuwano Town Hall; Tsuwano Town Tourism Association, and others.
Direction: Shotoku Koh (Masuda Kohboh)
Design & Editing: Hiroyuki Kuwabara, Keiko Morihata, Takaomi Inoue (all from Masuda Kohboh)

島根県の〝民藝《みんげい》〟

「今ヨリ ナキニ」

高《たか》木《き》崇《たか》雄《お》（工《こう》藝《げい》 風《ふう》向《こう》）

Mingei (Arts and Crafts) of SHIMANE

Carpe Diem

By Takao Takaki (Foucault)

高木 崇雄　「工藝風向」店主。高知生れ、福岡育ち。京都大学経済学部卒業。2004年「工藝風向」設立。九州大学大学院・芸術工学府博士課程単位取得退学。専門は柳宗悦と民藝運動を中心とした日本近代工芸史。日本民藝協会常任理事・『民藝』編集長。著書に『わかりやすい民藝』（D&DEPARTMENT PROJECT）、共著に『工芸批評』（新潮社 青花の会）など。

Takao Takaki　Owner of "Foucault". Born in Kochi and raised in Fukuoka. Graduated from Faculty of Economics, Kyoto University. Established "Foucault" in 2004. Conducted research on history of modern technical art with Muneyoshi Yanagi and folk art movement as the subjects. Completed the PhD program in Graduate School of Design, Kyushu University. Secretariat of Fukuoka Mingei Kyokai. The permanent director of Japan Mingei Kyokai. Editorial board member of Shinchosha "Seika no Kai."

現在の島根において、改めて〝民藝〟をものさしとして仕事に取り組んでいる人々を数え上げてゆくと、その多さに驚かされる。
まず、焼きものから名を挙げてゆけば、松江市玉湯町の「湯町窯《ゆまちがま》」、同じく玉湯町の「舩《ふな》木窯《きがま》」、松江市袖師町《そでしちょう》の「袖師窯」、大田《おおだ》市温《ゆ》泉津町《のつちょう》の「森山窯」、出雲市の「出西窯《しゅっさいがま》」、沖縄・読谷山焼《ゆんたんざやき》 北窯《きたがま》の松田米司《まつだよねし》工房で修業ののち、2019年に松江で開窯した「西持田窯」、そして雲南市三刀屋《みとや》町で白磁の器を手がける「白磁工房」石飛勲さん。和紙の仕事であれば、僕の著書『わかりやすい民藝』の表紙も手がけていただいた松江市八雲町の「出雲民藝紙」、雲南市三刀屋町の「斐伊川《ひいかわ》和紙」、何より柳宗《やなぎむね》悦《よし》が『手仕事の日本』でもその品質と品格の高さを評価した浜田市の「石州半紙《せきしゅうばんし》」。加えて、筒描きの仕事を今も続ける出雲市大津町の「長田染工場」、静かながらも確かな木の仕事を続ける「森山ロクロ工作所」、天保年間(1830―1844年)からたたら製鉄・鍛冶業を営む安来《やすぎ》市の鍛冶工房「弘光」、人柄そのものの爽やかな硝子を吹く大田市の垣内信哉さん、松江に古くから残る郷土玩具の復刻を試みる松江市の尾野真弓さんと出雲民藝紙の職人にして土瓶つるなどの制作も手がける山野孝弘さん。そして、こういった作り手たちを取りまとめ、しっかりと届けてくれる松江の工藝店「objects」の佐々木創さんがいて、「出雲民藝館」という皆にとって何よりの学び場がある。
書き忘れた方いないかしら、と思うほどの人がいて場所があり、そして島根の〝民藝〟を考える際に何よりも驚かされるのは、柳が

If we look at the number of people in Shimane today who are working on “*mingei*” (arts and crafts), you'll be surprised at how many there are. A few names off my head are Yumachigama Pottery and Funakigama Pottery for pottery in Matsue City; Hiikawa paper for *washi* in Unnan City; Nagatasen Kojo for resist dyeing and Moriyama Rokuro Workshop for woodworking in Izumo City; Kajikobo Hiromitsu for *Tatara* iron-making and blacksmithing in Yasugi City; glassblower Shinya Kakiuchi in Ota City; Mayumi Ono who reproduces traditional toys in Matsue City; and Takahiro Yamano who produces earthenware teapots.

And there's the Izumo Folk Crafts Museum, the best place to learn. There are so many people and places that I wonder if I'd left out any. But what amazes me most when I think about Shimane's *mingei* is that the work that Yanagi described in “Handicrafts of Japan” has remained almost intact, and continues to flourish, even after 90 years. It is also a place where new work has emerged, as in the case of the Shussaigama Pottery, where the five founders came together to work on pottery after World War II, and further (→p. 099)

where he judged the numerous works of *mingei* they encountered and gave advice based on the criteria of "healthy," "those that could restore health," and "those that had no prospect of doing so at all."

And thanks to the New Mingei Movement, led by Naoyuki Ota in Shimane Prefecture, and Shoya Yoshida in Tottori Prefecture, the *mingei* movement, which had previously focused mainly on collecting old objects, thus began to experiment with creating utensils and tools for everyday use. Their work played such a crucial role that if the New Mingei Movement had not begun in Shimane and Tottori, we might not be able to use earthenware as easily in our daily lives as we do today.

It doesn't mean that something is good because it is new or old. Something that is neither new nor old will always be novel. Only when we understand this truth then the young and the old can work together. If we remove ourselves from that "forever now" concept, any work will wither away. We can see it as it's not just the antiquated people who are an obstacle to progress, but also the newcomers who (→p. 100)

『手仕事の日本』において記した仕事が、90年以上経《た》った今もほとんど変わらず、むしろ盛んに続いていることだ。続いているだけではなく、第二次世界大戦後に若い青年たち5人が集って焼きものの仕事を志し、河井寛次郎《かわいかんじろう》やバーナード・リーチ、柳宗理などの助言を受けながら仕事を深め、今や民藝にとっては欠かすことのできない窯となった出西窯のように、新たな仕事が立ち上がってきた土地でもある。一般的には地方・山陰・高齢化・人口減少、といったイメージがつきまとうかもしれないが、むしろ逆であり、まさに八雲立つように新たな人々が湧き上がってくる希有《けう》な土地と言った方が良いだろう。だから僕は島根に行き、仕事を続ける彼らと会うたびに若さ、そしてみずみずしさを感じるのだ。

では、島根の人々の若さはどこから生まれるのか。その理由を考えると、二人の名前が挙がってくる。一人は安来市出身にして、柳や濱田庄司《はまだしょうじ》とともに民藝という言葉を生み出したその人・河井寛次郎であり、もう一人は河井と旧制松江中学（現・島根県立松江北高校）で同級生だった太田直行という人だ。

1931年の春、当時松江商工会議所の理事を務めていた太田は柳を島根に誘い、島根で作られている品々について「健康であるか否か」を診察してほしい、と依頼した。ちょうど九州・大分において「日田《ひた》の皿山」つまり小鹿田焼《おんたやき》との邂逅《かいこう》を果たして興奮冷めやらぬ柳は、この誘いに乗り、津和野で太田と会い、そこから安来まで県を横断して旅を続け、出会った数多くの仕事について「健康なもの・健康を回復し得るもの・全然その見込みがないもの」という基準で判断を下し、助言を与えた。柳が判断したこの三つの基準は、現在も毎年東京駒場・日本民藝館で開催される新作工藝公募展「日本民藝館展」の審査の場においてもしばしば口にされてきた。出西窯の創業メンバーの一人であり、日本民藝館展の審査員を長く務めた多々納弘光《たたのひろみつ》さんからは僕も「民藝館展は仕事の健康診断だから」との言葉を伺ったことがある。

このように、島根県における新作民藝運動を主導した太田直行、そして隣県の鳥取において太田と協力し合って活動した吉田璋也《よしだしょうや》（「鳥取号」が出たら詳しく書きます）によって、それまで古いものの蒐集《しゅうしゅう》が主だった民藝運動は、日々に使うための器や道具を生み出す試

polishing their work with advice from Kanjiro Kawai, Sori Yanagi, and others.

People generally associate the countryside and the San'in region with an aging and declining population, but it's in fact now a land of emerging new talents. That is why every time I visit Shimane and meet the people who continue such work, I feel a sense of youthfulness and vivaciousness. But where does this youthfulness come from? Two names come to mind: One is Kanjiro Kawai, a native of Yasugi City who, along with Yanagi and Shoji Hamada, coined the term *mingei*; and the other is Naoyuki Ota, once Kawai's classmate at the old Matsue Junior High School (now Shimane Matsue Kita High School).

In the spring of 1931, Ota, then Director of the Matsue Chamber of Commerce and Industry, invited Yanagi to Shimane and asked him to examine the products made in Shimane to see if they were "healthy or not." Yanagi, who had just come across Onta ware in Oita, Kyushu, and was still excited about it, obliged Ota's request, met him up in Tsuwano Town, and traveled across the prefecture to Yasugi,

みを始めるようになった。島根と鳥取における新作民藝運動が始まらなかったら、もしかしたら僕らは今のように気安く焼きものを日々に使うことができなかったのかもしれない、と思うほどに彼らの仕事は重要な役割を果たしたのだ。

新しいからよいのでもなく古いからよいのでもない。新旧に滞らぬものが、永遠の新しみを示すのである。この真理が分ると、若い人と年とった人とは、共に力を協せることができよう。実際『永遠の今』を離れれば、どんな仕事も死に去ってしまう

古い人だけが進歩の妨げなのではなく、新しい人もまた新しさの妨げをしているのを省みてよい*1

柳がこう書いたように、いつも「今」という場に立つ彼らの仕事、そして試みにはためらいがない。いつもチャレンジを続け、「今ヨリナキニ」という言葉そのままに生きている人々、それが島根の〝民藝〟そのものだ。

*1「新しさについて」柳宗悦全集 第十九巻 P.803-805 筑摩書房

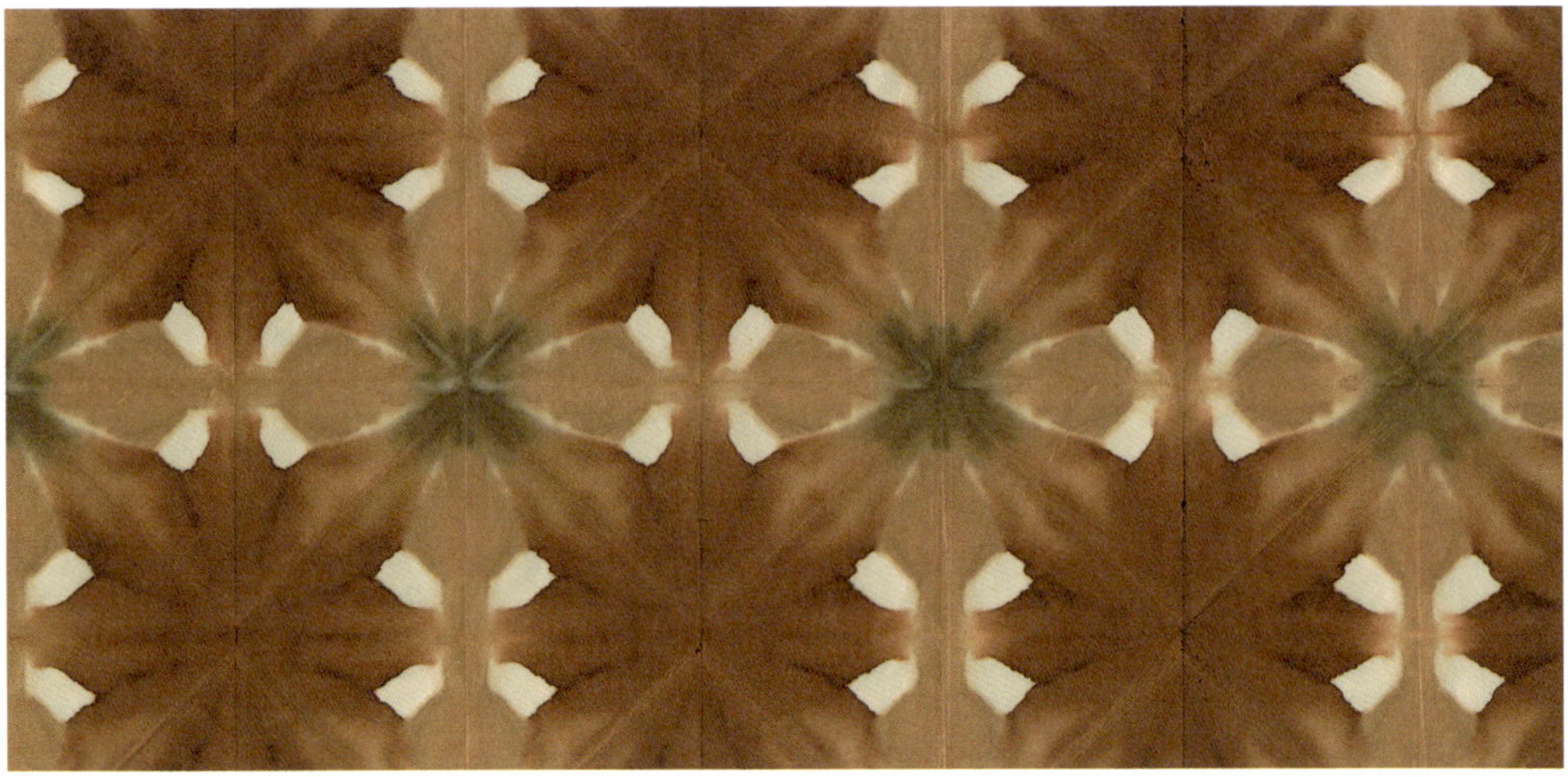

are an obstacle to newness.

As Yanagi wrote, they are always in the "now" when it comes to their work and they do not hesitate to try new things. The people who continue to challenge themselves and live by the words "*Imayori Naikini*" (or "Carpe diem" – "Seize today" in English) are the very essence of "*mingei*" in Shimane.

薬師湯

しまねもの

〝その土地らしさ〟がつくるものたち

日本のものづくりには、長く続いていくものや、衰退してなくなってしまうものだけでなく、住民や行政の応援で復活するものや、移住者や若者の新たな視点でつくられる〝新名物〟もある。そんな島根県の風土と土地があるからこそ、必然で生まれたものたちを、本誌編集部が、デザインの視点で再定義する、〝島根県らしい〟ものづくり。

A Selection of Unique Local Products

The Products of SHIMANE

Among traditional Japanese products, some have stayed around since eras long past, while others have become lost over time. Our Editorial Department aims to identify, and redefine from a design standpoint, the various Shimane-esque products that were born inevitably from the climate, culture and traditions of Shimane Prefecture.

生姜糖《しょうがとう》
Ginger candy

茶席での菓子として、特産の出西生姜《しゅっさいしょうが》を原料に作られたのが始まり。

ぼてぼて茶
Botebote cha

お茶処・松江の茶人が考案したとされる、立ったまま食べられる美味《おい》しい間食。

松江姉様《あねさま》
Big sister dolls of Matsue

松江藩の御殿女中が作り始めた紙人形で、小泉八雲も愛好した郷土玩具。

たたら製鉄
Tatara iron-making

出雲地方は、原料となる砂鉄を含む花崗岩《かこうがん》と燃料の木炭が豊富で鉄の一大産地。

仁多米《にたまい》
Nita rice

ミネラル豊富な水と土、日当たりの良い砂鉄採取跡地を棚田にして栽培。

出雲めのう細工
Izumo agate work

玉湯町にある花仙山《かせんざん》から採れる「青めのう」を使った勾玉《まがたま》などの加工物。

しじみ
Basket clams

海水と淡水が混ざる栄養豊富な宍道湖《しんじこ》。泥質の湖底で大きく育つ。

広瀬絣《ひろせがすり》
Hirose traditional resist dyeing

城下町だった広瀬町で、町医者の妻が鳥取県米子《よなご》から技術を学び伝えた。

出雲民藝紙《いずもみんげいし》
Izumo Mingeishi (Folkcraft Paper)

原料となる楮《こうぞ》、三椏《みつまた》、雁皮《がんぴ》に恵まれていた出雲地方の八雲で漉《す》かれる和紙。

松江の蒸汽船
Steamship in Matsue

明治時代、外海と宍道湖を往来した蒸汽船がモチーフの玩具。何度か廃絶するも復刻。

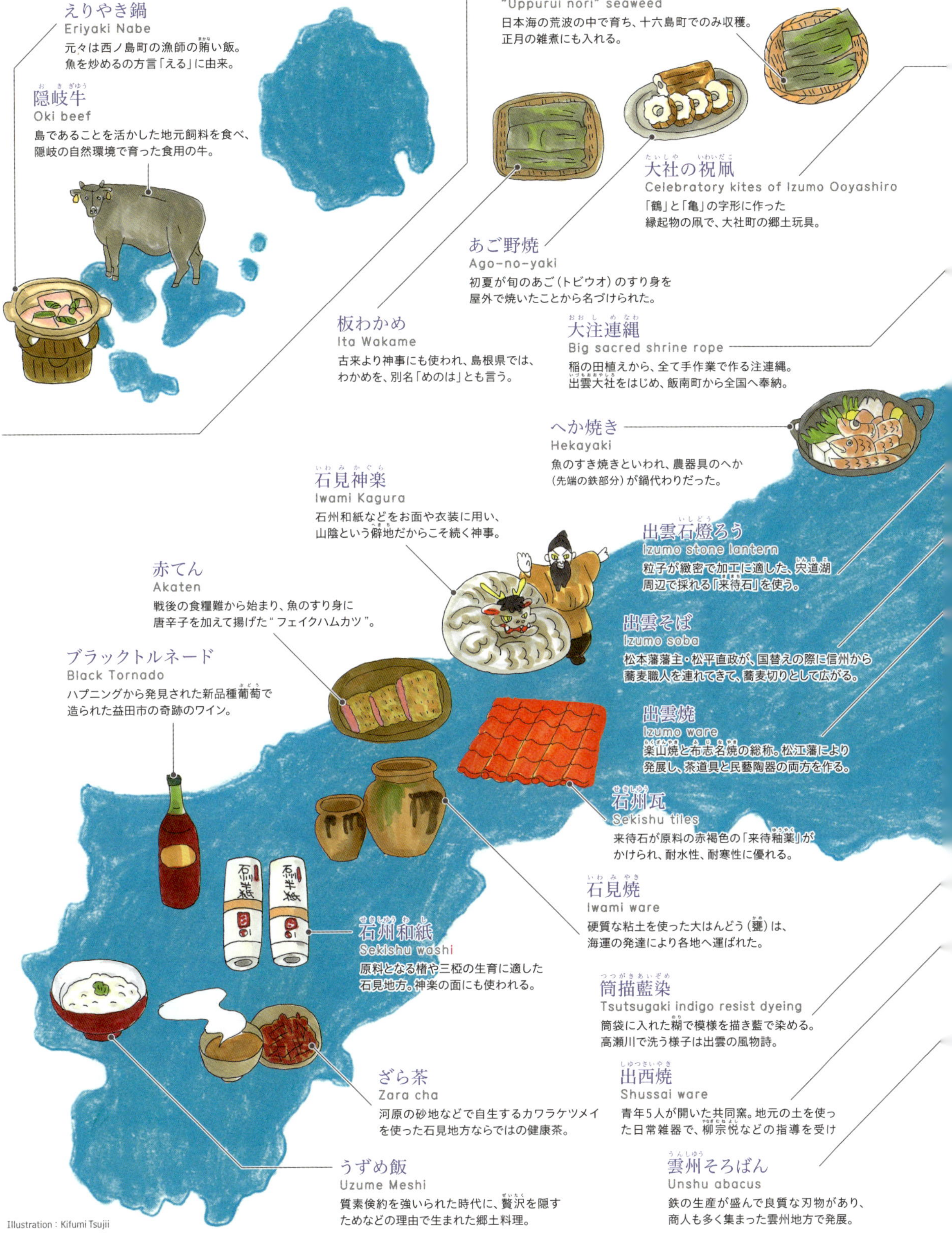

えりやき鍋
Eriyaki Nabe

元々は西ノ島町の漁師の賄《まかな》い飯。
魚を炒めるの方言「える」に由来。

隠岐牛《おきぎゅう》
Oki beef

島であることを活かした地元飼料を食べ、
隠岐の自然環境で育った食用の牛。

十六島海苔《うっぷるいのり》
"Uppurui nori" seaweed

日本海の荒波の中で育ち、十六島町でのみ収穫。
正月の雑煮にも入れる。

大社《たいしゃ》の祝凧《いわいだこ》
Celebratory kites of Izumo Ooyashiro

「鶴」と「亀」の字形に作った
縁起物の凧で、大社町の郷土玩具。

あご野焼
Ago-no-yaki

初夏が旬のあご（トビウオ）のすり身を
屋外で焼いたことから名づけられた。

板わかめ
Ita Wakame

古来より神事にも使われ、島根県では、
わかめを、別名「めのは」とも言う。

大注連縄《おおしめなわ》
Big sacred shrine rope

稲の田植えから、全て手作業で作る注連縄。
出雲大社《いづもおおやしろ》をはじめ、飯南町から全国へ奉納。

へか焼き
Hekayaki

魚のすき焼きといわれ、農器具のへか
（先端の鉄部分）が鍋代わりだった。

石見神楽《いわみかぐら》
Iwami Kagura

石州和紙などをお面や衣装に用い、
山陰という僻地《へきち》だからこそ続く神事。

出雲石燈《いしどう》ろう
Izumo stone lantern

粒子が緻密で加工に適した、宍道湖《しんじこ》
周辺で採れる「来待《きまち》石」を使う。

赤てん
Akaten

戦後の食糧難から始まり、魚のすり身に
唐辛子を加えて揚げた“フェイクハムカツ”。

出雲そば
Izumo soba

松本藩藩主・松平直政が、国替えの際に信州から
蕎麦職人を連れてきて、蕎麦切りとして広がる。

ブラックトルネード
Black Tornado

ハプニングから発見された新品種葡萄《ぶどう》で
造られた益田市の奇跡のワイン。

出雲焼
Izumo ware

楽山焼《らくざんやき》と布志名焼《ふじなやき》の総称。松江藩により
発展し、茶道具と民藝陶器の両方を作る。

石州《せきしゅう》瓦
Sekishu tiles

来待石が原料の赤褐色の「来待釉薬《ゆうやく》」が
かけられ、耐水性、耐寒性に優れる。

石見焼《いわみやき》
Iwami ware

硬質な粘土を使った大はんどう（甕《かめ》）は、
海運の発達により各地へ運ばれた。

石州和紙《せきしゅうわし》
Sekishu washi

原料となる楮や三椏の生育に適した
石見地方。神楽の面にも使われる。

筒描藍染《つつがきあいぞめ》
Tsutsugaki indigo resist dyeing

筒袋に入れた糊《のり》で模様を描き藍で染める。
高瀬川で洗う様子は出雲の風物詩。

ざら茶
Zara cha

河原の砂地などで自生するカワラケツメイ
を使った石見地方ならではの健康茶。

出西焼《しゅっさいやき》
Shussai ware

青年5人が開いた共同窯。地元の土を使っ
た日常雑器で、柳宗悦《やなぎむねよし》などの指導を受け

うずめ飯
Uzume Meshi

質素倹約を強いられた時代に、贅沢《ぜいたく》を隠す
ためなどの理由で生まれた郷土料理。

雲州《うんしゅう》そろばん
Unshu abacus

鉄の生産が盛んで良質な刃物があり、
商人も多く集まった雲州地方で発展。

Illustration：Kifumi Tsujii

編集部がお薦めする島根県の名物

美味しい釜揚げそば

「割子そば」に並ぶ、出雲《いずも》そばの食べ方の一つ、「釜揚げそば」は、茹《ゆ》で上がった蕎麦を水洗いせずに、釜からそのまま丼に盛る温かい蕎麦。新蕎麦の時期に、神社の参拝客に振る舞ったとも云《い》われ、そのスタイルは斬新。何故、これまで知らなかったのかと、悔しさも感じてしまうほど美味《びみ》でした。寒い季節にこそ食べたい厳選5種。

1. 釜あげ蕎麦　おそらく世界一とろっとろの釜揚げ蕎麦。奥出雲の在来種「横田小そば」の十割蕎麦は、間髪入れずに食べるべき(団子になっちゃう！？)。(1,080縁〈円〉)

姫のそば ゆかり庵　島根県仁多郡奥出雲町稲原2128-1 稲田神社境内　☎0854-52-2560　ランチ 11:00–14:30 (L.O.)　火曜・第3水曜休(祝日の場合は営業)、1月初旬から2月末まで冬季休業　r.goope.jp/sr-32-323421s0022/

Hime-no-Soba Yukarian　Within Inata-Jinja Shrine, Inahara 2128-1, Okuizumo-cho, Nita-gun, Shimane　Lunch 11:00–14:30 (L.O.)　Closed on Tuesdays and the third Wednesday of every month (open on public holidays), closed for winter from early January to the end of February

2. かまあげそば　いつも満席の趣《おもむき》ある店内は、センスのいい設《しつら》えを眺めて待つ楽しさがある。季節ごとのお蕎麦も人気だが、僕は断然シンプルな「かまあげそば」(十割そば)。(950円)

手打ちそば 東風《こち》　島根県松江市雑賀町 237　☎0852-67-2618　11:30–14:30　日・月曜休

Kochi　Saika-machi 237, Matsue, Shimane　11:30–14:30　Closed on Sundays and Mondays

2. *Kamaage soba*
While this restaurant is always full, it is fun to admire its quaint interiors while waiting. The seasonal *soba* dishes are popular, but my choice is, undoubtedly, the simple "*kamaage soba*."

3. Chicken *Soba*
Eating the chicken that has soaked up all the flavors with the aromatic noodles is an exceptional experience as well. This famous restaurant is located in a tourist attraction and is loved by locals.

4. *Iwanori Kamaage Soba* (winter only)
This *kamaage* dish with plenty of *iwanori* (wild harvested rock seaweed) from *Uppurui*. The seaweed has such an exceptional flavor that the noodles can also be enjoyed without dipping it in *tsuyu*.

5. *Kamaage soba*
Kamaage using "Sanbe Soba." Their *soba* is made from a native species, different from the one in Izumo, and is best enjoyed simply. You can also order an extra serving of soba.

3.とりそば　温かい蕎麦は、基本釜揚げベース。香り高い蕎麦の合間に、味の染みた鶏肉を食べると、また格別。観光地にあって地元にも愛される名店。(1,200円)

手打 神代《かみよ》そば　島根県松江市奥谷町 324-5　☎ 0852-21-4866
11:00–14:00　水曜休（蕎麦がなくなり次第終了）
Kamiyo Soba　Okudani-cho 324-5, Matsue, Shimane
11:00–14:00　Closed on Wednesdays (or when sold out)

4

4. 釜あげそば　写真家・藤井保さんお薦めの「三瓶《さんべ》そば」の釜揚げ。出雲とは違った在来種で、シンプルにいただくのがベスト。割子1段も追加注文できる。(850円)

福寿庵　島根県大田市大田町大田ハ125-1
☎ 0854-84-7088
11:00–15:00
水曜休、第3日曜休
（蕎麦がなくなり次第終了）
www.instagram.com/fukujuan___y/
Fukujuan　Oda ha 125-1, Oda-cho, Oda, Shimane
11:00–15:00　Closed on Wednesdays and the third Sunday of every month (closed when sold out)

5

5. 岩のり 釜揚そば（冬季限定）　冬の取材で本当に良かったと思う、十六島《うっぷるい》産の岩のりがたっぷりのった釜揚げ。海苔の風味が抜群で、つゆをかけなくても楽しめる。(1,260円)

出雲そば きがる　島根県松江市石橋町 400-1　☎ 0852-21-3642　ランチ 月・水～土曜 11:00–15:30（L.O.15:00）ディナー 木～土曜 17:00–20:00（L.O.19:30）日曜・祝日 11:00–17:00（L.O.16:30）（蕎麦がなくなり次第終了する可能性あり）火曜休（祝日の場合は振替営業あり）、第3水曜休（月により変更あり）
izumosobakigaru.jp
Izumo Soba Kigaru　Ishibashi-cho 400-1, Matsue, Shimane
Lunch Monday, Wednesday to Saturday 11:00–15:30 (L.O.15:00)
Dinner Thursday to Saturday 17:00–20:00 (L.O.19:30)
Sundays and public holidays 11:00–17:00 (L.O.16:30) (May close when sold out)　Closed on Tuesdays (open on public holidays), closed on the third Wednesday of every month (subject to change according to month)

Shimane Prefectural Specialty Recommended by the Editorial Department

Delicious *Kamaage soba*

The typical as well as unique way to eat Izumo *soba* that has been passed down in Shimane is *kamaage soba* and *warigo soba*. This is hot *soba* (buckwheat noodles) that are dished straight out of the *kama* (iron pot) directly in a serving bowl with the water used to boil the noodles without any rinsing. This luxurious *soba* is a must for *soba* afficionados. We have carefully selected the five varieties you should eat in the cold season.

1. *Kamaage soba*
This might be the world's most viscous *kamaage soba*. Made with only buckwheat flour using "*Yokota Kosoba*," a native species of Okuizumo.

『石見神楽と群言堂』

藤井保　1976年に藤井保写真事務所を設立。マグライト、JR東日本、日清カップヌードル、サントリー、無印良品など多くの広告写真を手がける。ADCグランプリ、ADC賞、朝日広告賞、毎日デザイン賞、カンヌ国際広告祭フィルム部門銀獅子賞、APA賞、NY·ADC賞ほか受賞多数。主な写真集に『ESUMI』(リトル·モア)、『THE OUTLINE』(深澤直人との共著·ハースト婦人画報社)、『ぐんげんどう』(平凡社)、著書に『藤井保の仕事と周辺』(六耀社)がある。展覧会に「THE OUTLINE」(21_21デザインサイト 2009年)、「私が見たもの、出会った人」(キヤノンギャラリー 2018年)など。2021年、東京から石見銀山のある島根県大田市大森町へ拠点を移す。

Tamotsu Fujii　He established the Tamotsu Fujii Photography in 1976, and worked on advertising photography for many companies, including Mag-Lite, JR East, Nissin Cup Noodles, Suntory, and MUJI. He has received numerous awards, including but not limited to the ADC Grand Prix, ADC Award, Asahi Advertising Award, Mainichi Design Award, Silver Lion in the Film category at the Cannes Lions International Advertising Festival, APA Award, and NY ADC Award. His major photo collections include "*ESUMI*" (Little More), "*THE OUTLINE*" (co-authored with Naoto Fukasawa, Hearst Fujingaho), and "*Gungendo*" (Heibonsha), as well as a book "Fujii Films (Artist, Designer and Director SCAN 9)" (Rikuyosha). His exhibitions include "THE OUTLINE" (21_21 Design Sight, 2009) and "*What I Saw, Who I Met*" (Canon Gallery, 2018). In 2021, he moved from Tokyo to Omori Town, Oda City, Shimane Prefecture, where the Iwami Ginzan Silver Mine Site is located.

島根県らしい伝統芸能

わかりやすい石見神楽

日本神話を題材に、哀愁溢《あふ》れる笛の音と、アップテンポの太鼓囃子《はやし》に合わせて、ダイナミックに神や鬼が舞うっ！「神楽」と聞くと、神聖で畏《かしこ》まってしまいがちですが、「石見《いわみ》神楽」は、思いのほか〝日常の、伝統的な娯楽〟でした。島根県ゆかりの演目もいくつかご紹介。予習にもってこいです。

Traditional Performing Arts of Shimane

A beginner's guide to *Iwami Kagura*

Although the standard "*Kagura*" tends to stir up feelings of holiness and reverence, *Iwami Kagura* is surprisingly a "traditional, everyday entertainment." We will also introduce some performances related to Shimane. Let's familiarize ourselves and dive into the unique culture of Shimane!

1. 神楽って何?

「神楽」とは、遠い昔から続くお祭りの形で、山や川、海や空、木々や草花など、あらゆる自然に宿る八百万《やおよろず》(たくさん)の神様たちを迎え、感謝して、一緒に楽しむ“舞”の儀式です。明治時代までは、神職のみが舞うことを許されていたのですが、それ以降は、氏子(民間)に受け継がれ、伝統芸能を残していくためにも、今では一般の人も、自由にできるようになりました。日本全国さまざまな神楽がある中で、松江市の佐太《さだ》神社で行なわれる「佐陀神能《さだしんのう》」が、出雲流神楽の源流になり、各々の神楽に影響を与えたともいわれています。浜田市が中心の「石見神楽」には、およそ30の演目があり、その中に、舞台を清めて神様を迎える「儀式舞」と、神話などのストーリー仕立ての「能舞」とがあります。

***Kagura*, anyone?** "*Kagura*" is a festival form that has been practiced since ancient times. It is a ritual ceremonial dance in which people welcome, give thanks to, and enjoy together with the "eight million" (many) deities that reside in all of nature, including mountains, rivers, seas, skies, trees, and flowers. Up until the Meiji period, only *Shinto* clergy were allowed to perform the dance, but it has been passed down to followers since then, and now, in order to preserve the traditional performing arts, the general public is free to perform it as well. Performed mainly in Hamada City, *Iwami Kagura* has about 30 performances, including "ritual ceremonial dances" to purify the stage and welcome the deities, and "Noh dances" based on myths and other stories.

2. 神々が降臨するステージ

舞台によって、神楽の楽しみ方もさまざまあり、最もスタンダードなのが神社の「神楽殿」。神楽の語源は、「神座(かむくら・かみくら)」からきており、意味は、「神の宿るところ」。舞台は、神様が降臨する場所になるので、高床式になっていて、屋根と柱だけのシンプルな神楽殿が多いようです。ちなみに、巨大な注連縄《しめなわ》で有名な出雲大社の神楽殿は、なんと270畳の広さがあり、神社建築には珍しく装飾にステンドグラスが使われていたりもします。また、舞台の上に吊《つ》り下げられる「天蓋《てんがい》」は、天上界と交信する役割があり、邪神や魔物を寄せ付けない結界でもあり、神楽にはとても重要なもの。その日限りの野外ステージ「やぐら」を建てる場合も、同様に天蓋をつくります。

The stage where deities descend There are various ways to enjoy *Kagura* depending on the stage, with the most standard being the "*Kagura* Hall" at a shrine. The word *Kagura* derives from "*kamikura*," meaning "where deities dwell." Since it serves as a stage for deities to descend, most *Kagura* Halls are simply open, raised platforms built on stilts, with only a roof and pillars. The "*tengai* (canopy)," which is suspended from the top of the stage, is also very important in *Kagura* since it is said to represent the sky and all the deities as well as to summon and let them dwell in it. Even when an outdoor one-day "*Yagura*" stage is erected, the canopy is made in the same way.

Illustration : Kifumi Tsujii

3. 島根は、神楽の聖地!?

島根県で、神楽を受け継ぐ団体は、およそ250！？全国一盛んな地域で、年がら年中そこかしこで神楽が行なわれています。神社での奉納神楽だけでなく、観光客に向けた定期公演を開催する専用の劇場もあって、さらには、大田《おおだ》市温泉津町《ゆのつちょう》では夕暮れの日本海をバックにした「海神楽」なんてものもあります。戦隊モノのヒーローショーよりも神楽が好き、という子どもも少なくなく、そんな子どもも参加できる「子ども神楽」を率いる団体も数多い。じゃあなぜ、島根県で神楽が盛んなのかと訊《き》くと、山陰という土地柄、娯楽がそもそもなかったからとか……

Shimane may be the Holy Land of *Kagura* There are over 300 groups carrying on the tradition of *Kagura* in Shimane Prefecture alone. It is the region where this art thrives the most in Japan, with *Kagura* performances taking place all year round. Not only are there *Kagura* dances performed in dedication to *Shinto* deities at shrines, there are also dedicated halls that hold regular performances for tourists, and in Yunotsu Town, Oda City, there are even "*Umi Kagura*" performances set on the beach against the backdrop of the Sea of Japan at sunset.

4. 美しく、万能なマテリアル「石州《せきしゅう》和紙」

重厚感漂う豪華絢爛な衣装、表情豊かな張り子技術を活用した神楽面、提灯《ちょうちん》をヒントに生まれた大蛇蛇胴（『大蛇《おろち》』の演目で登場する）。これらには、「石州和紙」が使われ、石見だけでなく、県内外の神楽を支える産業として根づいてきました。中でも激しい動きを伴う大蛇蛇胴は、石州和紙を何層にも重ねていて丈夫ですが、それでも劣化はつきもの。古くなれば廃棄して、再び作り替える。そこで、その古紙を再利用して、封筒や名刺入れ、ブックカバーなどにアップサイクルする面白いプロダクトが、土産物屋や道の駅などで売っている。神楽に興味のない観光客も、ひょっとしたらとそうした商品から、神楽への扉を開けることになるかもしれません。

"*Sekishu washi*" – A useful, beautiful, and versatile material The heavy and luxurious costumes, the expressive *Kagura* masks made using papier-mâché techniques, and the giant serpent bodies (which appears in the "*Orochi*" (literally big snake in English) performance) inspired by paper lanterns. These are made using "*Sekishu washi*" (Japanese paper), which has developed and taken root as an industry supporting *Kagura* not only in Iwami, but also in areas within and beyond the prefecture. The giant serpent bodies, engaged in intense and frenzied movements, are made of many layers of Sekishu washi for durability.

5. 神楽で見る" 神楽 "

演目にもなっている『岩戸』は、神楽の始まりを伝えているといわれていて、神様たちがお祭りを行ない、生き生きと楽しむ様子が描かれます。もちろん、神話ですから現実の世界の出来事ではありません。しかし、歌い、踊り、笑い、賑《にぎ》やかに囃《はや》し立てる神様たちの姿は、「神遊び」とも呼ばれる神楽の"心"を伝えてくれます。ストーリーは、いたってシンプル。伊勢神宮（内宮《ないくう》）の祭神・天照大御神《あまてらすおおみかみ》が、弟の須佐之男命《すさのおのみこと》の乱暴に困り、岩戸の中に隠れてしまう。すると、世の中すべてが暗闇に包まれ、多くの災いが起こります。そこで、神様たちは相談して、踊りの上手な天宇津女命《あまのうずめのみこと》を呼んで踊らせ、やんややんや大騒ぎをします。すると、不思議と思った天照大御神が岩戸を少し開けた瞬間、手力男命《たぢからおのみこと》が一気に戸を開き、天照大御神を迎え出すことに成功。再び世の中を明るく照らし始め、平和を取り戻すというお話。

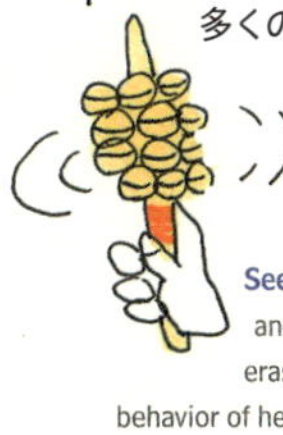

Seeing "*Kagura*" through *Kagura* "*Iwato,*" one of the performances, is said to convey the genesis of *Kagura* and depicts the deities holding festivals and enjoying themselves to the fullest. The story is quite simple. Amaterasu-Omikami, the deity of the Ise Jingu Shrine ("*Naiku*"; Innermost Courtyard), was troubled by the violent behavior of her younger brother, Susanoo-no-Mikoto, and hid in a cave (*iwato*), plunging the entire world into total darkness and many disasters occurred. The deities thus came together and decided to enlist the help of Ame-no-Uzume-no-Mikoto, who was a skilled dancer, to dance, causing a great deal of commotion. The moment the curious Amaterasu-Omikami opened and peeked out of the cave entrance, Tajikarao-no-Mikoto then forced the cave open all at once and successfully welcomed Amaterasu-Omikami out. The world was bathed in bright light again, and peace was restored.

6. 子どもに大人気、恵比寿様

出雲の美保《みほ》神社のご祭神が磯釣りをしている姿を舞った演目『恵比寿』。にこやかに鯛を釣る様子がコミカルで面白おかしく、心が和みます。出雲大社の祭神・大国主神《おおくにぬしのかみ》の息子でもある恵比寿様こと事代主神《ことしろぬしのかみ》は、昔から漁業や商業の神様として崇められていて、大田市の「群言堂本店」では、毎年初売りの際、神楽が行なわれていて、この演目を舞うのが恒例行事となっています。撒《ま》き餌に見立てて、福飴を撒くのも、この演目の醍醐味《だいごみ》でもあります。

One of the Seven Gods of Fortune who carries a red snapper
The “*Ebisu*” performance depicts *Ebisu*, the deity enshrined at Miho Shrine in Izumo, fishing on the rocks. The comical and amusing sight of him beaming and catching red snappers is very heartwarming. *Ebisu* (also known as Kotoshironushi), the son of Okuninushi-no-Kami, a deity enshrined at Izumo Oyashiro Shrine, has long been worshipped as the deity of fishing and commerce.

7. 出雲国を賭けた取っ組み合い

「国ゆずり」の神話に基づく演目『鹿島《かしま》』。国津神《くにつかみ》(地の神様)である大国主神《おおくにぬしのかみ》が出雲国をおさめていたころ、天照大御神《あまてらすおおみかみ》と天津神《あまつかみ》(天の神様)たちは、国津神がたいへん騒がしいので自分たちで国をおさめようと考えたそうです。そこで、天から遣《つか》わされた経津主神《ふつぬしのかみ》と建御雷之男神《たけみかづちのおのかみ》は「稲佐の浜」に降り、国をゆずるように大国主神に迫りました。大国主神は、それに従うことにしましたが、子どもの事代主神《ことしろぬしのかみ》(恵比寿様)と、建御名方神《たけみなかたのかみ》にも聞いてくれと頼みました。すると、海で釣りをしていた事代主神は承諾しましたが、建御名方神は、断固拒否。大きな石を担いで来て、経津主神と建御雷之男神に力比べを挑んだのです。結果的に、建御名方神が負けてしまいますが、これは、相撲の起源ともいわれています。そして、大国主神は、国ゆずりの代わりに、立派なお宮を建ててもらったそうで、それが出雲大社なのです。

The battle for the Land of Izumo The performance “*Kashima*” is based on the myth of the relinquishing of the land. When Okuninushi-no-Kami, the Kunitsukami (deities native to the land), ruled the Land of Izumo, Amaterasu-Omikami and the Amatsukami (deities residing in the heaven) decided to rule the land themselves because Kunitsukami was causing so much trouble. Futsunushi-no-Kami and Takemikazuchi-no-Ono-Kami were thus sent from heaven, landed on Inasa Beach and urged Okuninushi-no-Kami to hand over the country. Okuninushi-no-Kami agreed to cede control of the land but also requested them to check with his children, Kotoshironushi (*Ebisu*) and Takeminakata-no-Kami as well. Kotoshironushi, who was fishing in Mihonoseki, agreed, but the second child, Takeminakata-no-Kami, flat out refused. He carried a large boulder and challenged Amatsukami to a contest of strength. Takeminakata-no-Kami ended up losing, and this is said to be the origin of *sumo* wrestling.

8. タイフーンな舞いっぷり

異国からやって来た大悪魔『塵輪《じんりん》』。翼があって、自由自在に飛び回り、黒雲に乗っているという設定は、気象災害をテーマにしているようです。日本武尊《やまとたけるのみこと》の息子、仲哀《ちゅうあい》天皇は、家来の高麻呂《たかまろ》をしたがえて、塵輪退治に出る。2匹の塵輪をすべての神々の力を受けて、天の弓矢で見事退治!台風の如《ごと》く、軽快でスピーディーな舞に、誰もが目を奪われます。迫力満点!

Typhoon-like dancing “Jinrin” is a performance about a pair of great demons going by the same name that came from another world. Their wings offer them complete mastery in the skies and they ride on black clouds, which all seems to be based on the theme of weather disasters. Emperor Chuai, the son of Yamato Takeru-no-Mikoto, accompanied by his retainer Takamaro, sets out to defeat Jinrin. With the help of all the deities, Amatsukami and Kunitsukami defeated the evil Jinrin pair with the bow and arrows of heaven! The performance, with its light-hearted and typhoon-like speedy dance movements will captive any viewer.

9. 斐《ひ》伊《い》川の氾濫から村人を救う

島根県ならではの演目といえば、やっぱり『大蛇《おろち》』でしょう。神楽の中でも最もエンターテインメント性が高い演目で、須佐之男命《すさのおのみこと》が斐伊川の川辺を歩いていると、泣き悲しむ老夫婦と奇稲田姫《くしいなだひめ》に出会います。理由を尋ねると、ヤマタノオロチが毎年現れ、すでに7人の娘がさらわれ、残ったこの奇稲田姫もやがてオロチに襲われてしまうという……そこで、須佐之男命は、木の実で醸《かも》した毒酒を飲ませてオロチを退治し、オロチの尾から出てきた剣を天照大御神《あまてらすおおみかみ》に捧げ、奇稲田姫と結ばれるというお話。実は、ここでの登場人物が、島根県の風土や産物で、ヤマタノオロチは、たびたび氾濫して村人を困らせていた斐伊川のことで、奇稲田姫は、田んぼや稲作のこと。ヤマタノオロチに飲ませたお酒からは、日本酒の起源を彷彿《ほうふつ》させ、ヤマタノオロチの尾（川の上流域）から出てきた剣は、「たたら製鉄」を想起させます。島根県の風景を思い描き、地酒を呑みながら観るのも乙です。

Saving villagers from the flooding of Hiikawa River If we're talking about a story that is unique Shimane Prefecture, it has to be the "*Orochi.*" In this popular *Kagura* performance, Susanoo-no-Mikoto is walking along the banks of Hiikawa River when he encounters a sad and weeping old couple and Princess Kushinada. When asked why, they told him that Yamata-no-Orochi, an eight-headed serpent, appears every year, and they have already sacrificed seven daughters to the serpent, and that the turn had now come for their last and youngest, Princess Kushinada. The story goes that Susano-no-Mikoto went on to slay Orochi by getting him to drink poisoned *sake* brewed from nuts, and offered the sword that he found in Orochi's tail to Amaterasu-Omikami, and married Princess Kushinada. As a matter of fact, the characters in this story allude to the local climate and produce of Shimane Prefecture: Orochi is the Hiikawa River, which frequently flooded and troubled the villagers, and Princess Kushinada is the rice paddies and rice cultivation. The *sake* that Orochi drank is reminiscent of the origins of Japanese *sake*, while the sword found in Orochi's tail (in the upper reaches of the river) brings to one's mind *tatara* ironmaking.

10. ウイルスをやっつけろ！

中国・唐の玄宗《げんそう》皇帝は、ある時、重い病にかかり、高熱でうなされていました。実はそれは、あらゆる病気を支配する疫神（疫病神）が、皇帝を苦しめていたのです。今だと、コロナやインフルエンザなどのウイルスが流行っていますが、そうした病気などと戦う魔除《よ》けの神様『鍾馗《しょうき》』を主人公にした演目です。鍾馗は、須佐之男命《すさのおのみこと》が唐に渡って改名したという説もあり、茅《ち》の輪と宝剣を携えて、疫神に立ち向かいます。その名残りもあり、多くの神社では「夏越《なご》しの祓《はら》え」という儀式で、「茅の輪くぐり」を実施しています。

Defeat the virus! One day, Emperor Xuanzong of the Tang Dynasty in China fell seriously ill and was moaning in his sleep from a high fever. But in fact, the emperor was being tormented by the deity of pestilence, who has control over all diseases. These days, viruses such as coronavirus and influenza are prevalent, and there's a performance about "*Shoki,*" a deity of protection who fights against such diseases.

11. 出雲大社の神様は、2度も死んでいる?!

須佐之男命《すさのおのみこと》の子孫たちの兄弟喧嘩（?）を描いた演目『八十神《やそがみ》』。大国主神《おおくにぬしのかみ》とその兄弟たちの神様・八十神は、みんな因幡国《いなばのくに》（鳥取県）の八上姫《やがみひめ》と結婚したいと思い、彼女を訪ねて行きました。神楽では、語られませんが、この道中に起こる物語こそ、有名な『因幡の素兎《しろうさぎ》』で、個人的にはそれも神楽で観たいもの。それから、そんなこんなもあって、結局のところ八上姫は、心優しい大国主神を選ぶのですが、それを知った八十神は、あの手この手で大国主神の邪魔をしようとします。赤く焼けた大きな石を山から転がしたり、巨木の割れ目に大国主神を挟んでしまおうとしたり……しかし、危機を逃れた大国主神は、悪さをする八十神を倒し、ついに八上姫と結婚するのです。実際に『古事記』で語られるストーリーは、その2度の試練で、大国主神は死んでしまっていて、その都度生き返るという、まさに神話的お話です。

The deity of Izumo Oyashiro Shrine actually died twice?! The performance "*Yasogami*" is a piece depicting the sibling rivalry (?) among the descendants of Susano-no-Mikoto. As Okuninushi-no-Kami and his sibling deities, the Yasogami, all wanted to marry Princess Yakami of the Inaba Province (Tottori Prefecture), they went to visit her. Princess Yakami chose the tender-hearted Okuninushi-no-Kami, but when the Yasogami found out, they did everything they could to try to stop Okuninushi-no-Kami. However, Okuninushi-no-Kami managed to escape danger, returned to conquer the evil Yasogami, and finally married Princess Yakami.

島根県を舞台にした映画

天然コケッコー

洪《こう》昌《しょう》督《とく》（益田工房／マスコス）

『天然コケッコー』
2007 年／121 分／アスミック・エース
監督：山下敦弘
プロデューサー：小川真司、根岸洋之
エグゼクティブプロデューサー：豊島雅郎
脚本：渡辺あや
出演：夏帆、岡田将生、夏川結衣、
佐藤浩市、他

There was nothing special about it, yet I loved every single bit. Now that I have seen this movie for the first time in a long time, I think it is a work that should be widely known as a national film comparable to "*My Neighbor Totoro*."

After the movie was released, I returned to my hometown, started a design company, and worked in a small village. And it was right there and then that the world of the movie unfolded. The everyday lives of people living simply and quietly in a community surrounded by nature. I was impressed by how they live – really thinking about the small things that happened in their every day lives. That experience has become the driving force behind my work today.

Tennen Kokekkō
121 minutes (2007): Asmik Ace
Director: Nobuhiro Yamashita
Producers: Shinji Ogawa, Hiroyuki Negishi
Executive Producer: Masao Teshima
Screenwriter: Aya Watanabe
Cast: Kaho, Masaki Okada, Yui Natsukawa, Koichi Sato, and others

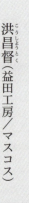

何もない、二度と帰りたくないと思っていた地元が、心の底から恋しく思える映画があった。公開当時、僕は東京で暮らし、音楽活動に明け暮れていた。その頃よく聴いていたレイ・ハラカミが音楽を担当した映画が、僕の地元・益田市の隣にある浜田市で撮られたと知り、映画館に足を運んだ。同じ石見《いわみ》地方で生まれた映画が東京で上映されることに、不思議な縁を感じた。

地元とレイ・ハラカミの組み合わせは意外だったが、石見地方の方言や赤い屋根瓦が、東京の映画館で映し出されていることに大きな感動を覚えた。そして、モダンな東京のコンクリートジャングルに憧れていた自分が、石見の風景に誇りを感じていることに気づいた。

無垢《むく》で人懐っこい人物たちの生活。その全てが愛《いと》おしかった。これは、『となりのトトロ』に匹敵する国民的映画として広く知られてほしい作品だと思う。実写のリアルさは、アニメのファンタジーとはまた違った感動を届けてくれる。

映画公開後、僕は地元に戻り、デザイン会社を立ち上げ、小さな集落の仕事を手がけた。そこには、映画の世界そのものが広がっていた。自然に囲まれた共同体で、素朴に慎ましく暮らす人々の日常。そんな生活の中で、日々の小さな出来事に思いを馳《は》せながら生きる彼らの姿に感銘を受けた。その経験は、今の僕の活動の原動力となっている。

島根県を舞台にした、主《おも》な映画
『砂の器』監督：野村芳太郎（1974年）／**『砂時計』**監督：佐藤信介（2008年）／**『RAILWAYS 49歳で電車の運転士になった男の物語』**監督：錦織良成（2010年）／**『たたら侍』**監督：錦織良成（2017年）／**『高津川』**監督：錦織良成（2019年）

Movies Set in SHIMANE

Tennen Kokekkō

By Shotoku Koh (MASUDA KOHBOH / MASCOS)

When the movie was released back then, I was living in Tokyo and preoccupied with my music career. When I got to know that the music of this movie was composed by Rei Harakami – whose music I often listened to at the time – and that it was shot in Hamada City, next to my hometown of Masuda City, I made my way to the cinema. I thought it a strange coincidence that a movie, made in the same Iwami region, was being screened in Tokyo.

While the combination of my hometown and Rei Harakami was unexpected, I remember being deeply moved by the Iwami dialect and seeing the red roof tiles on a large screen in Tokyo. It made me realized that I, who had longed for the concrete jungle of modern Tokyo, was proud of the Iwami scenery.

It was about the lives of kind and friendly characters.

編集部が行く

編集部日記Ⅱ

隠岐・石見エリア編

神藤《しんどう》秀人《ひでと》

Editorial Diary 2: Editorial Team on the Go

By Hideto Shindo

5　隠岐《おき》の島々

「Sailing Coffee」の森山勝心《かつし》さんに、「冬になると船が出なくなるから早く来てください！」と、半ば脅されるかのように向かった隠岐諸島。松江市の真北、島根半島から50キロメートルほどの島々で、「島前」と「島後」に分けられる。島前は、知夫里島《ちぶりじま》（知夫村《ちぶむら》）、中ノ島（海士町《あまちょう》）、西ノ島（西ノ島町）の3島のことで、これに対し、島後は、1島（隠岐の島町）のみで、島の固有の名はない。「どうぜん」「どうご」と、それぞれ読み方が変わっているが、それは島を見て回る際の道順からそう読まれるようになったとか。『古事記』では「国生み」の神話で、3番目にできた島「隠伎之三子島《おきのみつごのしま》」として登場し、出雲《いずも》大《おお》社《やしろ》の祭神・大国主大神《おおくにぬしのおおかみ》の「因幡《いなば》の素兎《しろうさぎ》」の舞台にもなっている。また、古くから遠流《おんる》の島として知られ、後鳥羽上皇や、後醍醐天皇などが配流にあったとされてもいる。

交通手段は、3パターン。1日1〜2便の飛行機とフェリーと高速船。飛行機は、島後の隠岐世界ジオパーク空港に降り、フェリーと高速船は、それぞれ決まった航路があって、全ての島に着くわけでもないので気をつけてほしい。また、12月から2月までは、高速船が運休になるのも要注意だ。そんなこんなで僕は11月末、まだ日本海が荒れる前になんとか島前・中ノ島の海士町へと渡った。到着した時は、すでに陽は落ちていたが、温かみのある照明が灯される菱浦港は、どこか来島者を歓迎するかのような賑《にぎ》わいがあった。船から降りると、すぐに海士町観光協会の事務所の建物に入り、ギフトショップやレストランが併設していて、比較的若いスタッフが沢山《たくさん》、イキイキと働いている。こんな離島で何故？　どうして？　と思ったが、理由を聞いて納得。海士町は、全国に先駆けて始まった高校生の「島留学」が根づいている土地だそうだ。

全国の離島では、本土より早いペースで人口減少が続いていて、日本海の隠岐諸島も例外ではなかったという。そこで、２００９年から島根県は、高校生を対象とした「島留学（島外だと「しまね留学」とも）」制度を国内で初めてスタートさせ、その後、「大人の島留学」制度も開始。現在、生徒数や移住者が増加し、この賑わいをつくっているのだ。菱浦港からも見える、隠岐随一のホテル「Entô」は、そうした制度で来た大人たちを受け入れる先進的なホテルでもあ

5. The Oki Islands

Next, I headed to the Oki Islands, surprised to learn that they cannot be accessed by boat in winter. Split into two areas, Dozen (rear islands) and Dogo (front island), the Oki Islands are directly north of Matsue and around 50 km from the coast of Shimane. Dozen comprises Chiburijima Island (Chibu village), Nakanoshima Island (Ama town), and Nishinoshima Island (Nishinoshima town), and Dogo is home to Okinoshima Town and does not have its own island name.

There are three ways to get there: Airplane (one or two flights per day), ferry, or high-speed boat. The plane lands at Oki Airport on Dogo, while the ferry and high-speed boat follow specific routes but do not necessarily stop on all the islands. Note that the high-speed boat service does not run between December and February.

The rate of population decline on Japan's remote islands is much faster than on the mainland, and the situation is no different on the Oki Islands. In response, in 2009 Shimane Prefecture became the first in Japan to launch an "island study" program for high school students, later (→p. 117)

り、僕が宿泊した際も、若いスタッフが一生懸命働いている姿が印象的だった。また、学童と学校を繋《つな》ぐ、「教育コーディネーター」という職業も島根らしく存在していて、一拠点に縛られず、広く日本が学びの場となり、活躍の場となり、誰もが自由に、自分らしく生きていける社会があるということを、この制度が証明している。

　隠岐は、国際的に価値ある地質遺産や、独自の生態系が広がっていて、2013年には、「世界ジオパーク」にも認定されている。高さ約260メートルを誇る日本有数の海蝕崖の国賀《くにが》海岸の「摩天崖《まてんがい》」や、約600万年前に形成された火山の真っ赤な断面「赤壁」など、どこに行っても世界レベルの風景が広がっていて圧倒された。島内での移動の際には、何度も放牧牛・馬に道を阻まれたが、この光景こそ、隠岐の魅力なのだろう。知夫里島の「赤ハゲ山」からは、「島前カルデラ」の地形を一望できる。隠岐もまた、他の地域からいい距離感を保ってきたからこそ、今もこの風景があるに違いない。

『ないものはない』――地域デザイナーの先駆者・梅原真さんの海士町における有名なキャッチコピーは、海士町だけに限らず、隠岐の島々

6. Oda City and Onan Town

Almost right in the middle of Shimane Prefecture is Mt. Sanbe, one of only two active volcanoes in the Chugoku region. With a relatively low elevation of 1,126 meters, it is great for hiking and picnics. Perhaps the area is more famous, however, for the Sanbe Onsen hot springs and Sanbe soba noodles. Another must-visit in the area is Yamanoeki Sanbe, a café that offers stunning views of Mt. Sanbe. Visitors here can enjoy lunches made from local Sanbe cattle and purchase tins of cookies that are great to enjoy outside.

My next stop was Sanbe Onsen Soba Café Yumoto, which combines a soba restaurant with a hot spring facility. Although formerly a hot spring hotel, the building was badly damaged during the earthquake in 2018 and so reopened in a new direction. The Sanbe soba was superb.

Komejirushi is a café in the remote mountains of Onan town. Serving only natural foods, almost everything on the menu is handmade. Detailed information on all the ingredients used, including seasonings, is provided to give confidence to the customer, some of whom take a long journey (→p. 118)

ないものはない

島根県

隠岐國

海士町

を全国に知らしめたことは確かだ。「あるものを磨く」という反骨精神の考えをもって「やればできる！」を体現してきた地域。日本の〝最後尾〟を走っていたはずの過疎の町が、〝地方創生の最先端〟とまでいわれるようになったのは凄いこと。それから10年以上が経ち、コロナ禍という世界的な危機的状況を乗り越え、日本中の地方が次第に魅力を取り戻し、今はまさにその動乱期。本当にその土地のあるべき姿を再認識し、その土地の魅力をさらにより良いものへとデザインしていくことが、隠岐をはじめ、次世代の地方に必要な課題のように思える。

6 大田《おおだ》市・邑南町《おおなんちょう》

出雲縁結び空港から車でおよそ1時間。「文化的景観」として登録されるユネスコ世界遺産の「石見《いわみ》銀山《ぎんざん》遺跡」。その範囲は広大で、合計900か所以上ある坑道と、鉱山の居住地の跡をはじめ、町並み、街道とその付近の山城、そして港、港町まで含んだ529ヘクタールにも及び、〝歩く世界遺産〟とまでいわれている。その世界遺産の大田市大森町に、僕は約2か月、部屋を借りて住んでいたわけで、それがどんな

starting a similar program for adults. The number of students and people moving to the island is increasing and helping to create hustle and bustle. Visible from Hishiura Port, Entô is one of the few hotels on the Oki Islands. It is a progressive facility that employs the adults coming to the island through the above program, and the young workforce that looked after me on my stay were very impressive.

The Oki Islands are home to internationally valuable geoheritage sites and unique ecosystems, and in 2013 were designated as a UNESCO Global Geopark. World-class landscapes are everywhere you look, from the approximately 260-meter-high Matengai Cliff along the Kuniga Coast, which is one of Japan's highest, to the red Akakabe Cliff which was formed by volcanic activity around six million years ago. Elsewhere, an expansive view of the Dozen Caldera can be enjoyed from Mt. Akahage on Chiburijima Island. These unique views have been carefully maintained thanks to the Oki Islands' detachment from other regions.

に貴重な経験だったかなんて、ここでは簡単には伝えきれないので、それは別途特集（p.126）で紹介します。

島根県のほぼ中央に聳え立つ「三瓶山《さんべさん》」。中国地方で2つしかない活火山の一つで、標高1126（イイフロ）メートル程度で低く、トレッキングやピクニックなども楽しめ、何よりも三瓶温泉や三瓶そばなどの観光資源も人気で、地元の人にとっても親しみのある山。また、日本神話にも登場し、あまりにも自分の国が小さいと考えた八束水臣津野命《やつかみずおみつぬのみこと》が、海の向こうから引き寄せた土地を、1つにまとめるのに三瓶山と大山《だいせん》（鳥取県）を杭として使ったという「国引き」の神話で、島根らしさを代表するスポットとして特筆しておきたい山。そんな三瓶山を望む絶景カフェが、「山の駅さんべ」だ。放牧される三瓶牛を使ったランチや、野外で食べたい三瓶のクッキー缶などもあって、三瓶山観光では必ず寄りたい場所。

山の駅さんべでお薦めされた「さんべ温泉そばカフェ 湯元」で、昼食を取ろうと行くと、タオルを首に下げた風呂上がりの客が出てきて一瞬目を疑う。聞いてはいたが、ここは蕎麦屋と温泉施設が融合した店で、もとは温泉旅館だった場所。2018年の地震災害によって建物が半壊し、旅館業はやめたが、蕎麦屋と温泉施設という新しい形で再出発したという。釜揚げ蕎麦はないけど、キリッと水で締めた三瓶そばがうまかった。

邑南町の人里離れた山の中に、「こめじるし」はある。山陰の民藝《みんげい》に惹《ひ》かれ、店を構えた広島県出身の米田光希さんと、山口県出身の幸さん夫妻が営む自然食のカフェで、お店での食べ物は、ほぼ手作りで提供している。使用する食材も調味料から事細かに記していて信頼も置け、わざわざ山道を走って長時間かけて来るお客さんにとっても嬉《うれ》しい心遣い。また、彼らは、「ゆえに」という屋号で、町内外問わずデザインやイラスト、冊子制作やイベント運営など、さまざまに活動していて、邑南町に暮らす「人」に焦点を当てた小冊子『木のある暮らし 深呼吸』シリーズも彼らが作ったもので、田舎暮らしで必要な人との関わり方も大切にしている。

米田さんにお薦めされた同じ町内にある「日《ひ》貫一《ぬいひと》日《ひ》」で一泊。日貫地区は、人口400人ほどの小さな集落で、観光資源は神社やお寺ぐらいで、他には何もない……ただ、そんな長閑《のどか》な集落で、一際異彩を放っていたのが、日貫一日

through mountain roads to get there. The family who run the café also run a company called Yueni, which offers design, illustration, and magazine production services, as well as event management services, both inside and outside of Onan.

I then spent a night at Hinui Hitohi. Hinui is a small village home to around 400 people, with only shrines and temples for prospective sightseers. A prominent feature within the tranquil village, however, is the Ichiyu café, which also functions as Hinui Hitohi's front desk. Built atop a stone wall and situated along a path leading to a temple, the café makes use of the remains of a former electronic component factory. The accommodation itself utilizes two renovated former residences and is for exclusive use by the guests who book. One is named Yasuda-tei, which features large windows with great views and an earthen-floored kitchen, and the other is Marie, a playful and colorful space that somehow blends seamlessly into the rural townscape.

7. Masuda City and Tsuwano Town

One of the Iwami area's local specialties is grapes. My next visit was to monukka, a shop managed by the Tanaka Vineyard, a grape farm in Masuda City first established in (→p. 121)

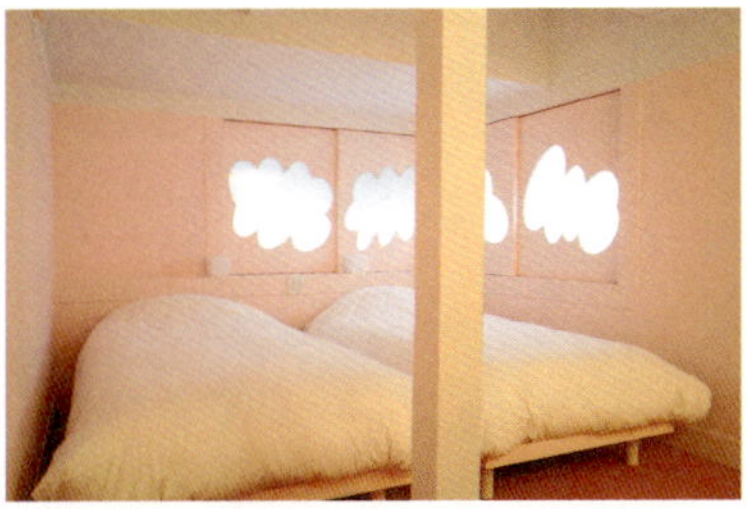

SAND
GLASS

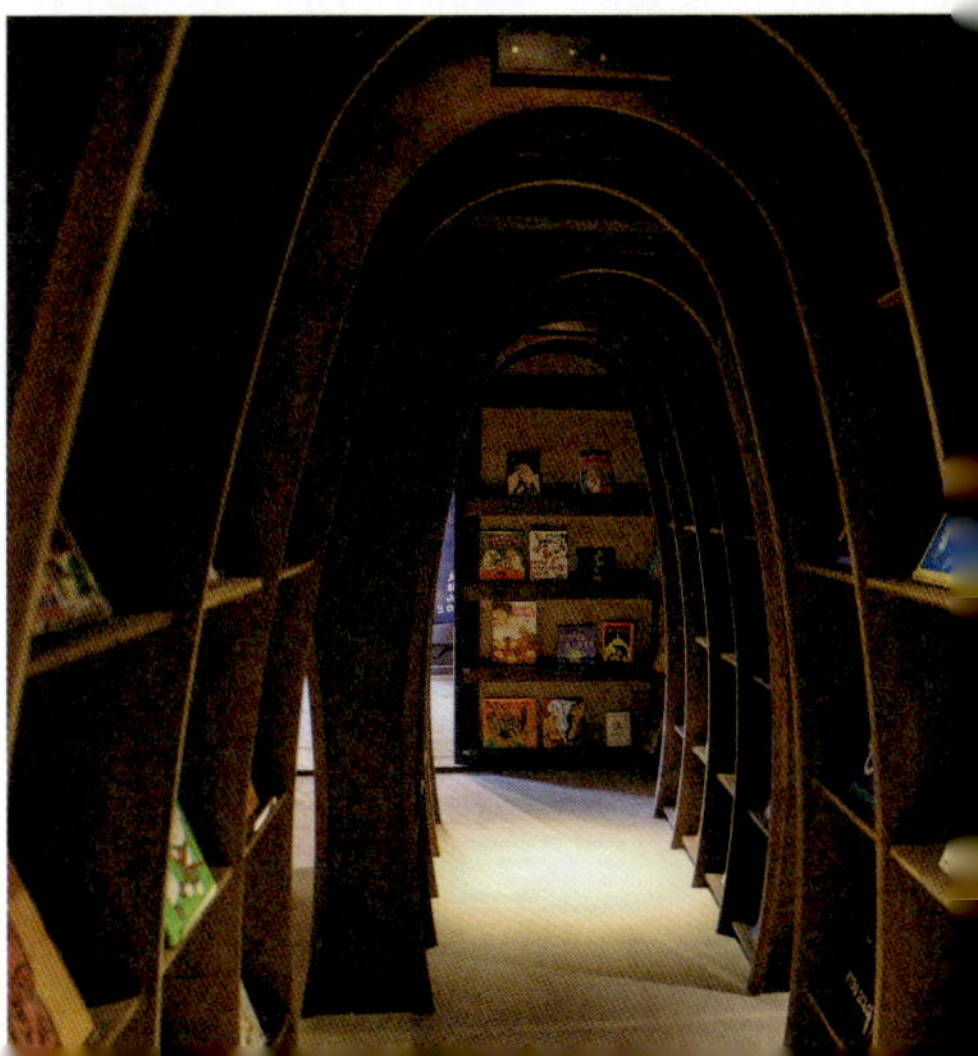

のチェックインカウンターでもあるカフェ「一《いち》揖《ゆう》」だ。石垣の上にあって、お寺の参道の途中という面白い立地で、もと電子部品の工場跡を利用している。宿泊棟は、まちの古民家をリノベーションした一棟貸しスタイル。見晴らしのいい大きな窓と、土間キッチンのある「安田邸」と、町並みに不思議と溶け込む、遊び心たっぷりのカラフルな「MARIE」。ここの一番の魅力は、「料理をする時間」で、キッチンと食卓の設《しつら》えにもこだわっている。新鮮な野菜が届き、石見ポークや石見和牛というブランド肉も贅沢《ぜいたく》。

そんな豊富な食材を活かすオリジナルレシピを、宿泊棟ごとに2名の料理家と一緒に考えたという。それで僕は、安来《やすぎ》市の「陶山商店」の乾物のレシピでも知られる料理家・太田夏来さんのファンになったことはさておき、料理下手でもやる気さえあれば、満足いく夕食にありつけるので安心してほしい。

7 益田市・津和野町

知る人ぞ知る石見エリアは、葡萄《ぶどう》の名産地。

Kawabe. This complex combines an old, renovated home with a newly built structure. The main building, which belonged to the Yamatoya family who managed the Nichihara mines, is a workshop space with a kitchen, while the warehouses have been converted into an office and a soundproofed gallery space. There is also a café offering expansive views of the Takatsu River and a gently sloping grassy space to relax on. The community space mainly employs local mums giving it a real feel of a rural grandparents' home with a strong community spirit.

東京に帰る前にぜひ寄ってほしいと、デザイン会社「益田工房」の洪昌督《こうしょうとく》さんに連れられて、益田市で1956年から3世代続く葡萄農家「田中葡萄園」が経営する「monukka」に行った。自社の畑で育てた希少な葡萄を贅沢に使ったコンフィチュールと、ハード系を中心としたパンを販売している店だが、2015年にワイン醸造免許を取得し、益田市初のワイン醸造所になった。フラッグシップは、偶然できた新種の葡萄を使ったという世界でここにしかないワイン「ブラックトルネード（赤）」。他にも、日本海の魚介に合うと薦められた「アルバリーニョ（白）」や、島根の主力品種「デラウェア（ロゼ）」など、その種類は13も!? シリーズがずらりと並ぶ様子を見ると、全部飲み比べたくもなる。

　本誌の「47 REASONS TO TRAVEL IN JAPAN」(p.153)の島根枠を、これまで数回にわたってご寄稿くださっている津和野在住の玉木愛実さんのお薦めで、「栗栗《くりくり》珈琲」に立ち寄る。彼女が話していたように、〝最高のふつう〟がある喫茶店で、地元の人が朝から多く利用していた。恰幅《かっぷく》のよいオーナーで焙煎《ばいせん》人の栗本正美さんは、愛《あい》嬌《きょう》抜群で、ある意味普通ではないけれど、僕のようなよそ者に対しても、普通に接してくれた。「MASCOS HOTEL」オリジナルの珈琲もブレンドしていて、益田といえば栗栗と、デザイン的視点も極めて〝ふつう〟の、また行きたい店だった。

　ついに島根県の最西部、津和野町へと向かう。〝山陰の小京都〟ともいわれる旧城下町に入る手前、日原《にちはら》地区の高津川のほとりに、一際賑わいのある場所がある。その名も、「日原にぎわい創出拠点かわべ」といい、古民家を再生し、新設した建物を組み合わせた複合コミュニティースペース。もともと日原鉱山を経営していた「大和屋」の母家を、キッチン付きのワークショップスペースに、蔵は、事務所や防音のギャラリースペースにしている。高津川の景色を一望でき、地産地消がテーマのカフェ「いと」では、看板メニューの蕎麦粉のワッフルを味わいながらのんびりとくつろげ、なだらかな傾斜になった芝生の広場では、子どもたちとその家族が、ピクニックなどを自由に楽しめる。また、図書館もあって、借りた本は、敷地内のどこにでも持っていくことが可能で、自由気ままに自然の中で読書ができる。まるで田舎の祖父母の家に来たような気持ちにもさせられ、山陰ならではのコミュニティーの逞《たくま》しさに感動した。

1956 and now run by the third generation the family. The shop mainly sells jam made using luxurious amounts of rare grapes from the vineyard and fresh, crusty bread. In 2015, however, the shop acquired a winemaking license and became the first winery in Masuda. Monukka's flagship wine is Black Tornado, a red wine variety that can only be found in Masuda produced using a new variety of grape that was developed by chance. The winery produces 13 varieties in total, including Albarino, a white wine ideal for pairing with Japanese seafood, and Delaware, a rosé made using Delaware grapes, which are among Shimane's leading grape varieties.

Next on the itinerary was Kurikuri Coffee, a coffee shop that was busy with local custom from the morning onwards, with a charming and friendly shop manager who also treated me like a local. A familiar coffee brand in Masuda, Kurikuri Coffee has also created an original blend for the Mascos Hotel. Even without my design perspective, it is a shop I would like to visit again.

Tsuwano Town is sometimes referred to as San'in's mini-Kyoto. Just before entering the town and along the Takatsu River in Nichihara is a lively community space called Nichihara

編集部が取材抜きでも食べに行く店

島根のうまい!

冬になると山の方では冬季休業になるお店も多い中、やっぱり行く着く先は、いつもの定番食。特に、今回意識したのは、民藝《みんげい》など、こだわりある〝器づかい〟で、それだけで5倍(個人差あり)は、舌つづみを打つ。山陰とはいえ、陰(隅)にも置けない厳選10品。

1 FAVORITE モーニング(チーズトースト+エッグベーカーの目玉焼き+本日のコーヒー)

Morning (cheese toast + fried egg with egg baker + coffee of the day)

現代の“島根の民藝《みんげい》”を感じるモーニング。夜も遅くまでやってる嬉《うれ》しい松江の自家焙煎《ばいせん》珈琲店。エッグベーカーの目玉焼き、初体験でした! 1,300円

IMAGINE.COFFEE 島根県松江市伊勢宮町503-1 ☎0852-25-9277
9:00–23:30(L.O. 23:00)不定休 www.instagram.com/imagine_coffee_/
IMAGINE.COFFEE Isemiya-cho 503-1, Matsue, Shimane
9:00–23:30 (L.O. 23:00) Irregular closing days

2 FAVORITE おまかせ・ストップ制

Omakase order stop system

「ストップ!」まで続く、至福の“焼鳥コース”。西持田窯の皿に「鹿野地鶏」が映える。レバーペースト、茶碗蒸し、〆《しめ》の丼など、メニュー構成も素敵。 7,150円～

焼鳥さえき 島根県松江市寺町132-2 18:00– 不定休 ※完全予約制
www.instagram.com/yakitori_saeki/
Yakitori Saeki Teramachi 132-2, Matsue, Shimane
18:00– Irregular closing days【Reservations only】

3 FAVORITE ランチコース BOSCO ボスコ

Lunch Course BOSCO

中山間《ちゅうさんかん》の自然を借景にいただく、地元食材たっぷりのイタリアンコース。都会ではこうはならない、絶妙な“山陰ぽさ”が大好きです。4,620円

TRATTORIA キツツキ
島根県江津市松川町市村342-6 ☎0855-52-7224
ランチ 11:30–15:00 ディナー 18:30–21:00 火・水曜休
trattoria-kitutuki.com
Trattoria Kitsutsuki Ichimura 342-6, Matsukawa-cho, Gotsu, Shimane Lunch 11:30–15:00 Dinner 18:30–21:00 Closed on Tuesdays and Wednesdays

4 FAVORITE ブレッツェルサンド

Pretzel sandwich

ブレッツェルのサンドイッチは初めて。食感の変化を楽しむ石見《いわみ》銀山《ぎんざん》の新名物。買って、「石見銀山まちを楽しくするライブラリー」でも食べられる。480円

アイス&カフェ ベッカライ コンディトライ ヒダカ
島根県大田市大森町ハ90-1
☎0854-89-0500 11:00–16:00 月・火曜休(時期により変更あり)
www.instagram.com/b_k_hidaka/
Eis&Café Bäckerei Konditorei Hidaka Omori-cho ha 90-1, Oda, Shimane
11:00–16:00 Closed on Mondays and Tuesdays (subject to change)

5 FAVORITE 浜田産ノドグロうずめ飯

Hamada rosy seabass uzume meshi

全部美味《おい》しいけど、郷土料理「うずめ飯」を再解釈した一品は、〆にはもってこい。夜は、軽くお茶漬け感覚でいただける。(魚は時期により異なる) 1,080円

MASCOS BAR & DINING 島根県益田市駅前町30-20 ☎0856-25-7331
11:30–22:00(金・土曜 –23:00、日曜 –21:00) 月曜休(連休時は変更あり)
bnd.mascoshotel.com
MASCOS BAR & DINING Ekimae-cho 30-20, Masuda, Shimane
11:30–22:00 (Fridays and Saturdays – 23:00, Sundays – 21:00) Closed on Mondays (subject to change during consecutive holidays)

Favorite Dishes From SHIMANE

Despite the fact that many restaurants in the mountains are closed during the winter, our trip still brought us to the favorite dishes as usual. Here is a careful selection of 10 dishes that cannot be overlooked in the shadows (corner) of the gloomy weather.

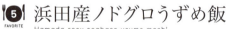

6 FAVORITE

フィレカツ L

Pork Loin Cutlet L

分厚くしっとり柔らかい自社養豚場の新鮮な「芙蓉《ふよう》ポーク」は、美味し過ぎた！
親切な接客も相まって、再び“豚肉熱”が上昇。 2,530円（ランチ価格）

プロフェッショナルポーク レストラン ケンボロー
島根県浜田市黒川町4191 末広ビル 1F　0855-24-9909　ランチ 11:00–15:00（L.O14:00）ディナー 17:00–22:00（L.O. 21:00） チャイルドタイム 11:00–19:00 火曜休（祝日の場合は営業、翌水曜休、2・9月の第1月・水曜休）　camborough.com

Professional Pork Restaurant Camborough　Suehiro Bldg 1F, Kurokawa-cho 4191, Hamada, Shimane　Lunch 11:00–15:00 (L.O14:00)　Dinner 17:00–22:00 (L.O. 21:00)　Child Time 11:00–19:00　Closed on Tuesdays (open on public holidays but closed the following Wednesday; closed on the first Wednesday of February and September)

7 FAVORITE

ご飯セット わさびご飯

Set meal with rice　Wasabi rice

源泉かけ流しの温泉に入った後の十割蕎麦が最高。割子や釜揚げはないけど、蕎麦粉を使ったデザートやお土産も楽しい。　1,300円

さんべ温泉そばカフェ 湯元　島根県大田市三瓶町志学ロ1730-11
0854-83-2215　11:00–16:00（温泉 10:00–17:00）　火曜休（臨時休業あり）
sobacafe-yumoto.stores.jp

Sanbe Onsen Soba Café Yumoto　Shigaku ro 1730-11, Sanbe-cho, Oda, Shimane
11:00–16:00 (Hot spring 10:00–17:00)　Closed on Tuesdays (closed occasionally)

8 FAVORITE

おみやげ いなり

Omiyage inari

日本五大稲荷の一つ「太皷谷稲成《たいこだにいなり》神社」で祈願した後に必ず食べたい“黒いなり”。何よりも縁起物だと思って食べました。　6個入り 780円

美松食堂
島根県鹿足郡津和野町後田ロ59-13　0856-72-0077
11:00–15:00　水曜休（毎月1日、祝日の場合は営業）

Mimatsu Shokudo　Ushiroda ro 59-13, Tsuwano-Cho, Kanoashi-gun, Shimane
11:00–15:00　Closed on Wednesdays (open on the 1st of each month and on public holidays)

9 FAVORITE

宍道湖《しんじこ》産 大和シジミのボンゴレビアンコ

Shinji Lake Yamato basket clams Vongole in Bianco

益田でも島根ならと、やっぱり頼んでしまったシジミ。
店オリジナルのクラフトビールも個性的で、益田の懐の大きさに乾杯です。890円

酒場ノンペ　島根県益田市駅前町21-15　0856-32-3470
18:00–24:00　不定休　www.instagram.com/sakelab0n0npe/

Sake Labo -nonpe-　Ekimae-cho 21-15, Masuda, Shimane
18:00–24:00　Irregular closing days

10 FAVORITE

自家製天然酵母パンのベジバーガー（ミニサラダ＋小鉢＋サイドメニュー）

Veggie burger (mini salad + small bowl + side dish)

歯応えがたまらない自家製酒種のバンズを使った雑穀たかきびバーグのベジバーガー。
自分で野菜を挟んでかぶりつきます。　1,100円

こめじるし　島根県邑智郡邑南町下田所1570　0855-83-0088
11:00–16:00（時期により異なる。お菓子が売り切れ次第終了） 不定休　komejirushi-web.com

Komejirushi　Shimotadokoro 1570, Onan-cho, Ochi-gun, Shimane　11:00–16:00 (Varies by season, closed when sold out)　Irregular closing days

島根県のロングライフな祭り

祭りと山と鉄

坂本大三郎(山伏《やまぶし》)

祭りを、「自然に宿る聖なるものに祈りを捧げ、そこから豊かさを取り出そうとすること」と考えると、かつて島根県の深い山の中で行なわれていたタタラ製鉄は、まさに祭りであったと自分は考えています。スタジオジブリの『もののけ姫』の舞台としてタタラ場が登場するので、多くの人がタタラというものをイメージすることができるのではないでしょうか。今から10年以上前ですが、自分はタタラ製鉄の古い姿を現代に伝える雲南市の「菅谷《すがや》たたら山内《さんない》」を訪れました。

製鉄が行なわれる「高殿《たかどの》」という施設は大きな茅葺《かやぶ》きの建物の中にあり、その横にタタラの神である金屋子神《かなやごかみ》が降り立ったとされる桂《かつら》の大木が立ち、その落ち葉の甘い匂いが辺りに充満していました。高殿を中心にタタラ操業に従事する人々の小さな集落が形成され、過去に戻ったかのような独特な雰囲気があります。

ジブリ映画では、タタラ場で多くの女性が働いていました。しかし実際のタタラ製鉄の場は女人禁制。通常、神社など

sweet scent of fallen leaves. A small village of people engaged in *tatara* ironmaking went on to form around the *takadono*, creating a unique atmosphere that makes one feel as if one has gone back in time.

In the Ghibli movie, many women worked at the *tatara-ba*. However, in real life, women were not allowed in *tatara-ba*. Usually, shrines shun away from the defilement of death, but the opposite is true for Kanayago deity; it was believed that corpses hung on the pillars around the furnace would allow them to extract a lot of iron. A tour inside the *takadono* will give you a glimpse of the hardships of life-threatening ironmaking, such as stepping on the *tatara* all night, pumping air into the furnace while dealing with high-temperature fires.

Today, such *tatara*-produced iron has little connection with our lives. But just as there was a time when people said “Iron is the Nation,” I think that it is extremely important to know how we dealt with iron and the nature that produces it, when it comes to understanding the origins of Japan and iron culture. If we bother to look, the culture that has remained buried in the deep mountains of Shimane Prefecture still tells us its secrets to this day.

坂本 大三郎　現代の感性と客観性を併せ持つ山伏。東北出羽三山《でわさんざん》での山伏修行で、山伏の在り方や山間部に残る生活技術に魅せられ山形県に移住。山は人智を超えた「わからないもの」の象徴だと考え、そこにある奥深い文化や風習を、わかりやすい言葉と魅力的な絵で伝える。イラストレーター、文筆家としても活躍。

Daizaburo Sakamoto　*Yamabushi* (mountain priest) with a modern sensitivity and objectivity. During training as *Yamabushi* in Dewasanzan, Tohoku, he was attracted by the way of life of mountain priests and the art of living that remains in mountainous regions, and so he decided to relocate to Yamagata. Based on his belief that mountains are the symbol of "things we don't know" that surpass human intellect, he conveys the profound culture and customs in mountainous regions through easy to understand language and attractive illustrations. He is also active as an illustrator and writer.

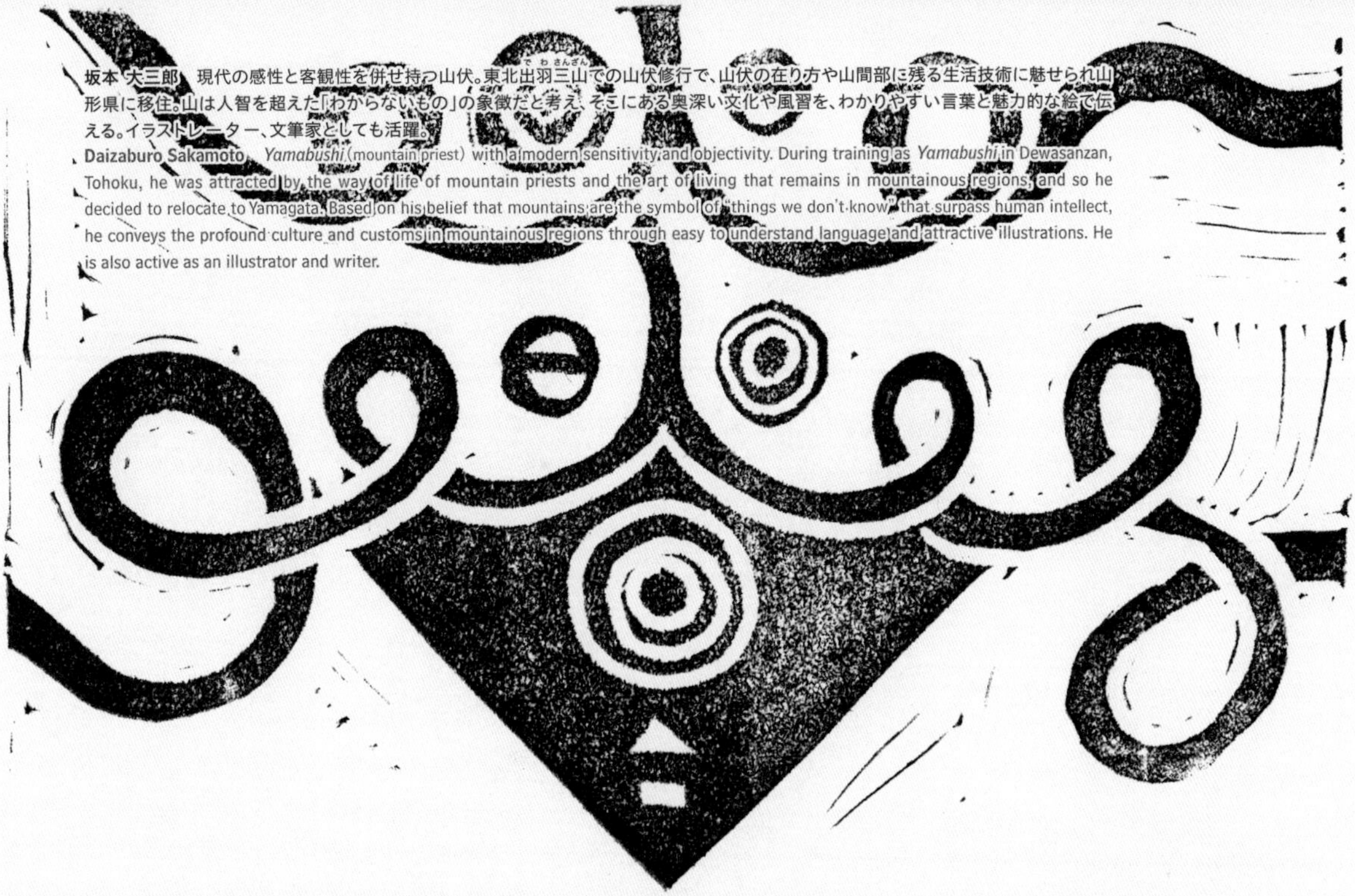

では死の穢《けが》れを嫌いますが、金屋子神はその逆で、炉の周囲の柱に死体を下げておくと多くの鉄が取れるとされました。自分も小さな炉を作り、砂鉄を集め製鉄をやってみたことがありましたが、小さな質の悪い鉄の塊を作るだけでもとても難しいものでした。高殿の中を見学すれば、夜通しタタラを踏み炉に空気を送り込み、高温の火を扱う、死と隣り合わせのタタラ製鉄の苦労を垣間見ることができます。

　現在では、タタラによって作られた鉄が、私たちの暮らしと関わることは少なくなりました。しかし、「鉄は国家なり」といわれた時代があったように、日本やその文化の成り立ちを考える上で、私たちがどのように鉄、そして、それを生み出す自然と向かい合っていたのかを知ることには極めて重要な意味があるのだと思います。島根県の山深い土地に静かに残る文化は、その秘密を、今なお私たちに語りかけてくれるのです。

Long Lasting Festival in SHIMANE

Festivals, Mountains and Iron

By Daizaburo Sakamoto (*Yamabushi*)

If we think of festivals as "praying to the sacred beings and forces in nature and trying to draw abundance from it," I believe that the *tatara* ironmaking that was once held deep in the mountains of Shimane Prefecture was a festival in itself.

Many people may have an idea of what a *tatara* (foot-operated bellow) is from the *tatara-ba* (ironworkers' village) in Studio Ghibli's "Princess Mononoke." It's been over ten years, but I once visited the "Sugaya Tatara Sannai" in Unnan City, which still preserves the ancient form of *tatara* ironmaking in the present day.

The facility where iron was produced is called a "*taka-dono.*" Located inside a large thatched building, it is right beside a huge caramel tree where Kanayago, the deity of *tatara*, was said to have descended, filling the area with the

島根県らしい活動から学ぶ

「生活観光」とは何か?

神藤《しんどう》秀人《ひでと》

Learning From Shimane

What Is "Lifestyle Tourism"?

By Hideto Shindo

世界遺産の町

今回の「島根号」の制作期間中、僕は、〝世界遺産〟に住んだ。そう言うと聞こえはいいが、特に優遇されることもなければ、厳しいルールがあるとか、そういう類のものは一切なく、買い物にしたって、最寄りのコンビニやスーパーマーケットまで、車で約15分と案外不便。けれど、それがどこか、居心地よかったのは確かだ。朝になると、分別してゴミを出し、小学生の登校を窓から見送り、夕方になれば、5時のチャイムも鳴って、煮物や焼き魚の匂いも漂ってくる。年末には、町内の会合にも呼ばれて、石見銀山《いわみぎんざん》大森郵便局の局長の隣で、たらふく日本酒を飲まされたことは、今だから言えることで（楽しかったです）、ただただ当たり前の、その土地らしい生活が、そこにはあった。

島根県のほぼ中央に位置する大田市《おおだ》大森町は、人口約400人の山に囲まれた小さな町で、「石見銀山遺跡」で知られるユネスコ世界遺産の鉱山町。国道31号線と、銀山川が交わる辺りが、ちょうど町の入り口で、そこから約1・5キロ、銀山川に沿って南へとメインストリートの「石見銀山街道」が伸び、その間が、主に人が暮らすエリア。その先は、銀を採掘したという「間歩《まぶ》（坑道）」まで約2キロ、当時の鉱山労働者たちの居住地跡で、鬱蒼《うつそう》とした自然が囲む一本道が続く。

石見銀山というと、今では島根県を代表する観光地であり、僕が滞在していたオフシーズン（12～2月）でも、週末には、公営の駐車場がいっぱいになるほど、観光客がこぞって訪れていた。そのほとんどの観光客の目的は、「間歩（坑道）」と「町並み」。間歩は、現在、常時一般公開している「龍源寺間歩《りゆうげんじまぶ》」で、「ぎんざんカート」に乗って、間歩の入り口まで行けて、最低限の歴史や文化を学ぶ。町並みの方は、古いもので江戸末期から、新しいもので昭和初期に建てられた石州《せきしゆう》瓦の町家建築が並ぶ、国の重要伝統的建造物群保存地区（重伝建地区）で、当時の賑《にぎ》わいに思いを馳《は》せながらのんびりと歩く、定番の観光。中には、レンタサイクルを使って、町並みから間歩までの広い範囲を、自由に回遊する観光客も多い。

最初、僕は、世界遺産と聞いて、正直、期待はしていなかった。なぜなら、観光地化された町には、助成金だけで成り立つように最低限の努力にとどまる例も少なくないからで、大型バ

World Heritage Town

I stayed in a World Heritage Site during the production of the "Shimane" edition. While that may sound nice, I did not receive any preferential treatment or have to abide by the strict rules, and shopping was also inconvenient, with most stores a 15-minute drive away. Yet I was so comfortable there.

Located in the center of Shimane Prefecture, Omori Town in Oda City is nestled in the mountains with a population of about 400. It's a small mining town that is a UNESCO World Heritage Site known for its Iwami Ginzan Silver Mine Site.

The Iwami Ginzan area is now one of Shimane Prefecture's most popular tourist destinations. Even during the off-peak season (December to February) when I was there, the public parking lots were packed with tourists on weekends. Most of these tourists wanted to see the "*mabu*" (mine shafts) and the townscape. You can hop on the "Ginzan Cart" (golf buggy) led by a tour guide from the Iwami Ginzan Guide Association to the entrance of the "Ryugenji Mabu Mine Shaft" (now open to the public at all times), which is not accessible by car or bicycle, and learn a little about the history and (→p. 129)

スを次から次へと受け入れ、愛想だけを振りまく土産物店や、管理が行き届いていない無人の資料館などがあって、根本的にその土地への愛情がなくなってしまう。しかし、そんな僕の悲観的な予想を裏切り、大森町には、日本中が手本とすべき、本物の〝生活〞があった。

街道のデザイン

街道を歩くと、風情ある町並みが美しいのはもちろん、仕事柄、所々にある「創意・工夫」に目がいく。自動販売機は、最少限に設置され、町の風景に溶け込むように木材で覆われている。町の案内板（地図）は、道路脇に立てるのではなく、地面に埋め込むという斬新なアイデア。一般の人が、ふらっと立ち寄れる資料館や、国の重要文化財の建物の他、地元の人も利用するパン屋や美容室、カフェ、ライブラリーなども、すべて古民家を再生していて、特にノボリや呼び込みもないので、うっかり通り過ぎてしまいそうにもなる。また、何かのお店だと思って覗《のぞ》いてみると、一般の住居ということに気づいて、慌てて目をそらしたり、旧裁判所の交流センターからは、バーベキューを楽しむ子どもたちの声

Renovating Old Japanese Houses to Save The Town
Nearing the end of the street is the lifestyle store, Iwami Ginzan Gungendo Main Store. With a remarkably tasteful storefront, this place can also be deemed the "nucleus of design" of Iwami Ginzan. Tourists almost always go in and spend their free time learning about the local handicrafts, or taking in new culture at their gallery.

Gungendo was founded in 1988 by Ms. Tomi Matsuba, a native of Mie Prefecture. She renovated a former village headman's house from the Edo period in Omori (→p. 130)

が聞こえてもくる。ここは、観光客中心の町ではなく、普通の生活の中に、僕たちよそ者が、紛れ込んでいるような不思議な感覚があった。

町を救う古民家再生

　街道も終わりが見えてきた頃、ライフスタイルショップ「石見銀山 群言堂《ぐんげんどう》 本店」が現れる。一際センスの良い店構えで、石見銀山の〝デザインの中枢〟とも言える場所。観光客は、必ずと言っていいほど群言堂の暖簾《のれん》をくぐり、ショップで地域の手仕事を知ったり、ギャラリーで新しい文化を取り入れたり、カフェで人気のパフェを食べたり、それぞれ自由な時間を過ごしていく。

　群言堂の創業は、1988年。三重県出身の松場登美さんが、夫の大吉さんの実家があった大森町で、もともと江戸時代の庄屋だった建物を再生し、「BURA HOUSE」という名で、手作りの小物を売り始めたことからスタートした。今では、衣・食・住・美を通じて、誰もが今いる場所で、幸せな生活を送るための「根のある暮らし」というものを提案している。群言堂は、2025年現在、全国に32の本支店を展開しているが、ここ石見銀山が本店で、銀山川を挟んだ田んぼの奥に、大きな茅葺《かやぶ》き屋根の家を擁する本社がある。

　1998年には、「石見銀山生活文化研究所」を設立し、古民家再生にも力を入れ始め、2025年2月現在までに、14軒を改修し（他2軒改修中）、社員寮や、宿泊施設、工房、シェアオフィス、フォトスタジオなどに利用している。

　古民家再生というと、大森町でもう一つ忘れてはならない地元企業が、義肢装具メーカー「中村ブレイス」だ。1980年代から古民家再生に乗り出し、これまで65軒もの古民家を改修。例えば、郵便局だった建物を改修した世界一小さなオペラハウス「オペラハウス大森座」や、築200年を超える商家「旧松原邸」を改修した「石見銀山 まちを楽しくするライブラリー」などがあり、それぞれ地元の人も利用する新しい賑わいの文化拠点にもなっていた。

その土地の生活を観る「生活観光」

　そして、2019年に設立した、「石見銀山生活観光研究所」を注目したい。「観光」というからには、町内を案内してくれるのかな？と思い

culture. With rows of traditional wooden townhouses, some of which were built in the late Edo period to the newer ones in the Showa period, the town is a nationally designated Important Preservation Districts for Groups of Historic Buildings. A standard sightseeing tour is to take a leisurely stroll while imagining the hustle and bustle of the area back then.

Design Of Streets

A walk down the streets offer a view of the charming townscape, but the originality and ingenuity seen here and there also caught my professional eye. Vending machines, if any, are covered with wood to blend into the townscape. The town's information boards (maps) are embedded in the ground instead of being erected on the side of the road, which is novel. The drop-in museum, buildings designated as Important Cultural Properties, bakery, beauty salon, café, and library are all housed in renovated old Japanese houses. This is not your standard touristy town, and it strangely felt like we outsiders had somehow slipped into their ordinary lives.

きや、「ここで生活してください」と言うのは、石見銀山群言堂グループ代表の松場忠さんだ。いわゆる「観光」というと、美術館やテーマパーク、神社仏閣など、有名な場所に行ったり、地元でしか味わえない美味《おい》しい名物料理を食べたりするような、一度限りの体験を思い描く人が多いだろう。しかし本来、「観光」という言葉の語源は、「国の光を観る」とされる。国の光とは、その土地の文化や生活のことで、そこにいる住民が、日々どんな生活を送っているのかを学ぶということだ。だから、「その土地で過ごしてもらうことこそ、観光なのではないか」と、忠さんは考えている。そうすれば、住民にも、観光客にも、それぞれ見えてくるものがあって、それを各々の土地で活かすことができるのではないか。

暮らすように泊まる

僕が、約2か月滞在していた場所は、銀山川のほとりにある中長期滞在型の宿「伊藤家」だった。部屋数は、全3室。1号室と、2号室は、最大4人が宿泊可能。3号室は、夫婦やカップル、また1人での滞在に適した部屋で、僕が過ごした部屋。それぞれの玄関は別で、古民家とはいえ、水回りもしっかりしていて、キッチンや洗面所、トイレや風呂場も完備。風呂場には、小窓が付いていて、石見銀山の岩肌を眺めながら湯に浸るのも、ささやかな至福だった。洗濯物は、建物の並びの納屋の中に、自動洗濯機と乾燥機があるので安心。問題は、食事だ。大森町は、夜になるとゼロと言っていいほど飲食店が閉まる。だから、夕食は自炊がメイン。夕方までなら、すぐ近くの商店で、お惣菜などが手に入るが、他の物の買い出しや、外食となると、わざわざ車を出さなくてはならないのだが、これも大森町ならではのこと。

「暮らす宿 他郷《たきょう》阿部家」は、「長期滞在は難しい」という人にもお薦めの、1日2組限定の〝生活観光宿〟。1789年に建てられた武家屋敷を、松場登美さん自らが、10年以上生活しながら改修をして、以後さらに11年間、合計21年の歳月をかけて少しずつ改修した建物で、特に思い入れがあるそうだ。ここは、僕も家族と一緒に泊まらせていただいたが、ユニークだったのは、おくどさん（竈《かまど》）のある台所で、登美さんと、もう1組の宿泊客と一緒に、朝晩同じ時間に食事を共にしたこと。その日は、僕のリクエ

Town, and started selling handmade accessories under the name, "BURA HOUSE." They now advocate a "locally-rooted lifestyle" through food, clothing, lodging, and beauty that allows everyone to live a happy life wherever they are. Gungendo has 31 branches in Japan, but the main store is in Iwami Ginzan, with the head office located in a large thatched-roof house behind the rice paddies.

In 1998, she established Iwami Ginzan Lifestyle Culture Research Institute and began focusing on renovating old houses. As of Feb 2025, they have renovated 14 houses (with two more in the process) and are using them as employee dormitories, lodging facilities, workshops, and shared offices.

We definitely should not leave out when it comes to renovating old houses is Nakamura Brace, a manufacturer of prosthetics and orthotics in Omori Town. They started renovating old houses in the 1980s and have repaired 65 old houses thus far. A noteworthy mention is the world's smallest "Opera House Omoriza." Formerly a post office, it has been used by local university students for music recitals and other events.

"Lifestyle Tourism" – Seeing How the Locals Live

Another notable place is the Iwami Ginzan (→p. 133)

ストに応えて、忠さんも同席してくれ、群言堂のことや、大森町のことなど、いろいろ話せて有意義な時間を過ごした。翌日、朝食を済ませると、スタッフの方が、町を案内してくれるサービスがあり、阿部家を出て、食後の散歩がてら、町を観光した。最後には、群言堂の本社へもお邪魔し、この土地らしいものづくりについても知ることができたのはよかった。

　また、石見銀山公園のそば、同じく中長期滞在型の「山田家」は、江戸時代末期の建物を再生した一棟貸しの宿。もともと彫刻家のアレックス・ワイルズ氏が、美しく改修した建物でもあるため、浴槽は彼自身が作ったものでデザインも素敵。また、登美さんが山田家のために長年集めてきたという、選《え》りすぐりの島根の器も使える。２０２４年12月現在、この山田家は、「保育園留学®」専用の宿だという（２０２５年度以降、一般利用できるようにしていく予定）。

家族と一緒に留学

　島根県は、少子高齢化や人口の過疎化が進む市町村が比較的多い土地。「過疎」という言葉も、益田市の匹見町《ひきみちょう》が発祥ともいわれ、若者の流入をどうにか促そうと、海士町《あまちょう》や津和野町をはじめ、県外から島根の高校に進学できる「しまね留学」などにも取り組んできた。そんな事例もある中で、石見銀山では「保育園留学®」が始まっている。子どもの教育環境だけでなく、今の時代だからこそ、多様性を求める家族も対象にしたプログラムで、群言堂も連携している。受け入れする保育園は、「ＮＰＯ法人 石見銀山いくじの会 大森さくら保育園」で、国史跡・渡辺家住宅の敷地内。その隣には、武家屋敷の中に、学童保育の「おおもり児童クラブ渡辺家」があるという、豪華で大層な組み合わせ。子どもやその家族にとっては、貴重な経験になるだろうし、地域には家族ぐるみの長期的関係人口の創出や、地域経済への貢献をもたらすことだろう。実際に、大森町の生活がハマりすぎて転入した例もあり、出生率もここ10年間は増えているという。

生活が、町を美しくする

　松場登美さんは、創業時から一貫して「世に物申したい」と言う。世の中の流れはそうだけど、本当にそれでいいのか。時代は目まぐるし

Stay As If You Live There

“Takyo Abeke” is a “lifestyle tourism inn” that only accepts two groups per day and is recommended for those who find long-term stays difficult. I stayed here with my family, and what was unique was that I had my meals together with Ms. Tomi and another group of guests in the kitchen with a traditional Japanese hearth. The next day, a staff member gave us a tour of the town, so we left Abeke and took a walk after breakfast and toured the town. The last stop was Gungendo's head office, and we were delighted to learn about the craftsmanship that is unique to this area.

Gungendo is also involved in the “Preschool Exchange” program in Iwami Ginzan, offering a valuable experience for children and their families, and contributing to the local economy. Ms. Tomi unequivocally believes the beautiful townscape remains “because people live here.” As each place has its own merits; the secret to living a happy life is to find them and nurture them from a broad and long-term perspective, and not just for the immediate future. What I learned from Omori Town is that tourism is not leisure. It's about getting to know the local “life” and cultivating the “life” of our land.

く変わり、文化や風習も次第に移り変わってきて、当たり前にやってきたことが、古いと言われ、周囲と共感し合うことで、自分の存在を正当化し、喜びを得る。僕も、そんな現代には、うんざりしていて、この旅で出会う地方生活に、ちょくちょく憧れもする。しかし、それこそ世の中の流れに呑《の》まれていて、今いる場所にただ不満をぶつけて逃げているだけではないか、とも思う。

　阿部家で夕食をいただいている時、「美しい町並み」が残っている理由について、登美さんに訊《き》くと、「そこに『生活』があるからよ」と、キッパリと答えた。どの土地にも、その土地の良さが、必ずある。目先のことだけでなく、広く長い目と心で、それらを見つけ出し、大切に育てていくことが、幸せな生活を送る秘訣《ひけつ》なのだ。

　観光は、レジャーではない。土地の「生活」を知り、我が土地の「生活」を育む——それが、僕が大森町で学んだ、観光のあり方だ。

Lifestyle Tourism Seikatsu Kanko Kenkyusho that was established in 2019. The word “観光” (i.e., tourism) was originally said to mean “to see (観) the light (光) of the country.” This “light” refers to the culture and lifestyle of a place, and to learning about how the locals live their lives on a daily basis. Its CEO says, “Isn’t tourism really about having people spending time in the area?” This would likely help both the locals and tourists to see the things that they can make the most of it in their own areas.

Photography by Kentauros Yasunaga

地球にぽつん

Entô

島根県のCD

昼も夜もカフェでありバーでもある「Cafe PUENTE」。窓越しの宍道湖《しんじこ》に尋ねるように、店主・角田《つのだ》潤さんが厳選した島根の一枚。

mariko

浜田真理子
（美音堂 2,750円）

民謡好きの僕が選ぶアルバム　島根に帰ると決めてから2年間は修業に励みつつ、都会の刺激ある楽しい20代を過ごしました。期限が迫ると、この生活が終わる不安や、田舎の退屈さ、寒い冬と蒸し暑い夏を想像し、憂鬱《ゆううつ》になりました。しかし、戻って松江に店を開業すると、天候とは逆の陽気でユーモラスな人たちと多く出会い、杞憂《きゆう》に終わりました。生活にゆとりがあり、洗練された文化や歴史を持つ土地だと、大人になって気づきましたが、その松江を代表する歌姫が浜田真理子さん。地元ラジオ局でレギュラーを持っていたりと有名人ですが、とにかく明るいお人柄。このアルバムは、ピアノ弾き語りのシンプルな作品で、初めて聴くと曇った景色のようなモヤモヤした印象を持つかもしれませんが、音数が少ないだけで、徐々に明るくジョニ・ミッチェルのような影と日差しが両立した音になります。まさに帰郷した時のブルーな気持ちと、地元に対する憧憬《しょうけい》の情と重ねていました。

CDs of SHIMANE

"Cafe PUENTE" doubles up as a café and bar both day and night. This is a CD collection of Shimane carefully selected by the owner, Jun Tsunoda, as if deliberating with the Lake Shinji that is visible through the windows of the café.

mariko
Mariko Hamada (Beyond Ltd., ¥2,750)

My to-go album as a folk song lover
Despite my unease about the boredom of living in the countryside, I met many cheerful and humorous people when I returned to Shimane, proving my worries to be unfounded. The singer who made me realize that Matsue has sophisticated culture and history was Mariko Hamada. This album is simply Mariko singing as she plays the piano, and it may sound like a foggy, cloudy scene at first, but the music gradually becomes brighter with shadows and sunshine. And this is exactly how I felt when I returned to my hometown – the blues and the longing for my hometown.

島根県の本

「衣・食・住」をテーマにした本と共に、雑貨や食品なども紹介する「artos Book Store」の店主・西村史之さんお薦めの"島根らしい"一冊。

水木しげるの古代出雲

水木しげる
（角川文庫　792円）
※写真は初版単行本。
角川文庫版は、カバーデザインが異なる。

暮らしの傍らにある出雲神話　皆さんには、もう一度会いたいと願う人はいませんか。亡くなった人ならば、なおのこと強く思うかもしれません。実は、島根にはその望みを叶《かな》えてくれる、かもしれない場所があります。黄泉《よみ》の国と現世の境界「黄泉比良坂《よもつひらさか》」です。古代出雲神話の中に登場するこの場所は、島根県東出雲に実際に存在し、男神イザナギが、黄泉の国から追ってきた女神イザナミから逃れるため、岩で塞《ふさ》いだ場所でもあります。現在ここには、あの世に旅立ってしまった人に届けるための手紙受けも備えられ、年に一度、全国から投函された手紙を焚《た》き上げる行事も続けられています。このように神話の世界が身近に浸透している場所は、スサノオが降り立った鳥髪《とりかみ》山、国引き神話の舞台である稲佐《いなさ》の浜など、島根にはまだまだ存在します。水木さんの漫画で描かれるこの本は、難解で夢物語のような神話の世界をより身近に、よりわかりやすく読み解けるよう導いてくれるはずです。

Books of SHIMANE

A "uniquely Shimane" book recommended by Fumiyuki Nishimura, owner of "artos Book Store" that also carries books talking about the "basic necessities of life," as well as sundries and food products.

Shigeru Mizuki's Ancient Izumo
Shigeru Mizuki
(Available in paperback, Kadokawa Bunko, ¥792 as of 2025)
*Photo is of the book's first edition

Izumo mythology
Is there anyone you wish to meet again? Did you know there is a place in Shimane that may grant your wish? It's called "Yomotsuhira Saka," the border between the underworld and our world. Today, a letterbox is provided for people to deliver letters to those who have left for the afterlife. An event is also held once a year to burn the letters mailed from all Japan. There are many more such places in Shimane that permeate the world of mythology. Coupled with Mizuki's illustrations, this book will help you to better read and understand the complex and dreamlike world of mythology.

島根県の味

島根定食

相《あい》馬《ま》夕《ゆう》輝《き》
（d47食堂ディレクター）

※左下から、時計回りに

【くじら飯】
鯨の皮を湯引きして、根菜、生姜《しょうが》を入れて薄口醤油と酒で味つけ。

【アラメの炒め煮】
隠岐島《おきのしま》「伴林アサコ商店」の見事な幅広アラメを使い、アゴ出汁《だし》で炒め煮にする。

【日本海の季節折々の干物】※写真は「エテカレイ」
「渡邊《わたなべ》水産」の見た目も美しい「美人干物」は季節ごとに登場。

【葉わさびの醤油漬け】
東の静岡、西の島根といわれるわさび産地。
清流・高津川の水質を生かしたわさび栽培。

【赤てん】
浜田のソウルフード。唐辛子が入ることでほんのり赤い練り物。

【シジミ汁】
宍道湖《しんじこ》の在来種ヤマトシジミを、「出雲地伝酒《じでんしゅ》」と薄口醤油で。

※中央
【めのは（ワカメ）と十六島海苔《うっぷるいのり》】
軽く炙《あぶ》って香りと食感を引き立てた海の味。お酒の肴《さかな》にも良い。

【生姜糖】
香りと色合いが良い在来の出西《しゅっさい》生姜を使う。
「來間屋生姜糖本舗」の伝統の味。

料理　植本寿奈《すな》（d47食堂）
写真　山﨑悠次

八百万《やおよろず》の神々と食文化

出雲神話にある八岐大蛇《やまたのおろち》退治の神話は、斐伊《ひい》川《かわ》下流の平野部にて、川の氾濫を八岐大蛇に例えた、治水のための農業神話と言える。道すがら何度も斐伊川を渡る中で、穏やかさと激しさ、両者の顔を持つ川が、生き物の如《ごと》く、神の如く捉えた精神性に深く頷《うなず》いた。水を通して、日本人の歴史観や自然観を感じることができる。斐伊川は、出雲平野の中心をうねりながら宍道湖《しんじこ》に辿《たど》り着き、そこから海に向かう。ヤマトシジミ、シラウオ、スズキなどが漁獲され、僕たちは早朝のシジミ漁を見学した。長い柄の先に網目のある籠が付いた「鋤簾《じょれん》」を用いてぐいぐいと湖底をこそいで漁獲する。網目をミリ単位で調整することで資源管理を徹底し、限られた資源を大切にしていることがわかる。雨が続いた旅の中で、この時だけは降り止んでくれたのは幸運だった。

タタラ製鉄から棚田へ

奥出雲の山道のそこかしこに棚田がある。鉄を採掘した後の切り崩した土地の有効活用だっ

Shimane's "Home Grown" Meal

By Yuki Aima (Director, d47 SHOKUDO)

Above photo, clockwise from the bottom left:
Whale rice: Scalded whale skin with root vegetables; **Braised *Arame* kelp:** Superb *Arame* kelp braised in flying fish stock; **Dried fish:** Watanabe Suisan offers beautiful dried fish for each season; **Pickled *wasabi* leaves:** Shimane-produced *wasabi* is cultivated with clear river waters; **Akaten:** A slightly red fish-paste; **Clam soup:** Clams native to Shinji Lake served in light soy sauce; ***Menoha (wakame)* and *Uppurui nori*:** Lightly grilled to bring out the aroma; **Ginger candy:** Made with local *Shussai* ginger that has a good aroma and color

All the Deities & Food Culture
The Hiikawa River meanders through the Izumo Plain before reaching Shinji Lake, where it heads out to sea. Basket clams, icefish, and sea bass are all caught here, and we (→p. 141)

たそうだ。山々からの豊富で清らかな水を生かし、稲作が根づく。在来品種の「亀治《かめじ》米」を育てる戸谷豪良さんは「発展もしないが廃れもしない、台風が来ても倒れもせず、世代を繋《つな》ぐ力がある米」と、在来の種の力を教えてくれた。県西部の石見《いわみ》地域では、清流高津川の水質を生かして、自然に近い渓流式栽培と、より安定して育てることができる畳石式栽培のわさび栽培を見学。わさびを地元では葉や茎を醤油漬けにしていただくという。森に囲まれた自然豊かな環境で育つ農風景は美しい。

多様な海産物で彩られる海の味

県沖の日本海は、対馬《つしま》暖流が流れ込み、冷水と暖水が入り混じり、豊富な魚種が漁獲される。出雲の「渡邊《わたなべ》水産」では、島根近海のカマスやカレイ、アナゴ、イカなどを、塩分濃度や乾燥の加減を調整しながら旨味《うまみ》を引き出す製造を心がける。見るからに美しい「美人干物」だ。島根には、他にもトビウオを使った「野焼きかまぼこ」、浜田の「赤てん」と言った練り物ソウルフードや、香り豊かな「十六島《うっぷるい》海苔《のり》」、たっぷり脂がのった「どんちっちアジ」、サバはすき焼き

"*Noyaki Kamaboko*" made from flying fish, Hamada's soul food, "*Akaten*" made with fish paste, fragrant "*Uppurui nori*" seaweed, fatty "*Donchichi Aji*" horse mackerel, and *sukiyaki* mackerel. Their set menus included plenty of seaweed such as braised *arame* kelp, "rice ball bombs" with wild harvested seaweed, *mozuku* congee in flying fish stock, and *hariharizuke* pickles with *menoha* (brown kelp) and dried radish, were easily and quickly prepared. Mihoko Miyamoto, Chairperson of the Dietary Habits Improvement Promotion Council in Hamada, treated us to "whale rice," a dish eaten around the time of *Setsubun* during the Lunar New Year in hopes of becoming a bigwig like a big whale. The richness and flavors of the fat from the whale's skin got us going back for more, and we ended up pledging ourselves once again, during this meal, to pass on this taste that was created with hope and wisdom to the future generations.

Times are changing, be it the way land is used or the flow of water. But it remains a fact that water nurtures life. Our trip to discover Shimane set meals turned into a time for us to reflect on history and feel the full power of water.

相馬 夕輝　滋賀県出身。D&DEPARTMENTディレクター。47都道府県に、ロングライフデザインを発掘し、発信する。食部門のディレクターを務め、日本各地に長く続く郷土食の魅力を伝え、生産者を支援していく活動も展開。また、d47食堂の定食開発をシェフとともに担当し、日々各地を巡る。
Yuki Aima　Native of Shiga prefecture. Representative Director of D&DEPARTMENT INC. He established D&DEPARTMENT which uncovers long life designs in the 47 prefectures of Japan and transmits information of such designs. He is also serving as director of the Food Department, and develops activities to convey the appeal of regional cuisine that has a long tradition in all parts of Japan and to support producers. He is also in charge of set meal development in the d47 SHOKUDO together with chefs, and frequently travels to various regions.

にして……など、根づいた魚食文化はどれも魅力溢《あふ》れる。隠岐島《おきのしま》には海藻料理を味わいに向かった。アラメの炒め煮や、岩海苔を使った「ばくだんおにぎり」、アゴ出汁《だし》のもずく雑炊、めのは（ワカメ）と干し大根のはりはり漬けなど、海藻をふんだんに使った隠岐定食はあっという間に完成しそうだった。これほど魚食文化を多様に持つ県は実は珍しい。浜田の食生活改善推進協議会の会長を務める宮本美保子さんには、旧正月、節分の頃に鯨のように大物になることを願って食べるという「くじら飯」をご馳走していただいた。鯨の皮の部分の脂の旨みとコクがたまらない。願いを込め、知恵を駆使して生まれる味を、未来に伝え残していきたい、とあらためて誓う時間となった。

　松江おでんの特徴は、葉物が入ること。在来作物の黒田せりもその一つ。住宅街の中に突如現れる水田には驚いたが、元々は周囲の住宅街も水が溜《た》まる場所だったそうで、どこも黒田せりの農地だったと言う。時代は変わる。土地の使い方も、水の流れも変わっていく。しかし、水が命を育むこと、そのものは変わらない。島根の定食開発旅は、歴史に思いを馳《は》せながら、水の力をたっぷりと感じる時間となった。

were lucky to witness early morning clam fishing in person.

From *Tatara* ironmaking to rice terraces

Created to make effective use of the land leveled from iron mining, rice terraces found along the mountain roads of Okuizumo take advantage of the abundant, pure mountain streams. According to a local rice farmer, the native Kameji Rice variety "will remain standing even in typhoons, and it has the power to connect generations." We learned how the crystal-clear waters of the Takatsugawa River in the Iwami region was put to good use in *wasabi* cultivation by using mountain streams and stacking stones.

Diverse tastes of the sea

The Sea of Japan off the coast of Shimane Prefecture is leading to a wide variety of catch. Izumo-based "Watanabe Suisan" strives to bring out the flavor of the fish caught in the waters off Shimane by adjusting the salt concentration and drying time. Shimane also has a well-established and charming fish-eating culture, including but not limited to

島根県のおみやげ

編集部が本音でお薦めしたい

10. 松江の蒸汽船／お宮さん／練天神　かつての松江の風景に思いを馳《は》せる郷土玩具。作り手の想いが宿るとはよく言ったもので、僕には、旅のお守りのようで、島根の家にずっと飾っていました。（神藤）蒸汽船5,500円／お宮さん5,500円／練天神1,980円　**工藝 格**　島根県松江市袖《そで》師《し》町《ちょう》3-21 袖師窯内 ☎0852-21-3974 www.instagram.com/kougei_itaru **Matsue's steamship, Omiya-san (Shinto shrine), and Neri Tenjin (twisted clay doll)** Steamship　¥5,500 / Omiya-san　¥5,500 / Neri Tenjin ¥1,980　**Kougei Itaru**　Sodeshi-cho 3-21, Matsue, Shimane (inside Sodeshigama Pottery)

1

2

3

1. 大社の祝凧 出雲大社に仕える千家・北島の両国造家の祝い事の際、両家の裏にある鶴山、亀山の文字を描いて稲佐の浜で揚げて祝ったという。ミニからビッグサイズまである。(鹿子木) 大サイズ 7,000円 **大社の祝凧 高橋** ♀島根県出雲市大社町杵築東724 ☎0853-53-1553 **Celebratory kites of Taisha** Big size ¥7,000 **Takahashi** ♀Kizukihigashi 724, Taisha-cho, Izumo, Shimane

2. アイス 定番の「藻塩キャラメルプレッツェル」に、木次《きすき》乳業や森田醤油、温泉津《ゆのつ》アムスメロン……などなど、楽しい“島根アイス”。(神藤) スタンダード120g 440円 プレミアム120g 460円 **アイス & カフェ ベッカライ コンディトライ ヒダカ** ♀島根県大田《おおだ》市大森町ハ90-1 ☎0854-89-0500 🛈bkhidaka.com **Ice-cream** Standard 120g ¥440 / Premium 120g ¥460 **Eis&Café Bäckerei Konditorei Hidaka** ♀Omori-cho Ha 90-1, Oda, Shimane

3. ワイン 世界で唯一無二の葡萄《ぶどう》品種「ブラックトルネード」をはじめ、益田のドメーヌワインシリーズは、なんと13種類 !? ミニボトルがいいサイズ感。(神藤) 左から、デラウェア、メルロー、アルバリーニョ、ブラックトルネード、シャルドネ 300ml 1,650円〜 **田中葡萄園／ monukka** ♀島根県益田市高津4-2-7 ☎0856-23-6530 🛈www.monukka.ecweb.jp **Wine** Delaware, Merlot, Albariño, Black Tornado, Chardonnay 300ml /each From ¥1,650 **Tanaka Budoen / monukka** ♀Takatsu 4-2-7, Masuda, Shimane

4. 松江ビアへるん お土産にする際、まず美味《おい》しかったものを選びました。「へるん」って何？と、島根の文化が話題にあがるのもまんざらでもない。(神藤) 左から、縁結麦酒スタウト、ヴァイツェン、ペールエール、ピルスナー 300ml 4本セット 2,435円 **松江ビアへるん 醸造所（島根ビール）** ♀島根県松江市黒田町509-1（松江堀川・地ビール館内） ☎0852-55-8355 🛈www.shimane-beer.co.jp **Matsue Beer Herun** Enmusubeer stout, Weizen, Pale Ale, Pilsner 300ml / each Set of 4 ¥2,435 **Matsue Beer Herun Brewery (Shimane Beer)** ♀Kuroda-cho 509-1, Matsue, Shimane (inside Matsue Horikawa Local Beer Hall)

5. 味と暮らす（乾物） 料理家・太田夏来さんのレシピがついた乾物シリーズ。隠岐のあらめや奥出雲の舞茸など、自炊派にとっては最高の食材。(神藤) 左 隠岐あらめ細切り 40g 464円／右 奥出雲舞茸 50g 642円 **陶山商店** ♀島根県安来市飯島町294 ☎0854-23-2121 🛈www.suyamashouten.com **Dried goods** Julienned *arame* kelp from Oki 40g ¥464 / Okuizumo *maitake* mushrooms 50g ¥642 **Suyama Shouten** ♀Hashima-cho 294, Yasugi, Shimane

6. 隠岐あらめのうま煮 オリーブ仕立て 画家の河合浩さんのアートワークにやられました。永遠につまんでしまいそうなので、僕はワインを飲む時と決めています。(神藤) 190g 800円 **陶山商店** **Simmered Oki *arame* kelp with olives** 190g ¥800 **Suyama Shouten**

7. SHIKINOKA TEA 仕事が詰まっているときなど、ほっと一息つきたいときに頼れる一杯。パッケージは、絵画教室「アトリエスノイロ」の作品。(鹿子木) Spice bush（くろもじ）／ Spice bush ＋ Green Tea（くろもじ緑茶）各10袋入り 1,944円 **俵種苗店 SHIKINOKA** ♀島根県鹿足《かのあし》郡津和野町後田《うしろだ》口212 ☎0856-72-0244 🛈shikinoka.jp **SHIKINOKA TEA** Spice bush (*Kuromoji*)/ Spice bush ＋ Green Tea (*Kuromoji* Green Tea) 10 sachets/tin ¥1,944 **SHIKINOKA** ♀Ushiroda Ro 212, Tsuwano-cho, Kanoashi-gun, Shimane

8. セイタカアワダチソウアロマ 三瓶山周辺に自生する「セイタカアワダチソウ」。甘みのあるすっきりとした香りがよくて、寝る前に1プッシュ。(鹿子木) アロマオイル 5ml 4,500円／ファブリックウォーター 100ml 2,350円／百済浦の藻塩バスソルト 30g 650円 **山の駅さんべ** ♀島根県大田市三瓶町池田3294 ☎0854-83-2053（冬季休業中は不在） **Tall Golden rod Aroma Products** Essential oil 5ml ¥4,500 / Fabric Water 100ml ¥2,350 / Kudara Ura Seaweed Bath Salt 30g ¥650 **Yamanoeki Sanbe** ♀Sanbe-cho Ikeda 3294, Oda, Shimane

9. クッキー缶 大田市の米粉や野菜を使ったクッキー缶。はんこ作家のnorioさんのイラストも可愛《かわい》く、空いた缶に別のお菓子を詰めて三瓶山山頂を目指すのもいい。(鹿子木) さんべのおやつ 約160g 3,000円 **山の駅さんべ** **Tin box of cookies** Sanbe snacks Approx. 160g ¥3,000 **Yamanoeki Sanbe**

Photo : Yuji Yamazaki

11. 藍染手ぬぐい 八雲やしじみ、縁結びなどの島根ならではの風景を、藍抜染で表現した濃淡が素敵な手ぬぐい。島根の人は、このような青色が好きみたいです。(神藤) 2色染(しじみ・円結び・八雲)各2,420円 3色染(イチゴ) 3,245円 **天野紺屋** ♀島根県安来市広瀬町広瀬968 ☎0854-32-3384 ℹ www.amanokouya.com **Indigo-dyed hand towels** Two-color dye (Shijimi, Enmusubi, Yakumo) ¥2,420/each / Three-color dye (Ichigo) ¥3,245 **Amano Kouya** ♀Hirose 968, Hirose-cho, Yasugi, Shimane

12. しじみ汁のしじみちゃん 紙芝居作家のよしとさんが描いたキャッチーなパッケージに、つい手を伸ばしたくなる。しじみの旨味がしっかり出る本当の手間要らず。(大北) 漁師編・子漁師編 各120g 747円 **宍道湖漁業協同組合** ♀島根県松江市袖師町6-9 ☎0852-21-3391 ℹ shinjiko.jp **Clam-chan of clam soup** Fisherman Version/Child Fisherman Version 120g/each ¥747 **Shinjiko Fisheries Cooperative Association** ♀Sodeshi-cho 6-9, Matsue, Shimane

13. 日の出前 羊羹《ようかん》ではない、「しののめ造り」という技法を使った松江の伝統菓子。命名は河井寛次郎《かわいかんじろう》で、書体は金津滋という、民藝好きにも嬉《うれ》しい。(神藤) 1本入り 1,944円 **三英堂** ♀島根県松江市寺町47 ☎0852-31-0122 ℹ saneido.jp ***Hinodemae*** ¥1,944 / pc **Saneido** ♀Teramachi 47, Matsue, Shimane

14. 海士ノ塩 海のある地域には必ずと言っていいほど地元の塩がある。隠岐《おき》の海を表した型染めのビジュアルは、染色家・小田中《おだなか》耕一さんによるもの。(神藤) 手仕事フォーラムオリジナルパッケージ 100g 660円 **海士御塩司所《あまおんしおつかさどころ》** ♀島根県隠岐郡海士町知々井《あまちょうちちい》1003-3 ☎08514-2-1185 ***Ama no Shio* (salt)** Handicraft Forum Original Packaging 100g ¥660 **Amaonshio tsukasadokoro** ♀Chichii 1003-3, Ama-cho, Oki-gun, Shimane

15. 旅の絵本 安野光雅さんの絵本は数多くあるけれど、手に取ったのは旅の絵本。47都道府県もこんな風に描かれることを想像するだけでワクワクします。(神藤) 『旅の絵本』『旅の絵本V』『旅の絵本VIII』(福音館書店) 各1,540円 **安野光雅美術館** ♀島根県鹿足郡津和野町後田イ60-1 ☎0856-72-4155 ℹ www.town.tsuwano.lg.jp/anbi/anbi.html **Travelogue Picture Book** "Travelogue Picture Book" "Travelogue Picture Book V" "Travelogue Picture Book VIII" (Fukuinkan Shoten Publishers) ¥1,540 each **Anno Mitsumasa Art Museum** ♀Ushiroda I 60-1, Tsuwano-cho, Kanoashi-gun, Shimane

16. 柳宗悦《やなぎむねよし》デザイン便箋封筒セット 半世紀以上も前にデザインされたとは思えない、まさにロングライフデザインのレターセット。(神藤) 便箋30枚 /洋封筒20枚3,850円 **安部榮四郎記念館** ♀島根県松江市八雲町東岩坂1754 ☎0852-54-1745 ℹ izumomingeishi.com **Stationary paper and envelope set with Muneyoshi Yanagi designs** Stationary paper 30 pcs/Envelopes 20 pcs¥3,850 **Abe Eishiro Memorial Hall** ♀Higashiiwasaka 1754, Yakumo-cho, Matsue, Shimane

17. 生姜《しょうが》糖 砂糖・水・生姜のみで作られた生姜糖は、在来の「出西生姜」を使った島根ならではの砂糖菓子。ピリっと香る生姜が病みつきになります。(大北) 箱入り 150g 688円 **來間屋《くるまや》生姜糖本舗** ♀島根県出雲市平田町774 ☎0853-62-2115 ℹ syougatou-honpo.jp **Ginger candy** 150g/box ¥688 **Kumaya Ginger Sugar Candy Shop** ♀Hirata-cho 774, Izumo, Shimane

18. 小袋しょうゆ 旅先で自炊することが多いのですが、調味料に関していうと、こういうの待ってました。キャンプにも最適。(神藤) 国産丸大豆醤油こいくち 5ml 10本入り 486円 **森田醤油店** ♀島根県仁《に》多《た》郡奥出雲町三成《みなり》278 ☎0854-54-1065 ℹ morita-syouyu.com **Soy sauce sachets** Dark soy sauce made with domestically produced soy beans 5ml 10 packs ¥486 **Morita Shoyuten** ♀Minari 278, Okuizumo-cho, Nita-gun, Shimane

19. 安野光雅トランプ 緻密な画風をトランプに凝縮した、編集部イチ押しの安野光雅グッズ。ババ抜きやポーカーをしながら絵画も楽しめる、"最小の安野光雅美術館"。(神藤) アンデルセン・しろ(博文館新社) 1,980円 **安野光雅美術館** **Mitsumasa Anno Trump** Anderson (white) (Hakubunkan Shinsha Publishers) ¥1,980 **Anno Mitsumasa Art Museum**

20. 瓦の箸置き 建築家・内藤廣さん設計のグラントワならではの、石州瓦をモチーフにした箸置き。なんとこれも内藤さんデザイン!(神藤) 1個 220円 **MUSEUM SHOP con amore** ♀島根県益田市有明町5-15 島根県芸術文化センター グラントワ 内 ☎0856-31-1874 ℹ www.grandtoit.jp/shop/index.html# **Tile-shaped chopstick rest** ¥220/each **MUSEUM SHOP con amore** ♀Shimane Arts Center "Grand Toit" Ariake-cho 5-15, Masuda, Shimane

21. 蛇胴古紙商品 約30年経過し脱皮する石見《いわみ》神楽の「大蛇」のボディ部分の石州和紙を利活用したプロダクトシリーズ。思ったよりしっかりしています。(神藤) 封筒 3枚入り 770円 **アップサイクル三余亭** ♀島根県浜田市外ノ浦町《とのうらちょう》587 ☎090-3638-2819 ℹ www.instagram.com/jyadoukoshi **Recycled 'snake body' paper products** 3 pcs of envelopes ¥770 **Upcycle Sanyotei** ♀Tonoura-cho 587, Hamada, Shimane

12

11

14
15
旅《たび》の絵《え》本《ほん》
安野光雅
隠岐
海士ノ塩
海士御塩司所
18
17
16
山陰名産
来間屋生姜糖
来間屋
IZUMO
Hand-made Pape
Izumo, Japan
ENVELOPES &
LETTER-PAPER
19
13
21
20

d design travel 編集部が語る、パートナー企業のこと

LIST OF PARTNERS

005

田部《たなべ》家のたたら吹き／株式会社たなべたたらの里　映画『もののけ姫』にも登場する、たたら場のモデルにもなった奥出雲。室町時代に、初代・彦左衛門が、神夢により「たたら」を始め、600年。伝統と革新を繰り返しながら、先人より受け継いだ日本古来の鉄づくりの精神と技法を「鉄師」田部家が、現代に伝えています。かつて国内の鉄づくりの大半を担い、日本人の生活を支えた産業は、地域の誇りです。広大な山々からなる豊かな自然。たたら製鉄と歩んだ町並み。歴史と文化を紡ぐ人々の営みが、今もなお、残っています。「たなべたたらの里」では、この地域の象徴である『たたら吹き』を復興し、それを中心に、現代にあった新しい価値を創造することで、技術と想いを未来を担う子どもたちへと繋《つな》いでいきます。（神藤《しんどう》）

⌂ tanabetataranosato.com/project/list/page02/

008

MASCOS HOTEL ／ 株式会社マスコス
「MASCOS HOTEL」は、地域に寄り添いながら、単なる宿泊施設に留《とど》まらず、新しいカルチャーを発信する拠点となることを目的とした、島根県益田市発のライフスタイルホテルであると同時に、空間デザインやインテリア、器、ファブリックなどすべてにおいて、地場産業と共同で開発することにこだわり抜いた、新感覚の〝クラフトホテル〟です。随所にちりばめられた職人たちの意匠と、ホテルという枠に囚《とら》われない、スタッフサービスや町との繋《つな》がりを、ぜひ堪能してください。そして、このホテルの無二性の一つが地下から湧き出る「益田温泉」。源泉から直接汲《く》み出された、正真正銘の天然温泉です。そして、ホテルの宿泊者も地元の人も、気軽に利用できる「MASCOS BAR&DINING」。定期的に開催されるＤＪイベントに、「石見神楽《いわみかぐら》」まで、自由素敵なレストランです。益田に泊まるなら、間違いなくここです。（神藤）

⌂ mascoshotel.com/

010

BRUNO ／ダイアテック株式会社　京都に本社を構える、自転車の製造・卸会社。スイス人のブルーノ・ダルシー氏と共同開発した小径車「BRUNO」に乗って旅をする編集部「お気に入りの一本道」を連載中。今号は、〝日本一の田舎〟と揶揄《やゆ》される島根県の中でも、特に果ての果て、隠岐《おき》諸島。約3時間かけてフェリーで上陸したのは、海士町《あまちょう》（中ノ島）。そして、連絡船に乗って、西ノ島から、知夫里島《ちぶりじま》へ。古来から発展し続く「牧畑農法」のため、島の至る所には、放牧牛や放牧馬が！？　行く手を遮られながらも、これも〝その土地らしい一本道〟だと、受け入れ、のんびりとアカハゲ山展望台を目指しました。（神藤）

⌂ www.brunobike.jp

012

島根県芸術文化センター グラントワ　島根県芸術文化センター「グラントワ」は、「島根県立石見《いわみ》美術館」と、「島根県立いわみ芸術劇場」の複合施設です。石州瓦《せきしゅう》を28万枚使っている建築は、日本を代表する建築家・内藤廣さんの設計で、僕には、まるで石見エリアの〝デザインの要塞〟のようにも思え、いつの日か、このグラントワが拠点になって、益田が世界中に知られるカルチャーシティーになる日を想像してしまいます。2025年10月に、開館20周年を迎えるグラントワ。今回は、その周年企画に合わせて、「島根号」にご参加いただきました。光の反射により、赤は赤でも、時にはイエローに、時にはブルーに変化する、美しい「瓦の壁」をモチーフに、D&DESIGNがデザインしました。（神藤）

⌂ www.grandtoit.jp/

014

株式会社 山陰合同銀行　取材期間中、何度もお世話になった「ごうぎん」。太陽の赤を表したコーポレートカラーである「ごうぎんレッド」と、輝く太陽とごうぎんの頭文字Gを併せ持つシンボルマークは、遠くからでも見つけることができて、特に冬の寒空の下では、私にとっても太陽のような存在でした。宍道湖《しんじこ》畔に立つ本店ビルは、14階の展望フロアを一般公開していて、宍道湖はもちろん、松江市街地から鳥取県の大山《だいせん》まで見渡せます。さらに、夜間はビル全体をライトアップしていて、周りの建物や街灯の明かりと共に湖面に映る様子

も美しい。地元の人も観光で訪れた人も、松江の夜を楽しんでもらいたいと、地域の魅力向上への貢献を目的に実施されています。人々の暮らしの中にあって愛されている様子を想像しながら、ごうぎんレッドとランドマーク的な本店ビルを組み合わせ、ごうぎんが掲げる「UNITE! for the FUTURE.（地域の未来のために、すべてを。）」のメッセージを入れたデザインに。制作は、D&DESIGNです。（渡邉《わたなべ》）

☗ www.gogin.co.jp

063

Back Cover

CITROËN《シトロエン》 BERLINGO《ベルランゴ》／Stellantis ジャパン株式会社　CITROËNは、フランスの大手自動車メーカー。「島根号」でも、BERLINGOが編集部の相棒となり、取材先でさまざまな道具や荷物を積み込む、連載『LOAD UP』シリーズ第3弾。島根県では、編集部が感じた島根県ならではの風景の象徴、「石州《せきしゅう》瓦」を、およそ100枚、せっせと積み込みます！　しかも、その場所こそ、石州瓦を28万枚使って建てられたという芸術文化施設「グラントワ」の中庭。独特の赤褐色の空間は、新型BERLINGOの「ブルーキアマ」が、より鮮明に引き立たちます。中面1ページと、表4で登場。（神藤）

☗ citroen.jp

095

TSUWANO -SHIKI-　島根県内で、実際に配布されているデザインあるフリーペーパーをご紹介するお馴染みのコーナー。今回、ご登場いただいたのは、津和野の四季折々の伝統行事を紹介する『TSUWANO -SHIKI-』。偶然手にしたのは、「津和野町日本遺産センター」で、表紙にある「鷺舞《さぎまい》」の展示を見た後で、どの地域にも個性的な行事があるものだなと、つくづく感じたものでした。他にも、太鼓谷稲成《たいこだにいなり》神社の「命婦狐の失せ物探し道中」など、紹介されている行事に編集部も興味津々。冊子のデザインは、石見《いわみ》を代表するデザインオフィス「益田工房」です。（神藤）

☗ www.kankou-shimane.com

134

Entô／株式会社 海士　鳥取県の境港《さかいみなと》（七類港）からフェリーで向かうこと約3時間。天候によっては、船が大きく揺れることもありますが（とにかく寝るに限ります）、それを越えた先にある、〝ご褒美〟のようなホテルです。本館も別館も、全室オーシャンビューで眺望は抜群。「なにもない」という新たな贅沢《ぜいたく》を体験してほしいと、部屋の設《しつら》えは最小限ですが、必要に応じてさまざま借りることもできるのでご安心ください。景色や展示室「Geo Room〝Discover〟」を堪能した後は、本館にある「Entô Dining」へ。島で採れた旬の食材を中心としたコース料理を楽しむことができ、セレクトショップ「Entô shop」では、隠岐《おき》ならではのお土産も購入できます。「地球にぽつん」というコンセプトの通り、ここに来るまでの時間と距離が、訪れる人の感覚を地球そのものに近づけてくれるのかもしれません。「ジオ＝地球」を思う存分味わうために、隠岐諸島、そしてEntôへ！（渡邉）

☗ ento-oki.jp

136

株式会社あしたの為のDesign　デザイナーの布野カツヒデさんが代表を務め、島根県出雲市と松江市に拠点を持つデザイン事務所です。出雲市をはじめ、島根県を中心とした広告デザインやさまざまなプロジェクト、出雲の魅力発信などを手がけられています。「島根号」のクラウドファンディングでは、「あしたの為のDesign」と「Izumo 365」のバナーでもご支援いただきました。さらに、出雲市大社町で300年以上続く、「大土地神楽《おおどちかぐら》」の例祭で奉納された神楽舞の動画を一人でも多くの方に見てほしいと、ご参加くださいました。ストレートに綴《つづ》られた言葉と、余分なものは一切ないデザインの中に、島根を愛する熱い気持ちを感じるのは私だけじゃないはずです。島根の人々の暮らしの中にある「神楽」。まずは動画を見て知って、そして現地で実際にご覧いただければと思います。（渡邉）

☗ www.funokatsuhide.jp

193

石見銀山《いわみぎんざん》 群言堂　「群言堂」というと、今では全国各地に、32もの本支店がありますが、今回の旅で、よりそのブランドの魅力を知ることができました。島根県滞在期間中には、「暮らす宿 伊藤家」の一部屋をお貸し出しいただき、約2か月、有意義な取材のサテライトオフィス兼心休まる住処にさせていただきました。他にも、さまざまにサポートいただき、代表取締役社長・松場忠さんをはじめ、群言堂の皆さまには、この場をお借りし、お礼を申し上げます。本当にありがとうございました。さて、本誌を締めくくるのに相応《ふさわ》しいビジュアルが、表3に登場です。石見銀山の大森町を拠点に活動し、書籍『ぐんげんどう』にも参加した、三瓶町《さんべちょう》出身の写真家・藤井保さんが撮影。山々に囲まれた石州《せきしゅう》瓦の街並みのコントラストは、どこか、日本の大切な〝生活文化〟を俯瞰《ふかん》して見るかのようで、美しさの中にも、「根のある暮らし」へと掻《か》き立てる魅力を、僕は感じます。（神藤）

☗ www.gungendo.co.jp/

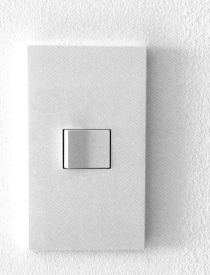

連載 54

ふつう

「やっとふつうになった家電」

深澤直人

私の学生時代の皆の憧れのデザインは、家電とか車だった。その二つの産業は、欧米から渡ってきた、生活の豊かさを象徴するものだった。デザイナーの卵としては、家電のデザイナーになるか、カーデザイナーになるかは夢のような目標だった。その二つの産業は、日本の経済成長の指標になるほど主幹産業として世界中からリスペクトされていたからだ。

　ちょうど私がプロダクトデザインを学んでいた時は、「バウハウス」のデザインが参考書のようにお手本として使われていたと思う。家電ならば、「ブラウン」や「フィリップス」、車なら「ポルシェ」とか「フォルクスワーゲン」とかがそれである。その影響は大きかったと思う。ディーター・ラムスは、その時から既にプロダクトデザインの使命と哲学を、プロダクトを通してはっきりと世界に伝えてきていた。彼は、『less but better』という言葉を使って機能と使い勝手に徹した、装飾もないシンプルなデザインをルール化して世界を驚かせた。日本でデザインを学ぶ学生としては、その哲学に反論のしようもなく、美の真実を既に知ってしまったのである。しかし、その直後にブラウンは、アメリカの「ジレット社」に買収され、ディーターは

Futsuu (Normal): Home appliances have finally become ordinary

Back in the days when I was a student, the designs that everyone admired were of home appliances and cars. These two industries hailed from Europe and the North America, and symbolized the affluence of life over there. As a budding designer, becoming a designer of home appliances or cars was my dream goal because these two industries were so respected around the world as key industries that they became indicators of Japan's economic growth.

Right when I was studying product design, I remember German designs were used as exemplars, similar to reference books. For home appliances, it would be "Braun" or "Philips (Netherlands)," and for cars, it would be "Porsche" or "Volkswagen." I think "*Bauhaus*" had a huge impact on us. And Dieter Rams had, even back then, been clearly talking about his mission and philosophy of product design to the world through his products. He surprised the world by describing his approach as "less but better," and went on to establish the principles governing simple, unadorned designs that were focused on functionality and usability. As (→p. 151)

ひどく憤慨しデザインから遠ざかってしまったのである。その頃からデザインは、マーケティング戦略の一部として使われ始め、モノ自体が広告塔としての姿となり、ブランドの優位性を高める道具と化したのである。

美大を卒業して間もなく、ドイツのハノーバーメッセに行く機会をもらい、そこで初めてデザインの真実を見せつけられた気がしたのだ。見本市の会場一杯の出展ブースのごちゃごちゃなスタンドが立ち並ぶ中に、白い四角い壁のブースがあるのに目が止まった。その白い壁の角に小さな黒い文字で『BRAUN』と書かれていたのだ。真っ白の壁の隅に小さな黒い文字。きっと私は、この時に最も上質なデザインの価値を体感してしまったのだと思う。

それから45年の月日が流れ、私はこの『BRAUN』という手本と同じ質のデザインを志しながら必死で生きてきたのだと思う。アメリカンデザインが高度成長期の勢いに乗って押し寄せてきた時に、日本は家電王国になっていった。それとともに個性豊かな色と形が生活者を魅了した。豊かさのシンボルは、シンプルで地味で謙虚で機能と使い勝手から大きく逸脱しながら、若いデザイナーを翻弄させていた。秋葉

electronics that captivated consumers. The symbol of affluence, deviating far from simplicity, unpretentiousness, modesty, functionality and usability, led the young designers by the nose. Places symbolic of Japanese culture, such as areas like Akihabara (the town of electronics) and large electronics retail stores, began to pop up everywhere like mushrooms after a rain.

The young designer who learned from "Braun" got caught up in the frenzy of market-oriented design during the high economic growth period, but refused to jump on the bandwagon of decorative things and went against the social trend. The process was not painful; in fact, it was rewarding.

It was on a certain day when I suddenly felt a breath of fresh air in the industry. This was about three years ago – when I was building my atelier – I came across a switch plate on the wall that was, by anyone's standards, simple and beautiful. The switch had just been released by Panasonic, the Japanese home appliance giant. According to the designer, "This switch has gone viral in the architectural world." And it's true that I have often heard people saying that they were bothered because the switches did not match their beautiful interiors. In those cases, I installed simple switch covers made of pressed stainless steel. I have been meaning to write about the appearance of this new switch in

原の電気街や大型家電量販店のような日本のサブカルチャー的な象徴が至る所に出現し始めたのである。

『BRAUN』から学んだ若きデザイナーは、高度成長期の市場主義的なデザイン騒ぎの渦に巻き込まれて扱《しご》かれながら、その装飾化したモノたちの渦に抵抗して濁流に逆らって泳いできた。しかし、それは苦ではなかった。むしろやりがいだった。

ある日突然目の前に清浄な空気が流れた気がした。5年ほど前、自分のアトリエを建てている時に、ふつうに美しくシンプルな壁のスイッチプレートに巡り合ったのだ。そのスイッチは日本の家電の王者「パナソニック」から発売されたばかりのものだった。設計者曰《いわ》く、「このスイッチが建築界では話題になっています」という。確かに綺麗なインテリアにスイッチがマッチしないから困ったという声はよく聞かれていた。そんな場合、私はステンレスをプレスしたシンプルなスイッチカバーを取り付けていた。この新しいスイッチが登場したことをこの「ふつう」に書こうとずっと思っていた。

そうこうするうちに、最近、洗濯機を買い替

a student learning design in Japan, I just could not refute that philosophy since I had already come to understand the truth of beauty. Soon after, however, Braun was acquired by the American company Gillette, and Dieter was so indignant that he turned away from design. And it was since then that design began to be used as part of marketing strategies, and the products themselves became a tool for advertising as well as to enhance brand superiority.

Shortly after graduating from art university, I had the opportunity to attend the Hannover Messe in Germany, and it was there that I felt I was being shown the truth of design for the first time. In the midst of the messy jumble of exhibition booths squeezed into the trade fair venue was a booth with a white square wall that caught my eye. On one corner of the white wall was "Braun" written in small black letters. I think it was at this very juncture that I personally felt the merit of the highest quality design.

It has been 45 years since then, and I think I have frenetically committed my life as I strove to create designs of quality that would be on par with that of the paragon of design, "Braun." When American design came storming into Japan riding the momentum of the high economic growth period, Japan morphed into the kingdom of home appliances. Along with that came the highly unique colors and shapes of

深澤 直人　卓越した造形美とシンプルに徹したデザインで、国際的な企業のデザインを多数手がける。電子精密機器から家具、インテリア、建築に至るまで手がけるデザインの領域は幅広く多岐にわたる。デザインのみならず、その思想や表現などには国や領域を超えて高い評価を得ている。2007年、英国王室芸術協会の称号を授与される。2018年、「イサム・ノグチ賞」を受賞するなど受賞歴多数。2022年4月、一般財団法人 THE DESIGN SCIENCE FOUNDATIONを設立。多摩美術大学教授。日本民藝館館長。

Naoto Fukasawa　With his outstanding beauty of form and simplicity of design, he has created designs for many multinational companies, spanning across a wide range of areas from electronic precision instruments to furniture, interior design, and architecture. He is highly acclaimed not only for his designs, but for his ideas and expressions that transcend beyond borders or regions as well. He was awarded the title of Royal Designer for Industry (Royal Society of Arts) in 2007, and the Isamu Noguchi Award in 2018. In April 2022, he established THE DESIGN SCIENCE FOUNDATION, a general incorporated foundation. He is a Professor at Tama Art University, and Director of the Japan Folk Crafts Museum.

えようと大型電気店に行ったらまたふつうのシンプルで美しい洗濯機に巡り合ったのだ。この二つの巡り合いで「やっと家電がふつうになった」と思ったのである。生活をシンプルにすることは目新しいデザインをするよりも簡単ではない。全ての人の同調と共感を得ることができるデザインの時代の到来を意味するのだ。家電を買うことで豊かさを手に入れたと思っていた経済成長期。この豊かだという思い込みの時代が長かった。

谷崎潤一郎の言うように、陰影の中の美しさを忘れてしまった人類は真の豊かさを取り戻すことができるのだろうか。美しい照明のスイッチとシンプルな洗濯機の登場は、日本にとって決して小さな出来事ではないのだ。ふつうにいい世の中が来る予感がするのだ。

this "*futsu*" (normal) article for a long time.

Speaking of which, I recently went to a large electronics store to get a new washing machine and came across another ordinary, simple yet beautiful washing machine. My chance encounters with these two objects made me think "home appliances have finally become ordinary!" Simplifying life is not as easy as coming up with a novel design. This means that an era of design that can align itself with everyone and get them to relate has arrived. During the period of economic growth, people were under the belief that purchasing home appliances would help them to attain affluence. And this belief lasted for a long time.

As Junichiro Tanizaki once said, can humanity ever restore true richness if it has forgotten the beauty in the shadows? The advent of beautiful light switches and simple washing machines is by no means a trivial happenstance for Japan. I have a feeling that an ordinarily better world is coming.

D&DEPARTMENT PROJECT
FRIENDS

47 REASONS TO TRAVEL IN JAPAN

002 青森 AOMORI

ルビンのこけし
弘前れんが倉庫美術館カラー
青森県弘前市吉野町2-11
カフェ・ショップ棟　cafe & shop BRICK
0172-40-2775
www.hirosaki-moca.jp/cafe-shop

進化する津軽こけし　百貨店「松屋銀座」が、地域共創プロジェクトの一環として黒石市とコラボレーションし、グラフィックデザイナー・佐藤卓氏とともに2022年に開発した新しい津軽こけし「ルビンのこけし」。つくり手は、内閣総理大臣賞を受賞した津軽こけしの名工、阿保六知秀《あぼむちひで》氏と息子の正文氏。私は2019年末に東京から弘前へ移住し、黒石市にある津軽こけし館で津軽こけしの魅力に取り憑《つ》かれた。その土地らしさがありながら、多様でかわいい。中でも阿保六知秀さんのこけしは、凛《りん》としている表情と佇《たたず》まいがあり惚《ほ》れ惚《ぼ》れした。その後「弘前れんが倉庫美術館」のミュージアムショップのリニューアルを担当することになり、松屋銀座の担当者と話し合う中で、美術館の煉瓦《れんが》とシードルゴールドの屋根をイメージした美術館オリジナルカラーの「ルビンのこけし」が生まれた。弘前の空気と共にぜひ持ち帰ってほしい。（澤田央／cafe & shop BRICK 店長）

001 北海道 HOKKAIDO

みんなの工場
北海道砂川市豊沼町54-1
0125-52-9646
factory.shiro-shiro.jp

「SHIRO」の生まれ故郷　札幌から車で約1時間半。砂川市の畑が広がる敷地に、コスメティックブランド・SHIROの「みんなの工場」がある。広々とした建物内にはショップ、キッズスペース、カフェ、読書スペースなどがあり、巨大なガラス越しに工場内の製造工程を見ることができる。外壁や床材などあらゆるところに北海道の間伐材などが使われていて、親しみやすく居心地がよい。子連れのファミリー層が思った以上に多くにぎやかで、キッズスペースでは子どもたちが思う存分遊び、家族みんなでカフェを利用する。ここではSHIROの製品に興味がなくても思い思いの過ごし方ができるのが特徴。もちろん、お買い物も楽しめる。オリジナル香水を作れる「ブレンダーラボ」が体験できるのは「みんなの工場」だけなので、ぜひ試してみてほしい。（高野知子 ／ D&DEPARTMENT HOKKAIDO）

004
宮城
MIYAGI

量り売りマルシェ 仙台
hakariuri.jp

作り手と出会い環境について考えるマルシェ　生産者の顔が見えるマルシェに行くと、自分が住む土地で丁寧に作られているものを知ることができる。食品ロスを減らしたいと2019年に仙台市で始まった「量り売りマルシェ」には、県内産の豚肉でシャルキュトリーを作る大崎市の「アトリエ・ドゥ・ジャンボン メゾン」や、県内産の丸大豆などを使い古来の製法で醤油・味噌づくりをする美里町の「鎌田醤油店」、仙台市の秋保で有機野菜を作る「くまっこ農園」など、魅力的な作り手との出会いがある。容器持参で必要な分量だけ購入することができ、環境や買い物への心構えに変化があったり、太陽の動きを基準に1年を24等分した二十四節気の頃に開催されるので、季節の移ろいを意識するようにもなった。出店者や開催場所は毎回異なるので、ホームページやInstagramなどで確認して出かけてみてほしい。（佐藤春菜／編集者）

003
岩手
IWATE

kune
岩手県花巻市鉛《なまり》中野31-1
0198-41-6147
vof-inc.visionoffashion.jp/kune

静かに湧きあがる生活の店　花巻温泉郷の一角にある「kune（食寝）」は、国内外の“アルチザンブランド”と呼ばれる手仕事による衣服を中心としたセレクトショップ。訪れた日に店主の菊地央樹さんが着ていたセーターはなんと7年もので、それと同じものが新品で販売されているほど永く着られる一着を丁寧に紹介している。菊地さんは京都や東京でのショップ展開を経て2021年に花巻市に移住し、以前よりも、自分自身の暮らしと繋《つな》がるもののセレクトに重きを置いていきたいと考えるようになったという。裂織《さきおり》やホームスパンを練習中で、オリジナル服の制作も目指しているそうだ。岩手在住の作家の個展も開催し、今後はギャラリーを設けて文化交流の場として力を入れていく予定。温泉街には県外からの「旅人」の来店が多く、これから文化の湯元のような存在として愛されていくに違いない。（岩井巽／五分）

006 山形 YAMAGATA

BAR ROOTS ／ bijou ROOTS
山形県山形市七日町2-1-26
023-606-0401
www.instagram.com/bar.roots.yamagata
www.instagram.com/bijouroots

山形に根を生やすROOTS　山形市は全国で五本の指に入る規模の城下町。空襲に遭わなかったことで城下町特有のT字路やクランクが所々に存在する。長源寺通りを南に直進し七日町《なぬかまち》一番街に突き当たる手前、左側に「バーボルドー」があった。古くから商業の中心地・七日町に存在し夜の街を照らし続けてきたが、2024年に突如として閉店。しかし、この店を絶対に残したいと2名が名乗りを上げた。夜は、古川光伸さんがDJがレコードを流す「BAR ROOTS」として生まれ変わらせた。昼は、とんがりビル内「この山道を行きし人あり」の元店長・清水尚子さんが担当し、本格的グラスデザートを出すカフェ「bijou ROOTS」となる。店内は陰・陽を表した角の無い独特の形状で、なまめかしい不思議な魅力を放つ。これから山形の街歩きの起点になりそうな場所だ。（熊谷太郎／株式会社らじょうもん）

005 秋田 AKITA

『東北デ、～東北で、デザインするということ～』／澁谷デザイン事務所
0187-73-6351
tohokuru.jp/products/tohokude

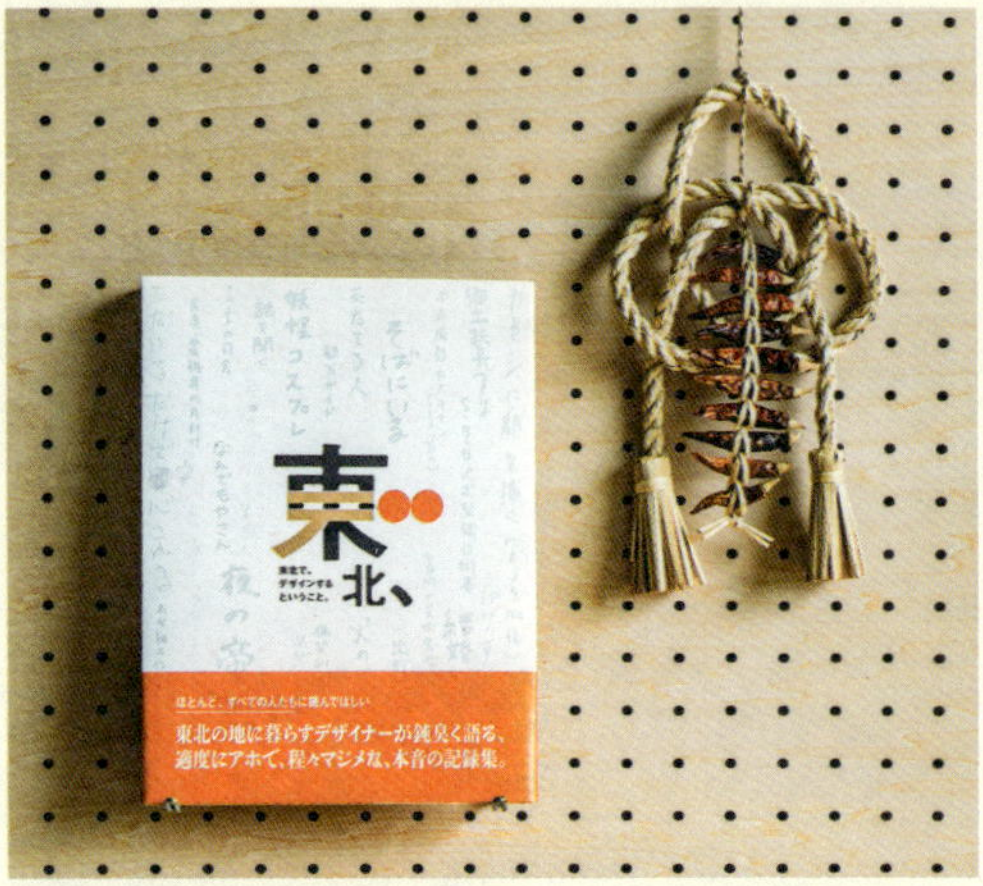

東北のデザイナーを訪ね歩く旅　秋田県美郷町《みさとちょう》在住のデザイナー・澁谷和之さんが、東北の地に根を張るデザイナーと出会いたいとスタートしたプロジェクト「東北デ、～東北で、デザインするということ～」。澁谷さんが、東京から秋田に拠点を移して活動10年を迎えた2019年、宮城県仙台市の東北スタンダードマーケットで行なった展示を機に、彼らがどのように暮らし、人と関わり合い、どのようにデザインに向き合っているのか、訪ね歩いた旅の記録集が発売になった。筆者も編集部の一員として同行。デザイン・デザイナーとはなんだろうと問い続ける半年間に渡る旅で、形あるものを作ることだけなのではないことを再認識したり、肩書きがデザイナーではなくても“デザイン”をしている人たちとの出会いがあった。東北のあちこちに、愛のある面白い活動があることを教えてくれる1冊。（佐藤春菜／編集者）

008

茨城

IBARAKI

枯星森安息所

茨城県笠間市上郷2386-9

www.instagram.com/karahoshimori

究極の安息所　日本一の栗の産地として名高い茨城県笠間市。岩間地区の穏やかな田園風景を抜けた先、愛宕山の麓に「枯星森安息所《からほしもりあんそくじょ》」はある。店主の飯田慎也さんが生まれ育った集落の空き家を改装し、2021年8月に開店。栃木県益子町のstarnet出身の店主がこだわり抜いた空間には、安らぎと心地良い緊張感が共存しており、忙《せわ》しない日常から切り離された安息のひとときを過ごすことができる。中でも、喫茶メニューの「安息所のモンブラン（季節限定）」は、笠間産の栗と豆腐クリームが織りなす上品な味わいが癖になる一皿で、この土地の風景をイメージして焙煎《ばいせん》された珈琲と併せていただくのがお薦めだ。近隣の耕作放棄地を耕し稲作を始めるなど、里山の美しい風景を残すことに余念がない慎也さん。そんな彼が紡いでいく枯星森の「美の基準」に、心から期待を寄せている。（国井純／ひたちなか市役所）

007

福島

FUKUSHIMA

Small Town Talk

福島県郡山市安積町荒井3-421

090-5848-1490

面白い何かが必ず見つかる、街の古書店　郡山市の住宅街にひっそりと、倉庫のような佇《たたず》まいで立つ古本・古書店。郡山駅周辺には古書を扱う本屋はあまりなくありがたい存在。店主が長年かけて集めた本は、美術、写真、映画、絵本、ファッション、サブ・カルチャーと多岐にわたり、さらにレコード、食器や雑貨までぎっしりと並んでいる。小さな店内を何周しても新たな発見があり、探究心をくすぐる空間だ。海外の出版部数の少ないZINEにも抜かりなく、見たこともなく、今後出会うこともないと思わせるものばかり。心優しい店主・黒田真市さんに興味のある分野を伝えれば、おすすめを教えていただけるのも嬉しい。その情報量と確かな知識に、お話をしているとワクワクしてくる。本に囲まれたソファに腰をかけ、店主の目利きされた本たちとじっくり向き合ってみてほしい。（山本阿子／D&DEPARTMENT FUKUSHIMA）

010

群馬

GUNMA

Belluria
群馬県桐生市末広町10－4
0277-47-3458
belluria.net

歴史と伝統を今に纏う　機織りの街として栄えた桐生《きりゅう》市でスタートした「Belluria」は、現在、高崎・鎌倉・京都などにも店舗を構えるセレクトショップ。オーナー・山越弘世がバイヤーを経験後、両親がブティックを営んでいた桐生に戻り、2001年に創業した。桐生駅前の本店には、オーセンティックでありトレンドも感じる国内外の洋服が並ぶ。2021年にオープンした、桐生天満宮近くの大正時代の洋館（国登録有形文化財）にある「別邸 日美《ひ》日美《み》」には、ハンドメイドアクセサリー「市松」の一点物や革小物などが並び、また一味違った雰囲気だ。日常の中でなんとなく着たり使ったりするものこそ、物の背景を意識して選んでみることで奥ゆかしさを感じながら過ごすことができるはず。2年に1度、織物の迎賓館に使われていた日本家屋にて開催する民藝《みんげい》展にもぜひ。（星野雅俊／ Belluria）

009

栃木

TOCHIGI

しもつかれブランド会議
www.shimotsukare.jpn.com

「しもつかれ」を新たな文化へ　「しもつかれブランド会議」は、約1000年の歴史がありつつも、独特な見た目や風味から好き嫌いが分かれる栃木県の郷土料理「しもつかれ」を表現の土台とし、さまざまなコンテンツを通じて新たなファンコミュニティーを作る有志団体。代表の青柳徹さんは2020年より「しもつかれうぃーく」を始め、2024年の開催では7日間で91もの企画を実施した。地元の酒蔵と「しもつかれに合う酒」、菓子屋と「しもつかれビスコッティ」の開発……またイベント会場の一つだった栃木駅前広場では、各出店者が「しもつかれキッシュ」「しもつカレーパン」など工夫を凝らしたフードを提供しており、楽しそうに開発の経緯を話してくれた。しもつかれを通じて自由に表現を楽しんでいる様子からは、これからの文化が作られる現場の熱気を感じる。（古谷阿土／ d47 MUSEUM）

012

千葉
CHIBA

CB PAC
千葉県野田市野田335母屋一階
www.instagram.com/cbpac.cbpac

この土地のものと暮らす　千葉県で作られたものだけを集める「CB PAC」。野田市駅を下車し、キッコーマン株式会社の本社の向かい、さまざまな用途に使われてきた古民家である「旧中村商店」の一角で営まれる、私の行きつけのお店だ。「ちば麦茶」を切らす頃、松戸市の自宅からここまで買いに来ると決めている。「油《あぶ》茂《も》製油」ラー油などの調味料や、「five」の洋服、小泉すなおさんの陶器、木更津市の職人が作る箒《ほうき》まで置いてあり、通ううちに、ここで買ったものが多くなってきた。店主である柿木将平さんは千葉県出身、2018年に開業。自分が生まれ育った土地のものだけを取り揃える姿に、芯の強さを感じた。お土産やプレゼントを探している時も、彼に相談して選べば、千葉在住同士でもそうでなくとも喜ばれる。もう少し歳を重ねたら、ここで山葡萄の籠バッグを買おうと思っている。（渡邉友紀／ym.）

011

埼玉
SAITAMA

ハイランダーイン秩父
埼玉県秩父市東町16-1
0494-26-7901
www.highlanderinnchichibu.jp

埼玉と世界の接点、ハイランダーイン秩父　ウイスキー、ビール、日本酒、ワインを造る、日本でも有数の酒処である秩父市。今や世界的なイチローズモルトもベンチャーウイスキー「秩父蒸溜所」で造られている。ウイスキーの聖地でもあるスコットランド本店と繋がりながら、PUB文化を発信する「ハイランダーイン秩父」は、何処よりもイチローズモルトを飲みたくなる、何処よりもイチローズモルトが似合う酒場だ。秩父の古民家から出た古材や廃材、地元の蒸留所の樽材《たるざい》を随所に活用し、秩父地域の特色が随所に感じられる空間に、地元の人々が日々通い、インバウンドで訪れる観光客とが、酒を飲みながら交差し接点となる場所として、今日も世界ののんべえたちが集まる。ここに来たら、まずはイチローズモルトの飲み比べセットを頼んでほしい。（加賀崎勝弘／PUBLIC DINER）

014
神奈川
KANAGAWA

シネコヤ
神奈川県藤沢市鵠沼海岸3-4-6
0466-33-5393
cinekoya.com

街のニュー・シネマ・パラダイス　買い物客で賑《にぎ》わう商店街の一角に、2017年にできた小さな映画館。古い写真館だった建物を改装して、竹中翔子さんはこの場所に「シネコヤ」を開館させた。きっかけは、街の映画館の相次ぐ閉館。刻々と街から文化が消えゆく中、もう一度この街に映画館を取り戻したい、という竹中さんの強い思いがそこにはあった。一口に映画館と言ってもさまざまあるが、映画の他にも多様なサブカルチャーに触れられる、新しい映画館の形を提案しているところが「シネコヤ」の面白さ。パンや珈琲を片手に、3000冊もの蔵書や音楽ライブを楽しむことができる館内は、店主のこだわりで溢《あふ》れている。商店街の八百屋や肉屋に行くように、いつでも気軽に立ち寄ることができる「シネコヤ」は、この街の文化を、僕らの暮らしに映し出してくれる“新しい映画の楽園”だ。（原田將裕／茅ヶ崎市役所）

013
東京
TOKYO

褻ノ日
東京都三鷹市井の頭4-21-1
コインランドリー黒門内
www.instagram.com/___kenohi

特別ではない、日常をつくる店　大きく「コインランドリー」と書かれた看板はそのままに、その建物の一角で営業する「褻《け》ノ日」には、店主の藤崎眞弓さんがセレクトした日本各地の郷土食や生活道具が所狭しと並ぶ。彼女は、服飾・住宅メーカーの営業、パン職人、日本の食品や工芸品の販売、卸ECを経験後、「24時間自分の意思で生きたい」と美大に編入学。同時にこの空間に出逢い、街とデザインについて学びながら、2022年に店をオープンした。井の頭恩賜公園の弁財天まで続く参道の入り口「黒門」のすぐ横、という地域の誰もが知る場所でありながら、シャッター街の一部となりつつあったのを、必要最小限の改装で新たな命を吹き込んだ。店の裏手では、コインランドリーが今でも現役で稼働している。街の景色は変えず“ケの日＝日常”に明かりを灯《とも》した。（渡邉壽枝／ロングライフデザインの会 事務局）

016

富山

TOYAMA

岸田木材株式会社
富山県氷見市十二町万尾前247-1
0766-91-0093
kishidamokuzai.co.jp

木の個性を伝える材木屋　鰤《ぶり》で有名な港町氷見《ひみ》市。そこに、140年続く老舗《しにせ》材木屋「岸田木材」がある。彼らが今力を入れているのが、地元氷見で育った「ひみ里山杉」の活用だ。富山駅や富山県美術館など観光で訪れる場所に使われ、富山県人の身近にある木材だが、種類や産地、誰が加工しているのかまでは、知らない人がほとんど。木材が蔑ろ《ないがしろ》にされている現状が悲しいと、代表の岸田真志さんは言う。岸田さんは、木について考えるきっかけを作りたいと、「ひみ里山杉」の皮から作った万年筆のインクや、木くずを香り付けに使ったビールを企画し、木の特長や個性をユニークな形で伝える。氷見をはじめ、石川、福井などの産地によって個性があることも知り、木についてもっと知りたいと感じた。木の特長を知り、木に愛着を持って大切に使い続けようと思う。（岩滝理恵／D&DEPARTMENT TOYAMA）

015

新潟

NIIGATA

かんずり
新潟県妙高市西条437-1
0255-72-3813（有限会社かんずり）
kanzuri.com

雪景色の恵み、新潟の発酵調味料　400年以上前に妙高で生まれ、各家庭独自の味が作られながら、食文化の一つとして定着した「かんずり」。有限会社かんずりは、自社や市内の契約農家で栽培される専用の唐辛子を原料に、今も「かんずり」を作り続ける。冬場に積もる白い雪の上に、塩漬けした赤い唐辛子を撒いて3日間ほどさらす「雪さらし」を行ない、糀《こうじ》、ゆず、塩と合わせ、3年間以上発酵させる。名前の由来になったこの「寒づくり」という工程により、意外にも辛みはマイルド。新潟産のタラをぶつ切りにして作る郷土料理の「どんがら鍋」に入れたり、焼いたお肉につけて食べると旨味《うまみ》倍増。地元を中心に6年、20年熟成品も出回り、ワインのような楽しみ方もできそうだ。わさび、ゆず胡椒《こしょう》などに並び、世界に誇る日本の調味料として広まっていってほしいと願う。（南雲克雅／日本つけ麺学会事務局長）

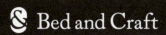

018
福井
FUKUI

アカタン砂防堰堤群
福井県南条郡南越前町古木
0778-47-8005
(南越前町教育委員会事務局)
www.minamiechizen.com/spot/19465

自然に抗《あらが》わない構造ゆえの強さ　山に入る人が減って忘れ去られていたのを、地元有志が地道な努力で探し出し、国の登録有形文化財に登録されるまでにしたという「アカタン砂防」。福井県の第一期砂防事業として、明治30年代に赤谷川《あかたにがわ》に築かれた9基の堰堤《えんてい》群だ。最大のもので堤長112メートル、高さ11メートルにも及ぶ。当時はもちろん重機が無く、山から巨石を運び出して積むのも、土堤の締め固めも、すべて人力。更に特筆すべきは、一基一基が、その場の地形地質を見極めながら熟考されたつくりになっている点。土砂を止めつつ、水圧を逃し、水を岩盤に当てながら下へ流すなど、崩れにくい構造かつ山を侵食しない工夫がされている。自然景観と調和して美しく、120年近く経《た》つ今も機能が損なわれることなくそこにあり、里を守り続けている。先人から学ぶことは多い。(芝生かおり/福井かひる山 風土舎)

017
石川
ISHIKAWA

豊島祐樹
www.instagram.com/toyo6

提供:金沢市

これからの金沢、能登を考える実践的研究者　旧城下町の金沢は徒歩で巡るとちょうど良いサイズ。「広見」と呼ばれる開けた空間を中心に、火災を逃れた古い時代の木造家屋が江戸時代の古地図通り並び、伝統的な景観を保っている。しかし金沢の木造家屋は年間100棟以上も取り壊され、景観維持には待ったなしの状況だ。豊島祐樹さんは現在、金沢大学で教鞭《きょうべん》を執り「地域資源を活かした環境デザイン」を研究する。金沢美術工芸大学大学院を修了後、黒川雅之建築設計事務所で建築・インテリア・プロダクトデザインに携わり、学び続けて工学の博士号を取得、プロダクトから景観デザインまでの経験を手に教育の道へと入った。実践派の彼は、金沢市内の家屋の流通に関わり、能登町の物件を譲り受け、伝統的な資源を活かした観光づくり研究を始めた。彼と教え子たちの活躍に注目したい。(山本耕平/醸造家)

020

長野

NAGANO

産直市場 グリーンファーム
長野県伊那市ますみヶ丘351-7
0265-74-5351
green-farm.asia

古道具も扱う異色の産直市場　伊那市にある「産直市場 グリーンファーム」。産直市場というと地場野菜の直売所を想像すると思うが、ここには動物コーナーや中古レコードコーナーなどがあり、更には、個人宅や店舗から引き上げた古道具や什《じゅう》器《き》も販売しているという、おそらく日本ではここにしかない形の産直市場。初めて訪れた際、採れたて野菜と古道具が並列に売られており、しかも地元の方たちで賑《にぎ》わっている光景に衝撃を受けた。「USEDをもっと身近なものにする」これはUSEDバイヤーとして働く私の目標。「USED」＝「特別なもの」とするのではなく、生活動線上のいつものお店にある状況だったら、もっともっとUSEDを身近に感じられるはず。理想に近いこのような場所が日本全国にあればと、行くたびにいつも考えさせられる。（松井俊太郎／D&DEPARTMENT USED バイヤー）

019

山梨

YAMANASHI

HOMEMADE VILLAGE
山梨県北杜市大泉町西井出8240-2717
homemadevillage.com

“小さな暮らし”の研究所　八ヶ岳南麓の標高1000メートルの土地を切り開き、「タイニーハウス」を利用した宿泊施設として生まれた「HOMEMADE VILLAGE」。タイニーハウスに寝泊まりし、「コミュニティガーデン」で野菜を収穫して調理をしたり、シェアキッチン・ダイニング・ラウンジの機能を持つ「コモンハウス」に集い時を過ごす。富士山も遠くに見える森の中、移ろう自然の営みを、五感を使って感じながら滞在することができる。運営を手がけるツリーヘッズの竹内友一さんは「暮らし方はもっと多様でいいし、暮らしを手作りすることが楽しい。大変なことはみんなでシェアする。そんなカルチャーや繋がりを作っていきたい」と言う。タイニーハウスを制作できるワークショップや受注販売も行なう、日本に数少ない拠点。まずはここで“ 小さな暮らし”を味わってみてほしい。（土屋誠／ BEEK）

021

岐阜

GIFU

養老サイダー復刻合同会社
岐阜県養老郡養老町養老公園
1290-208
yorocider.com

幻のサイダー復活　深い緑色のボトルの王冠を開けて、ごくり。まろやかな甘みが口の中に広がり、しゅわりと弾《はじ》ける炭酸の爽やかさ。どこか懐かしさを感じる「養老サイダー」は、明治33年・1900年に誕生した。孝行息子が年老いた父のために汲《く》んだ水が酒になったという伝説で知られる霊泉「菊水泉《きくすいせん》」の湧水で作るサイダーは、“東の三ツ矢、西の養老”と称されるほど人気を博した。だが、2000年に施設の老朽化や後継者不足などで製造中止に。一度はその歴史に幕が下ろされたが、復活を望む声が全国から届き、2017年の養老改元1300年をきっかけに、養老町観光協会の有志によるプロジェクトが始動。クラウドファンディングや地元高校生を交えたレシピの再現などを経て、“幻のサイダー”は復活を遂げた。現地でのみ味わえるサイダーを求めて、ぜひ養老町へ。（高野直子／リトルクリエイティブセンター）

022

静岡

SHIZUOKA

福屋酒店
静岡県裾野市平松412-1
055-993-0141
fukuyasaketen.com

“イノベーティブ酒造”への門戸　純米酒・ワイン・ビールを取り扱う、裾野市平松の「福屋酒店」。4代目・服部怜さんへの代替わりを機に、先代の「地元民の生活インフラとしての酒屋」という方向性から「一本一本を丁寧に説明することができる酒屋」へと大きく変革した。2012年に醸造アルコールの添加を全廃する方針に舵《かじ》を切った老舗《しにせ》「髙嶋酒造」に感銘を受け、ナチュラルワインの仕入れを皮切りに再選定を進めたという。日常的でありながら、新しいものを取り入れ、丁寧なものの見方をしたセレクトが、近隣の飲食店や遠方の酒好きといった根強いファンを作り続けている。「髙嶋酒造」が酒粕《さけかす》から生産した13年ものの古酒は、香り高いシェリー酒のようだった。オンラインでは決して触れられない味や情報を浴びに、ぜひ訪れてもらいたい。（本村拓人／Media Surf Communications）

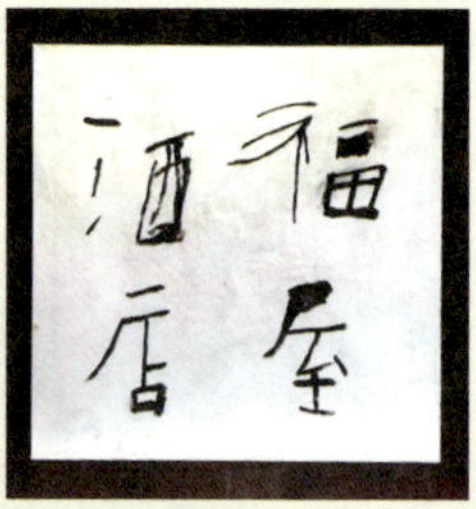

024
三重
MIE

宿泊・食事・喫茶 奥松阪
三重県松阪市飯高町宮前791
070-9069-4104
www.instagram.com/okumatsusaka

「自分ごと」で地域を繋《つな》ぐ　かつて神々の伝説の舞台となった珍布《めずらし》峠や和歌山街道、櫛田《くしだ》川などの雄大な自然に包まれる松阪《まつさか》市飯高町《いいたかちょう》。地域おこし協力隊をきっかけにこの地に移住した高杉亮さんは築120年の古民家を改装し、2023年に地産の食材を楽しめる食事喫茶「奥松阪」をオープンした。徒歩5分のエリアには、滞在拠点にもなる一棟貸しの宿泊施設「Stay 奥松阪」があり、現在はパティスリーやビール工場の開業を準備中だ。高杉さんはこの活動を「あくまで自分のための地域づくり」と語る。地方移住やUターンがトレンドとなった今、「自分ごと」として地域と関わる人はどれくらいいるのだろうか。かつて村民や商人たちを繋いだ茶屋があったように、この小さな喫茶店から、これからの町のコミュニティーやカルチャーが軽やかに紡がれていくのが見えた。（高田弘介／D&DEPARTMENT MIE）

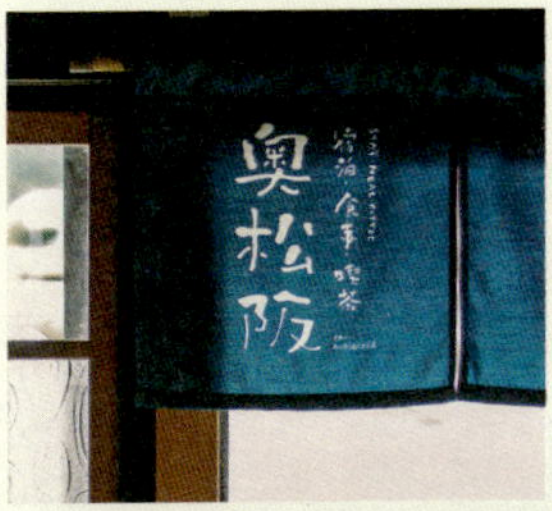

023
愛知
AICHI

渡邊 大佑
愛知県常滑市熊野町3-143-1
Le Coeuryuzu（ル・クーリュズ）
le-coeuryuzu.com

知多の風土と文化を味わう　今「知多半島ガストロノミー」というキーワードで、この地域の食を発信する動きが広がっている。その中心的人物は、常滑《とこなめ》市の創作フレンチ「Le Coeuryuzu」のオーナーシェフ・渡邊大佑さん。以前から「この地域の食材や伝統文化の豊かさは世界に通じる」との想いで、地元の食材や伝統調味料を巧みに使い、有名レストランガイド誌に6年連続で掲載される実力派。2020年より母校の小学校6年生にフルコースを振る舞う活動も続け、器は地元の常滑焼を使い、持ち帰ることができる。風土・歴史・文化を料理で表現し、地域経済や文化、教育への貢献を志す“ローカル・ガストロノミー”の実践者だ。食を通じて土地の魅力を伝えることで地域をリードし、未来も育てようとしている渡邊シェフの活動を、これからも注目し応援したい。（竹内葉子／ d news aichi agui）

026
京都
KYOTO

京都府立植物園
京都府京都市左京区下鴨半木町
075-701-0141
www.pref.kyoto.jp/plant

心やすらぐ隠れた重要名所　2024年に100周年を迎えた、北部賀茂川沿いの京都府立植物園。100年くらいの歴史ではまだまだ「老舗《しにせ》」とは呼ばれないというこの街にあって、100年以上の樹木は確かに寺社仏閣にも存在するが、国内初導入種や由来のはっきりした樹木をヘリテージツリーズ（歴史遺産樹木）として選び、次の100年に向けて引き継いでいこうとしている。四季の草花を観賞できる正門花壇に迎えられ、多品種のバラを堪能できる洋風庭園、日本各地の山野の自生植物、桜、梅、椿《つばき》、竹、針葉樹。自然林の半木（なからぎ）の森を歩いても、熱帯植物に囲まれて海外を想って立ち止まっても、芝生に寝転んでも、木の切り株に座って読書しても、良し。日本最大級の温室も素晴らしい。私のお気に入りは「京野菜コーナー」。世界遺産、グルメ、魅力満載の京都にあって、人の多さや忙しい日常から心解き放たれる自由な楽園。（内田幸映／ d食堂 京都）

025
滋賀
SHIGA

vokko
滋賀県彦根市柳川町 207-1
0749-43-7808
www.vokko-net.com

落ち着いた琵琶湖を眺めて一息　滋賀県北部の彦根市街から少し離れた琵琶湖畔に建つカフェ・雑貨店。木材を基調とした、温かく、静かに落ち着いた店内では、琵琶湖を眺めながらコーヒーを片手に一息つくことができる。私が一番好きなポイントは、この琵琶湖の眺めだ。キラキラとした“観光地っぽい”姿ではなく、丁寧に手入れされた木々の先に広がり、その奥には比良山脈を望む“落ち着いた琵琶湖”の姿を見ることができる。特にお薦めなのは冬の昼下がり。緑の少ない木々と、見るからに冷たそうな琵琶湖、雪をかぶった比良山脈という厳しい自然に、少し傾いたオレンジ色の陽光が差し込む。「vokko ブレンド」はすっきり軽やかな味わいで、景色とどこか対比を感じ、その安心感についつい長居したくなる。ドライブの合間に、ぜひ立ち寄ってみてほしい。（古谷阿土／d47 MUSEUM）

028
兵庫
HYOGO

YOKACHORO FOOD BASE
兵庫県洲本市五色町鳥飼上952
www.instagram.com/yokachoro2015

いつでも、島のうまいを楽しめる1缶　洲本《すもと》市鳥飼《とりかい》地域で、島の旬を閉じ込めた缶詰・瓶詰を製造・販売する「YOKACHORO FOOD BASE」。店主の角田大和さんは、レストランでは使いきれない食材を長く楽しむ方法を追求するため、2020年、海と山に恵まれ多様な食材が手に入る土地を目がけ、淡路島へ移住した。その時、その人との繋《つな》がりで出会う食材を使うため、定番、看板商品として思い浮かぶものがないのも特徴。ご自身で手がけるパッケージも、都度イラストレーターに依頼するので多彩だ。移住前に丹波篠山《たんばささやま》市で営業していた店舗も「cafe&bar YOKACHORO」として再開し、洲本市で商品を作る時の出汁《だし》をここでも使ったりと、良い循環が生まれている。これからも淡路の食材を引き立て、農家や漁師の力にもなるような一品を作り続けていってほしい。（毛利優花／洲本市地域おこし協力隊）

027
大阪
OSAKA

つげ櫛工房辻忠商店
大阪府貝塚市澤389－1
072-432-5477
www.tsujichu.jp

世代を超えて使い続けたいつげ櫛《ぐし》

大阪府の南に位置する貝塚市は、全国でも有数のつげ櫛の産地だ。6世紀後半に二色《にしき》の浜に漂着した渡来人から伝わり、江戸中期には「和泉櫛」の名で全国に流通。かつて洗髪料がなかった時代は、櫛で髪をとかすことで頭の汚れを落としていたため、つげ櫛は生活必需品だった。 歯の間隔は、1ミリ以下のごく細かいものから粗いものまであり、使う人の髪質や好みで選ぶ。私は2歳になる娘の髪が極細でよく絡まってしまうことを相談し、目の細かい櫛を購入することにした。使ってみると頭皮につげの心地よい刺激を感じ、静電気も起きないので髪が柔らかくなり自然にまとまる。朝晩使い、おかっぱの髪型がよりしっくりと決まるようになった。娘との色んな思い出と共に、櫛を育てていくことが楽しみだ。大きくなっても使い続けてくれたら、母はなお嬉しい。（井上由華／一児の母）

030

和歌山

WAKAYAMA

Nomcraft Brewing
和歌山県有田郡有田川町長田546-1
070-4211-5114
nomcraft.beer

人を呼び寄せる美味《おい》しいビールづくり　みかん畑が広がるのどかな町に、英語が飛び交い陽気な空気が流れるクラフトビール醸造所がある。使われなくなった保育所をリノベーションした小さな商業施設の一角で2019年に始動した「Nomcraft Brewing」はメンバー全員が国内外からの移住者。ビール醸造に関わるさまざまな経験を持って集まった彼らは、常に「飲みやすく美味しいビール」を追求し、次々と新しいビールを生み出している。2024年にはJapan Brewers CupのIPA部門で1位を受賞した。「クラフトビールでまちづくり」を掲げており、町に美味しいビールがあると楽しいコミュニケーションが生まれたり遠方から町を訪れてくれる人がいたりと、その先が広がっていくことを実感しているという。進化し続ける姿にこれからも目が離せない。（天津やよい／フリーランス）

029

奈良

NARA

Yosemite
奈良県橿原市葛本町147-3
0744-23-4730
yosemite-store.com

自然と人の関係を結び直す場　奈良の中央に位置する橿原《かしはら》市に、「Yosemite」はある。2013年の開店以来、自然と人を、ウェアやギアを通して繋《つな》いできた。ともすれば機能一辺倒になりがちなアウトドア用品でも、ファッションの要素を忘れないセレクトや、地元奈良のつくり手を発掘し企画した商品などがここには幅広く並ぶ。奈良県の南部地域は広大な森林を有しており、その玄関口とも言える立地と、ご自身も腕のいいハイカーである店主の豊田祥大さんの人柄もあり、山帰りや情報収集に立ち寄る方も多く、エリアのハブ的な役割も担っている。山遊びなどのイベントも企画し、新たなカルチャーも発信。名所旧跡を巡るような旅はひと段落し、その土地に深く入り込むような旅を志向する人たちが増えているが、そんな人たちの玄関口としても機能していくだろう。（坂本大祐／合同会社オフィスキャンプ）

032
島根
SHIMANE

香味園 上領茶舗
島根県鹿足郡津和野町後田ロ263
0856-72-0266
www.instagram.com/tsuwano.zaracha

香る旅　旅先ではその土地のものを見て味わうことが醍《だい》醐味《ごみ》の一つだが、もし津和野町を訪れることがあれば、そこに香りを楽しむことをぜひ加えてほしい。「香味園《こうみえん》 上領《かみりょう》茶舗《ちゃほ》」では、伝統的な「ざら茶」にフランスなどから仕入れたハーブを合わせたティザンヌ（ハーブティー）を提案している。ざら茶は、津和野では「行く先々で水のように振る舞われる」と言われるほど、古くから親しまれてきた日常茶だ。原料であるカワラケツメイを焙《ほう》じると、香ばしく甘い香りが店外にまで漂う。その香りに誘われ店内へ進むと、入り口と客席をシームレスに繋《つな》ぐ象徴的なカウンターや、明るく開放的な雰囲気、そしてハーブの華やかな香りを堪能することができる。古くから伝わるざら茶を、フランスのティザンヌの知恵とともに現代的に再解釈した、津和野ならではの体験がここに詰まっている。（玉木愛実／津和野まちとぶんか創造センター）

033

岡山

OKAYAMA

奈義町現代美術館
岡山県勝田郡奈義町豊沢441
0868-36-5811
www.town.nagi.okayama.jp/moca

月に、森に、溶けていく　ジャリッという足音が、無数の音の波になって白い半円形の空間に反響していく。声を出すと言葉をうまく聞き取れないほどに、もわもわと音が広がっていく、光だけが差し込む何もない空間。体を静かに動かして、できるだけ音を発さず、そこにただ佇むような気持ちに自然となってしまう。ここは、「奈義町現代美術館」の“展示室「月」”と呼ばれる、岡崎和郎氏の作品「HISASHI- 補遺《ほい》するもの」を展示した空間。太陽・月・大地という3つの部屋からなる磯崎新氏設計の建築が作品と一体となる当美術館は、2024年秋に開催された岡山北部初の国際芸術祭「森の芸術祭 晴れの国・岡山」の中心会場の一つとなった。県北地域の素晴らしい自然資産について、これまで知らなかった感覚から喜びをプレゼントしてもらえたような芸術祭だった。（とつゆう／絵描き・デザイナー）

031

鳥取

TOTTORI

たみ
鳥取県東伯郡湯梨浜町中興寺340-1
0858-41-2026
www.tamitottori.com

また、帰りたくなる宿　「とまる」と「くらす」が選べるゲストハウス、「たみ」があるのは、湯《ゆ》梨《り》浜町《はまちょう》という住所の通り、温泉が湧き、梨が実り、海のような湖のある土地。2階建ての木造家屋に、宿とシェアハウスとカフェがある。入り口には、大原大次郎氏によるロゴ「たみ」のひらがながパラパラと揺れていて、中に入ると、誰かが暮らしている気配を心地よく感じる。1階で靴を脱ぎ、共用のキッチンやリビングを横目に、2階の居室へ。和室に布団を並べてごろごろするもよし、窓から電車や夕陽を見るのもよし、湖畔を散歩するもよし。私は、湖を見渡せる喫茶店「HAKUSEN」でお茶をし、ユニークな書店「汽水空港」に立ち寄り、日が暮れたら、宿のカフェで山陰の食材やお酒を楽しみ、三《み》朝《ささ》温泉で疲れを癒した。そして部屋に帰ると、なんだか前から住んでいた気になってくるのだ。（下里杏奈／檸檬）

035

山口

YAMAGUCHI

玉椿旅館
山口県下関市豊浦町川棚5132
083-772-0005
tamatsubakiryokan.com

温故知新・力士が開いた温泉宿　大正12年、大阪相撲の十両力士だった山口県出身の玉椿関《たまつばき》が、故郷の相撲文化・観光の発展のため“ 巡業の宿 ”として開業した「玉椿旅館」。湯を切らさず800年続いてきた下関・川棚《かわたな》温泉の地で、大正時代の趣をそのままに残しながら営繕されてきた館内には、心地よいモダンな空間が広がる。増改築を重ねた館内は小さな迷路のように面白く、ワクワクして懐かしくそして美しい、なんともいえない感慨が込み上げてくる。湯治場として栄えた温泉地で数多くの偉人たちに愛され、2013年には国登録有形文化財に登録された。ここでは、この地発祥の瓦そばや下関名物のふく（河豚《ふぐ》）料理を愉《たの》しめる。大相撲本場所開催中には「やどびらき」、千秋楽の日にはバーイベントを開催。玉椿関の想いを継ぐ若女将《おかみ》の、粋なセンスが人々を惹き付ける名旅館へ、ぜひ。（安本みゆき／編集者）

034

広島

HIROSHIMA

リーダン・ディート
広島県広島市中区本川町2-6-10
和田ビル203
082-961-4545
readan-deat.com

出会いに出かける書店　原爆ドームから西に徒歩5分。本川町にあるビルの2階へ上がれば、個人宅を訪ねるような感覚で「リーダン・ディート」に辿《たど》り着く。「読むことと食べること」をテーマに、リトルプレスを中心とした本と作家ものの器を取り扱い、店内には小さなギャラリーも併設。お店の一番の魅力は、店主の清政《せいまさ》光博さんだ。“ 文脈棚 ”や器のセレクト、空間全体に店主のセンスが漂うが、適度な間合や曖昧さがあり、解釈する側に思考の余白を作ってくれて心地よい。だからこそ、普段手に取らないようなものに手を伸ばせるのだが、それは一種の「偶発的な出会い」であり、自身の直感が呼応する瞬間でもあるから嬉しくなる。そして、絶妙なタイミングで語りかけてくる清政さんに心溶かされる。そんな清政さんに会いに、広島のキーマンも多く通う。帰り際、偶然知人もやって来た。（今田雅／ .P）

037

香川
KAGAWA

OHLOY BREWING
香川県高松市内町3-4　YAMA BLD2
087-802-1848 (OHLOY STORE)
shop.ohloybrewing.com

醸造で土地の恵みと発見を届ける　ピルスナータイプの「koero」を飲んだ時、その軽やかな口当たりと柑橘《かんきつ》のような香りで、ブルワリーの情報を調べる前に、思わずグビグビ飲んでしまった。後から、屋号の「OHLOY おうろい」は香川県の方言で「恵みの雨」を意味することや、爽快な味わいは香川県産のお米から生まれていたことを知り、瑞々《みずみず》しい美味《おい》しさがまさにその土地の「恵み」だと感じた。代表の渡辺仁史さんが「ビールを軸に人、地域、世の中に潤いを」という思いで、ファントムブルワリーとして2022年に創業。ビアバーの「OHLOY STORE」も運営し、地元で飲むこともできる。軽やかなネーミングやラベルデザインで「これはIPAかな」と情報を知ってから飲んでも、一口目でハッとするような意外性がある。日常を潤す「恵み」と「発見」のビール。(黒江美穂／D&DEPARTMENT)

036

徳島
TOKUSHIMA

徳島県立阿波十郎兵衛屋敷
徳島県徳島市川内町宮島本浦184
088-665-2202
joruri.info/jurobe

庶民による、庶民のための芸術　徳島県は全国有数の人形浄瑠璃が盛んな地域。人形座、人形師、そして上演場所である農村舞台、そのどれもが日本一とされる数を誇る。プロによる洗練された大阪の文楽に対し、徳島の阿波人形浄瑠璃はアマチュア精神が持ち味だ。庶民の娯楽として江戸時代から、農村の有志が人形座を組み、五穀豊穣や家内安全を祈って農村舞台で上演した。舞台設営や衣装まで手作りだったという。「徳島県立阿波十郎兵衛屋敷」は、徳島に土着する芸能と、それらを守る人たちの愛情が感じられる文化施設だ。11の人形座が日替わりで「傾城《けいせい》阿波《あわ》の鳴門《なると》順礼歌《じゅんれいうた》の段」を毎日上演。仕事の合間に練習を重ねて舞台に立っている。事前の解説や英語字幕もあるためわかりやすい。思わず涙ぐむほど、表情豊かに動く人形たちに夢中になり、約35分の上演はあっという間だ。(髙木晴香／編集者)

039
高知
KOCHI

大方ホエールウォッチング
高知県幡多郡黒潮町入野227－ロ
0880-43-1058
nitarikujira.com

クジラに逢《あ》える町　土佐湾に面する高知県西部にある黒潮町。古くから漁業が盛んで、自然とうまく付き合いながら暮らす人びとの営みや文化が息づいている。そんな黒潮町は、クジラに逢える町として1989年8月からホエールウォッチングを開始した。1994年からは、毎年クジラの生態調査にも取り組むなど、クジラの保護のため、自主ルールを運用しながら運営しているのも特長の一つだ。案内人は、土佐の海を知り尽くした地元の漁師。広い海原でクジラを見つけるために無線で交わされる、親しみのある”幡多《はた》弁”にも注目。クジラとの遭遇率は8割を超え、ハセイルカの群れやハナゴンドウなどに遭遇することも。野生の生き物たちとの交流はここだけの特別。人と野生動物、そのどちらにとってもより良い関係を目指す「大方ホエールウォッチング」に出かけてもらいたい。(坂田実緒子／大ナゴヤツアーズ事務局)

038
愛媛
EHIME

U CHOCOLATE CLUB
愛媛県八幡浜市旭町1-1582-6
0894-21-4676
www.instagram.com/u.chocolate.club

港町から愛媛のクラフトチョコを　八幡浜港近くに立地するクラフトチョコの専門店。帰省客や観光客もふらりと訪れる店内からは、みかんの段々畑を望むことができ、店舗デザインは“ 愛媛の西の玄関口 ”から着想したアメリカ西海岸風。港町に心地よく馴染む。店主の亀岡浩美さんは、福岡から八幡浜に来て10年間お菓子の仕事に携わった。お客様とより近くでお菓子作りをしたい思いが芽生え、元喫茶店を製造所に、倉庫を店舗に改装し2022年に開業。使う素材は、内子《うちこ》産のお茶、今治産のごまなど愛媛県産にこだわり、常時20種以上を並べる。催事にも積極的に参加し、営業担当の夫・翔太さんは「愛媛を知ってほしい」という思いでいつも丁寧かつフレンドリーに接客する。ついつい多めにお土産に買って応援したくなるふたり。彼らを見かけたらぜひ話しかけてみてほしい。(日野藍／デザイナー・編集者)

I　IKEUCHI ORGANIC

041
佐賀
SAGA

名尾手すき和紙
佐賀県佐賀市大和町名尾4674-1
0952-63-0334
naowashi.com

和紙を全身で味わう　佐賀市大和町《やまとちょう》名《な》尾《お》地区で、300年続く「名尾手すき和紙」。主に神事に使用される和紙を長年漉《す》き続けている。梶《かじ》の木の栽培から製造、販売まで一貫して行うという全国的にも稀《まれ》な工房だ。案内してくれたのは7代目の谷口弦さん。工房見学を終え隣接する直営店に入ると、至る所に情緒を感じる工夫が凝らしてあり、五感で和紙を鑑賞できる。名尾手すき和紙の歴史から製造工程、和紙のこれからのことなど話してくれた。弦さん曰《いわ》く「和紙はいま、道具から鑑賞へとシフトしており、ルネサンスを迎えている」という。暫《しばら》くして奥の茶室のような部屋へ通された。靴を脱いで中に入ると床から壁天井までが和紙でできている。ここで時間を過ごすと心が解《ほど》け、紙（神）に包まれているようでなんとも居心地の良い体験だった。緑を大切にする弦さんの人柄と語りも素晴らしかった。（古賀義孝／光画デザイン）

040
福岡
FUKUOKA

九州大学　大橋キャンパス
福岡県福岡市南区塩原4-9-1
092-553-4435
www.design.kyushu-u.ac.jp

大橋で半世紀語り続けてきた建築　1968年に開校した旧九州芸術工科大学キャンパスは、学生、教員、地域のコミュニケーションを生む場として大橋の街を彩ってきた。ルイス・カーン設計のソーク研究所を思わせる幾何学的な造形は、彼に師事した香山《こうやま》壽夫《ひさお》氏による設計。ヴィム・ヴェンダースが制作総指揮を務めた映画『もしも建物が話せたら』で私はソーク研究所を知り、そこで語られる「人が建築を学んでいるのではなく、建築が人を教えている」という思想に触れた。大橋キャンパスの設計の根底にも近しい思想が流れていると感じる。今後、フライパン広場を囲む5つの建造物が国の登録有形文化財に登録される方針だと発表があった。大橋の地で育ち、芸工生でないながらもここによく訪れていた私は何と贅沢《ぜいたく》な教育を受けていたのかと改めて実感。この建築群の声をぜひ感じとってみてほしい。（梅津昂明／株式会社 Looop）

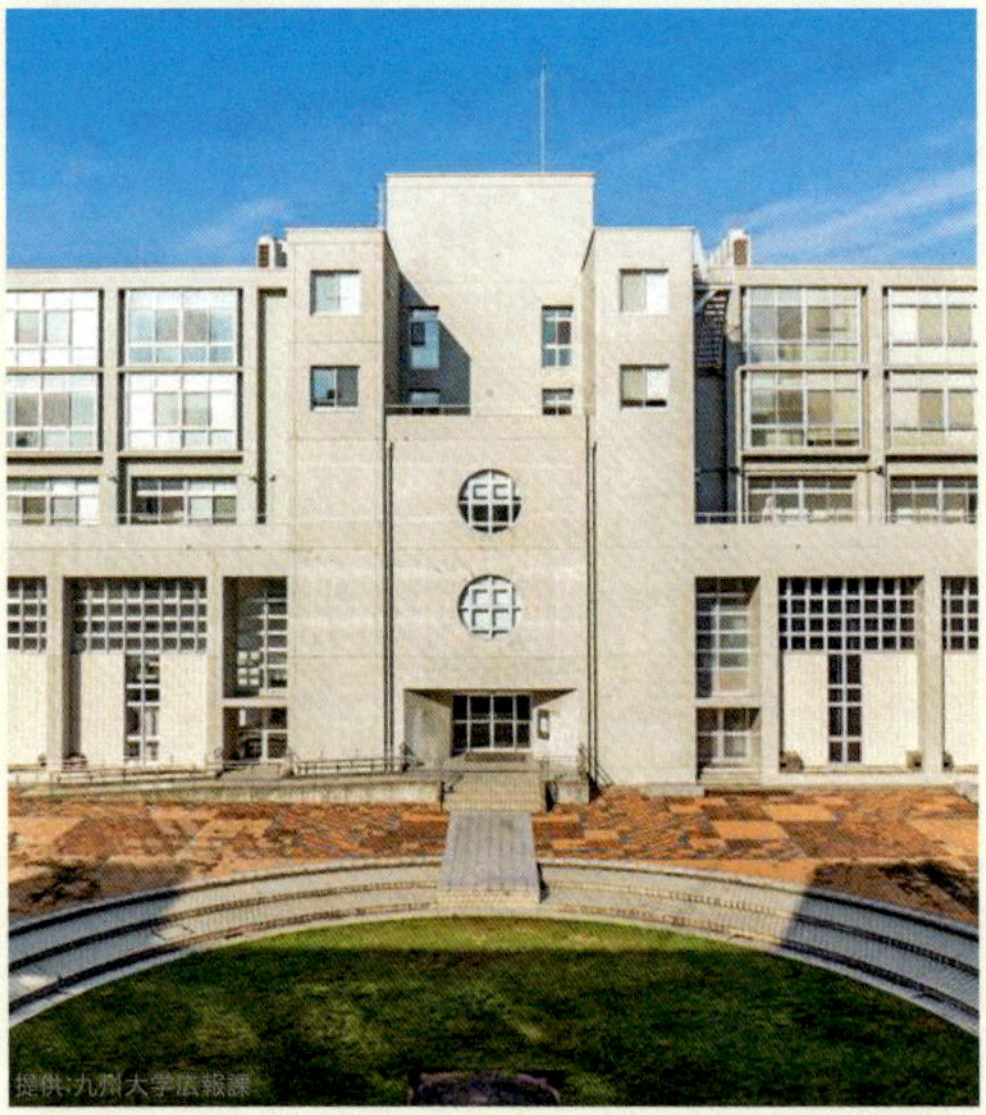
提供：九州大学広報課

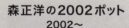

043

熊本
KUMAMOTO

さかむら
熊本県熊本市中央区南千反畑町5-15
090-9367-6501
sakamuratakeshi.com

花人・坂村岳志氏の喫茶　花と骨董と喫茶のお店「さかむら」は、2012年、縁あって東京から熊本市中央区に移転した。店主は、野山に自生する草花をいける花人・坂村岳志さん。毎月、白川公園で「花の講座」を開催し、立田自然公園のお茶室「仰松軒」で開催する「花の会」では彼のいけた草花を鑑賞できる。「さかむら」は、骨董と音楽と珈琲の香りの溢《あふ》れる空間だ。プチトマトと舞茸ペーストのオープンサンドや、ケーキなどの食事も美味《おい》しく、観光客やカフェめぐりの若いお客さんが多いのも納得。最初の頃は珈琲を注文してひっそりと本を読んだりしていたが、ふとした時に常連さんたちの会話にもぐりこめ、お酒と共にとりとめもない話をして過ごすようになった。2025年、歩いてすぐの現住所に移転。坂村さんの花の世界のように、人々がありのままに楽しめる空間のこれからも楽しみだ。（末永侑／フォトアトリエすえなが）

042

長崎
NAGASAKI

万月堂「桃かすてら」
長崎県長崎市鍛冶屋町6-45
095-893-8833
mangetsudo.theshop.jp

長崎に根づく銘菓の味　上白糖と水を煮詰めた桃の形のすり蜜にふんわり生地を合わせた、濃厚な甘さの「桃かすてら」。伝統的な縁起菓子で、地元民には長く愛され続けている銘菓だという。16世紀、日本国内で唯一、世界との窓口を担った長崎。南蛮文化と中国文化の影響を多分に受け、今日までその色を街に残している。南蛮貿易によってもたらされたカステラと、中国では“仙果”とされ、不老不死の果実とされる桃。異国の文化がミックスした長崎ならではのお菓子だ。長崎市内が春節を祝うランタンの灯《あか》りで賑《にぎ》わいを見せる頃、1961年創業の老舗《しにせ》「万月堂」が作る大きな桃かすてらを分け合って食べると、まさに異国の食べ物のような初めての味だった。長崎ちゃんぽん、トルコライスといった“和華蘭《わからん》”の名物と並び、長崎に根づく味の一つなのではないだろうか。（金藏未優／ D&DEPARTMENT TOKYO）

045
宮崎
MIYAZAKI

延岡メンマ
宮崎県延岡市上三輪町3401-39
080-3556-9517 (LOCAL BAMBOO INC.)
nobeokamenma.com

メンマで延岡の農を守る　東京で出会った江原太郎さんは、有機農業や農園運営に関連する仕事をしていた。なので、2020年に地元の宮崎県延岡市で放置竹林の課題解決のためLOCAL BAMBOO INC.を起業したことには少し驚いた。竹は、その成長力・繁殖力の強さを見込まれ、食料や生活道具の素材として日本の農村部の暮らしを支えてきたが、人々は、安価な輸入筍や新素材の普及に伴い手入れをしなくなった。面積の8割が山林である延岡でも放置竹林の課題は根深く、江原さんが畑を始めようとした時にその問題に直面。孟宗竹の“幼竹”時期に収穫し、地域で製造する「延岡メンマ」を開発した。その土地で健全な農が営まれるための、太郎さんらしい“食べる”課題解決は評判を呼び、現在は国内各地の放置竹林に関する相談業務にも奔走しているそうだ。(有賀みずき／d design travel)

044
大分
OITA

六月八日
大分県中津市上宮永4-3- 1
0979-22-7944
rokugatsuyohkanomori.jp

そして森に還《かえ》っていく　深緑が眩《まぶ》しい雨の森。一年で一番エネルギーに満ち溢《あふ》れる頃をブランド名にした「六月八日」は、耶《や》馬《ば》溪《けい》で林業を営む「久恒《ひさつね》山林株式会社」が提案するライフスタイルブランドだ。社長の久恒雄一郎さんは、持続可能な林業経営を追い求め、森と向き合い問う中で、木材の未利用部分を使用したアロマ商品の開発に辿《たど》り着く。杉、檜《ひのき》、クロモジ、カボスなど、里山の植物から抽出した“エッセンシャルオイル”や“芳香蒸留水”。森の恵みをプロダクトにすることに成功した。また、築100年の国登録有形文化財の本社社屋では、ワークショップやイベントも随時開催。雨粒が谷筋に沿って川から海へと流れつき、そしてまた雲となり山に降り注ぐように、森の循環が、心地よい香りと共に私たちに降り注ぐ。そして私たちは、いつの間にか「六月八日」のファンになっていることに気づく。(古岡大岳／豆岳珈琲)

047

沖縄

OKINAWA

琉球ノ酒器ト泡盛　オニノウデ
沖縄県那覇市壺屋1-7-13
090-3797-0577
www.instagram.com/sakukawachosyou

こだわりの酒器で楽しむ泡盛　やちむんの故郷ともいわれる壺屋エリアにひっそりと佇《たたず》む「オニノウデ」。店内には壁一面に並べられた泡盛と、見たことのない形をした酒器がずらりと並ぶ。県内46酒造所全ての泡盛が揃い、約500種類以上の飲み比べが楽しめる。料理は、沖縄の伝統料理をアレンジした泡盛に合う絶品料理。酒器は、巨匠から新人まで、店主・佐久川長将《ちょうしょう》さんの目利きで集めたもの。使われている器も全て沖縄のものだ。店名は、店主が一番好きな焼物で、沖縄に昔からある泡盛の徳利の名前から取ったそう。ぐいのみより小さなお猪《ちょ》口《こ》の「チブグワー」で、度数の高い泡盛をストレートでチビチビ呑《の》む嗜《たしな》み方は、店主から教わった。泡盛とやちむんをこよなく愛する、佐久川さんのこだわりが店の隅々に感じられ、泡盛の新たな魅力を発見できる店。（島袋みのり／ D&DEPARTMENT OKINAWA）

046

鹿児島

KAGOSHIMA

亀﨑染工有限会社
鹿児島県いちき串木野市旭町156-1
0996-32-3053
www.kamesome.co.jp

日本の染め文化「印染《しるしぞめ》」の担い手　かつて港町として栄え、歴史文化遺産も多く残るいちき串木野市に工房を構える「亀﨑染工有限会社」。1869年の創業以来、引染、捺染、デジタル染色と幅広い染色技法を用いて、大漁旗や暖簾、法被などに紋章をはじめさまざまな意匠や文字を染め付ける「印染」を手がけてきた。5代目・亀﨑昌大氏は、大漁旗を伝統的な引染で製作し、大小さまざまな刷毛を用いて自身の数倍にもなる布にも、手作業で染付けを行なう。昌大氏は「全国青年印染経営研究会」の会長を務めた経験があり、継承者不足や需要減少などの課題を抱える「印染」を後世に残していく活動にも積極的に取り組んでいる。鹿児島の多くの漁船に大漁旗が掲げられ、多彩な旗が風に靡きながら海に浮かぶ圧巻の光景が、この先も残っていくことを私は願う。（前野祐輝／ D&DEPARTMENT KAGOSHIMA）

会員みんなでつくる

ロングライフデザインの活動報告

D&DEPARTMENTの活動を通じて「ながくつづく」を研究、紹介、活用しながら、いい店や場所、生活道具がいつまでも存在し続くように、そこに大切な意識を広める場として発足した「ロングライフデザインの会」。地域や仲間と繋がり、持続性を生み出す活動を、年間を通して応援いただく会員制度です。

今村製陶［JICON］
version zero dot nine
漆工芸大下香仙株式会社［Classic Ko］
亀﨑染工有限会社
カリモク家具
株式会社キャップライター
ダイアテック［BRUNO］
大地の芸術祭
デザインモリコネクション
東急株式会社
株式会社東京チェンソーズ
東洋物産株式会社
富井伸行
ドライブディレクション
中村千晶
日本デザイン振興会
株式会社藤栄 ニーチェアエックス
FUTAGAMI
株式会社プラス

AHH!!／四十沢木材工芸／淺井勇樹／あさのゆか（朝から晩まで）／飯島俊幸
石原ほのか／礒 健介／inutaku3／入多由紀恵／石見神楽東京社中 小加本行広
石見銀山 群言堂／株式会社 INSTOCK／August Kekulé
大崎真弓 株式会社大崎材木店／大山 曜／オクムサ・マルシェ／及木史菜
カーサプロジェクト株式会社／風の杜／弁護士法人片岡総合法律事務所／かどや
金子さつき／河野秀樹／菅野悦子／機山洋酒工業 株式会社／Cuet Inc. 中野結衣
GYOKU／国井純（ひたちなか市役所）／クラフトシップス株式会社
褻ノ日 藤崎眞弓／コクウ珈琲／小林ふみこ／コルポ建築設計事務所
COMFORT STYLE Co.,Ltd.／今 由美／齋藤圭吾／齊藤鷹之／坂口慶樹
坂本正文／櫻井圓晋／サトウツヨシ／佐藤丈公／讃岐かがり手まり保存会
saredo されど／志ば久 久保 統／JunMomo／白崎龍弥・酒井晴菜／末宗千登世
sail 中村圭吾／宗円美枝子／SO DESIGN 株式会社／曽山 茂／タイタイスタジオ
竹原あき子／竹前映理／谷 駿之介／ちいさな庭／智里／土原翔吾
株式会社 津乃吉／妻形 円／水流一水／つるまきばね／DESIGN CLIPS
DO-EYE-DO／とくら建築設計／鳥居大資／DRAWING AND MANUAL
永田 智／中村亮太／Nabe／南條百恵実／西村美紀／西山 薫／野村 浩／野村 信
梅月堂／821&350／原田將裕（茅ヶ崎市役所）／ハルバル材木座／パンのGORGE
HUMBLE CRAFT／東尾厚志／日の出屋製菓 千種啓資／ひろ／Hiroshi Tatebe
廣島眼鏡店／POOL INC. 小西利行／深石英樹／藤枝 碧／藤原慎也
FURIKAKE 得丸成人／古屋万恵／株式会社ぶんぶく／Bed and Craft
ホテルニューニシノ／Marc Mailhot／matsumoto tomoco
マルヒの干しいも 黒澤一欽／水引 かりがね／道場文香／峯川 大／宮崎会計事務所
株式会社 村松建築／メノワカ食堂／モノ・モノ／森 光男／八重田和志／谷澤咲良
宿たゆたう／ヤマギシマサヒコ／山口愛由子／山崎義樹／山田敬志
ヤマモト ケンジ／山本八重子／山本 凌／yamomi／横山純子
Laughter Doughnuts／若松哲也
他 匿名78名（五十音順・敬称略）

※2024年12月末までに入会された個人・法人会員の内、お名前掲載に同意いただいた方々をご紹介しています。

D&DEPARTMENT STORE LOCATION

D&DEPARTMENT HOKKAIDO
by 3KG
北海道札幌市中央区大通西17-1-7
011-303-3333
O-dori Nishi 17-1-7, Chuo-ku,
Sapporo, Hokkaido

D&DEPARTMENT SAITAMA
by PUBLIC DINER
埼玉県熊谷市肥塚4-29 PUBLIC DINER
屋上テラス
048-580-7316
PUBLIC DINER Rooftop Terrace
4-29 Koizuka, Kumagaya, Saitama

D&DEPARTMENT TOYAMA
富山県富山市新総曲輪4-18
富山県民会館 1F
076-471-7791
Toyama-kenminkaikan 1F, Shinsogawa
4-18, Toyama, Toyama

D&DEPARTMENT MIE
by VISON
三重県多気郡多気町ヴィソン 672-1
サンセバスチャン通り6
0598-67-8570
6 Sansebastian-dori, 672-1Vison,Taki-cho,
Taki-gun Mie

D&DEPARTMENT KAGOSHIMA
by MARUYA
鹿児島県鹿児島市呉服町6-5
マルヤガーデンズ4F
099-248-7804
Maruya gardens 4F, Gofuku-machi 6-5,
Kagoshima, Kagoshima

D&DEPARTMENT SEOUL
by MILLIMETER MILLIGRAM
ソウル市龍山《ヨンサン》区《グ》梨《イ》泰《テ》 院《ウオン》 路《ロ》240
+82 2 795 1520
Itaewon-ro 240, Yongsan-gu,
Seoul, Korea

D&DEPARTMENT HUANGSHAN
by Bishan Crafts Cooperatives
安徽省黄山市黟县碧阳镇碧山村
+86 13339094163
Bishan Village, Yi County, Huangshan City,
Anhui Province, China

D&DEPARTMENT FUKUSHIMA
by KORIYAMA CITY
福島県郡山市燧田 195 JR郡山駅 2F
こおりやま観光案内所内
024-983-9700
JR Koriyama Station 2F
(Koriyama tourist information center),
195 Hiuchida, Koriyama, Fukushima

D&DEPARTMENT TOKYO
東京都世田谷区奥沢8-3-2-2F
03-5752-0120
Okusawa 8-3-2-2F, Setagaya-ku, Tokyo

d news aichi agui
愛知県知多郡阿久比町矢高五反田37-2
0569-84-9933
Yatakagotanda 37-2, Agui-cho,
Chita-gun Aichi

D&DEPARTMENT KYOTO
京都府京都市下京区高倉通仏光寺
下ル新開町397 本山佛光寺内
ショップ 075-343-3217
食堂 075-343-3215
Bukkoji Temple, Takakura-dori Bukkoji
Sagaru Shinkai-cho 397, Shimogyo-ku,
Kyoto, Kyoto

D&DEPARTMENT OKINAWA
by PLAZA 3
沖縄県沖縄市久保田3-1-12 プラザハウス
ショッピングセンター 2F
098-894-2112
PLAZA HOUSE SHOPPING CENTER 2F,
3-1-12 Kubota, Okinawa, Okinawa

D&DEPARTMENT JEJU
by ARARIO
済州島《チエジユトウ》 済州《チエジユ》市《シ》 塔洞《ダプドン》路《ロ》 2ギル 3
+82 64-753-9904
3, Topdong-ro 2-gil, Jeju-si,
Jeju-do, Korea

d47 MUSEUM / d47 design travel store /
d47 食堂
東京都渋谷区渋谷2-21-1 渋谷ヒカリエ 8F
d47 MUSEUM/d47 design travel store
03-6427-2301 d47食堂 03-6427-2303
Shibuya Hikarie 8F, Shibuya 2-21-1,
Shibuya, Tokyo

ちょっと長めの、編集長後記

〝陰〟に息づく、極上の日常。

神藤《しんどう》秀《ひで》人《と》

東京で生まれ育った僕にとって、島根県は、まったく縁もゆかりもない土地だった。過去の、『d design travel』の取材でも、電車や車でふらりと寄り道することもなく、ただただ遠く、「中国山地の北側にある県」という認識でしかなかった（ちなみに、同じ山陰の鳥取県は、「砂丘」という大きなコンテンツがあり、兵庫県の隣ということで、心理的に近いイメージがある）。さらに付け加えると、雨が多く、鉛色の雲、冷たい北西の季節風、おまけに百貨店が一つもなく、スターバックスもたったの5店舗で、鳥取県と同率最下位（2025年2月現在）。僕が拠点にした大田《おおだ》市大森町なんかは、コンビニ一つなくて、挙げ句の果て雪が降った日には、町から一歩も出られないなんて当たり前……とまぁ、こんな冒頭部分だけを読んだら、せっかく島根県に興味を持って「島根号」を手に取ってくれた読者の方々は、「不便」だとがっかりされてしまうかもしれないが、僕は、それでいいのだと思う。マイナスなイメージばかりが先行して、〝日本一の田舎〟と揶揄《やゆ》され続けてきた島根県は、もはや過去のことで、今では、そのマイナスをプラスに変えている。誤解を恐れずに言うと、島根県は〝陰〟であって、本当によかったと思う。外から入ってくるものは最低限で、内から出ていくものもほとんどない。閉鎖的であったからこそ、独自の歴史や文化が生まれ、島根県ならではの気質や気風が育まれ、ずっと、大事に守られてきたのだ。

「出雲《いずも》大社《おおやしろ》」を筆頭に、出雲エリアには古社や神社が多く、『出雲神話』の伝承地が、100か所以上も伝えられていて、

insular nature that a unique history and culture have emerged, fostering a disposition and ethos unique to Shimane Prefecture.

There are over a hundred places mentioned in Izumo mythology that has been passed down. I've been to several of them and it felt like it could restore my heart back into a pure one. The traditional performing art of "*Kagura*" is still as much a part of daily life in Shimane. If you're interested, visit the "Shimane Traditional Performing Arts Archive Site," a website that has tastefully compiled videos of traditional performing arts in Shimane. Enshrined deities can be seen everywhere, and the tendency to accept the natural order of all things as divine revelations is a unique "Shimane-ness."

When we visit a place, we encounter its scenery and fall in love with its land. But there are times when we lose interest in some of these things once we leave the place. It's like "magic," and the fact that the magic lasts is what makes something so good. But what about Shimane? Shimane's design is able to live on in Shimane, and their "extreme livelihood" is reminiscent of ancient Japan even without looking through rose-tinted or magical lenses.

実際に僕もいくつか巡ってみたが、そんな神聖な場所に何度も足を運んでいると、誰でも心が綺麗《きれい》な人間に生まれ変わるのではないか、と思うほどだった。また、島根県には、伝統芸能の「神楽」が、今もなお、日常の暮らしの中に溶け込んでいる。その親しまれ方は、ちょっと異質で、映画やコンサートと、ほぼ同列に神楽がある!? 気になるようでしたら、「グラントワ」が取り組む、『島根県伝統芸能アーカイブス』が、県内の伝統芸能の動画をセンスよくまとめているので、ぜひご覧ください。どこに行くにも、何をするにも、そこには神様のご加護があって、万物の自然の摂理を心して受け入れる傾向は、ユニークな〝島根らしさ〟でもあった。

その土地に行けば、その土地の風景に出会い、その土地のモノに惚《ほ》れ込む――『d design travel』の、セオリー通りの旅だ。ただ、それらの中には、その土地から離れた途端に冷めてしまうこともある。それを僕らは、ある種の〝魔法〟だと思っていて、その魔法の効き目こそが、そのモノの良さなのではないか、とも思う。では、島根はどうだったのか……その基準に当てはまらなかったのが、島根なのだと思う。島根のデザインは、島根の中で生き続け、魔法さえもかからない、日本古来の生活を彷彿《ほうふつ》とさせる〝極上の日常〟。だから、読者の皆さんには、わざわざでも島根に行ってほしいのです。そして、八百万《やおよろず》の神が集まるその現場に赴《おもむ》いて、僕たち人間の、デザインという営みの本質を、改めて考えてみてください。島根が、まだ、島根のままであるうちに。

Slightly Long Editorial Notes

By Hideto Shindo

Live your best life in the shadows of San'in.

For a born-and-bred Tokyoite, Shimane Prefecture was a place that had absolutely nothing to do with me. I simply saw Shimane as "a faraway prefecture in the northern part of Chugoku Mountains." Then there's the heavy rain, leaden clouds, and cold northwesterly seasonal winds; and if that's not enough, not a single department store can be found in sight. And Shimane has the least number of Starbucks stores in Japan – four. In Omori Town where I was based, convenience store is unheard of, and the cherry on top was that no one expected to be able to leave the town once it snowed. Readers who're interested in Shimane may be discouraged by its inconvenience, but I think that's fine. Shimane Prefecture has always been derided as the "boonie of the boonies," but that is no longer true. This might be misleading, but I'm really glad that Shimane is in the "shadows." It's precisely because of her

25 **出雲そば きがる**(→p. 104)
島根県松江市石橋町400-1
0852-21-3642
ランチ 月・水～土曜 11:00–15:30(15:00 L.O.)
ディナー 木～土曜 17:00–20:00(19:30 L.O.)
日曜・祝日 11:00–17:00(16:30 L.O.)
(蕎麦がなくなり次第終了する可能性あり)
火曜(祝日の場合は振替営業あり)、第3水曜休
(月により変更あり)
Izumo Soba Kigaru
Ishibashi-cho 400-1, Matsue, Shimane

26 **福寿庵**(→p. 104)
島根県大田市大田町大田ハ125-1
0854-84-7088
11:00–15:00　水曜休、第3日曜休
(蕎麦がなくなり次第終了)
Fukujuan
Oda ha 125-1, Oda-cho, Oda, Shimane

27 **藤井 保**(→p. 106)
Tamotsu Fujii

28 **日貫一日**(→p. 114)
島根県邑智郡邑南町日貫3376
090-3632-4902
1泊2食付き1名[安田邸] 20,900円～
[MARIE] 15,800円～
[一揖]土～月曜のみ営業　13:00–17:00
HINUI HITOHI
Hinui 3376, Onan-cho, Ochi-gun, Shimane

29 **田中葡萄園(monukka)**(→p. 114, 142)
島根県益田市高津4-2-7
0856-23-6530
9:30–17:00 月～水曜・日曜休(第4日曜は営業)
Tanaka Grape Garden(monukka)
Takatsu 4-2-7, Masuda, Shimane

30 **栗栗珈琲**(→p. 114)
島根県益田市あけぼの西町8-6
0856-22-7870
8:30–18:00
KuriKuri Coffee
Akebono-Nishi-machi 8-6 , Masuda, Shimane

31 **日原にぎわい創出拠点 かわべ**(→p. 114)
島根県鹿足郡津和野町日原268-1
0856-74-1930
水曜休
Nichihara kawabe
Nichihara 268-1, Tsuwano-cho, Kanoashi-gun, Shimane

32 **Cafe PUENTE**(→p. 135)
島根県松江市末次本町36 E.A.Dビル1F
0852-69-2977
13:00–24:00　木曜休
Cafe PUENTE
E.A.D Bldg. 1F, Suetsugu-honmachi 36, Matsue, Shimane

33 **渡邊水産**(→p. 138)
島根県出雲市浜町1987-1
0853-22-6555
9:00–18:00　土・日曜・祝日休
Watanabe Suisan
Hama-cho 1987-1, Izumo, Shimane

34 **大社の祝凧 高橋**(→p. 142)
島根県出雲市大社町杵築東724
0853-53-1553
9:00–19:00　不定休
Takahashi
Kizuki-higashi 724, Taisha-cho, Izumo, Shimane

35 **松江ビアへるん 醸造所**(→p. 142)
島根県松江市黒田町509-1
(松江堀川・地ビール館内)
0852-55-8355
[松江堀川・地ビール館] 9:30–17:00　無休
Matsue Beer Herun Brewery (Shimane Beer)
Kuroda-cho 509-1, Matsue, Shimane (inside Matsue Horikawa Local Beer Hall)

36 **陶山商店**(→p. 142)
島根県安来市飯島町294
0854-23-2121
9:00–17:00　土・日曜・祝日休
Suyama Shouten
Hashima-cho 294, Yasugi, Shimane

37 **宍道湖漁業共同組合**(→p. 142)
島根県松江市袖師町6-9
0852-21-3391
Shinjiko Fisheries Cooperative Association
Sodeshi-cho 6-9, Matsue, Shimane

38 **海士御塩司所**(→p. 142)
島根県隠岐郡海士町知々井1003-3
08514-2-1185
Amaonshio tsukasadokoro
Chichii 1003-3, Ama-cho, Oki-gun, Shimane

39 **來間屋生姜糖本舗**(→p. 142)
島根県出雲市平田町774
0853-62-2115
9:00–19:00　不定休
Kurumaya Ginger Sugar Candy Shop
Hirata-cho 774, Izumo, Shimane

40 **森田醤油店**(→p. 142)
島根県仁多郡奥出雲町三成278
0854-54-1065
8:30–18:00　土・日曜・祝日休
Morita Shoyuten
Minari 278, Okuizumo-cho, Nita-gun, Shimane

41 **三英堂 寺町本店**(→p. 142)
島根県松江市寺町47
0852-31-0122
9:00–18:00　不定休
Saneido Teramachi
Teramachi 47, Matsue, Shimane

42 **アップサイクル三余亭**(→p. 142)
島根県浜田市外ノ浦町587
090-3638-2819
Upcycle Sanyotei
Tonoura-cho 587, Hamada, Shimane

43 **香味園 上領茶舗**(→p. 153)
島根県鹿足郡津和野町後田ロ263
0856-72-0266
10:00–17:00　不定休
Komien Kamiryo Chaho
Ushiroda Ro 263, Tsuwano-cho, Kanoashi-gun, Shimane

d MARK REVIEW INFORMATION (→ p. 185)

d design travel SHIMANE INFORMATION

1 FAVORITE
IMAGINE.COFFEE(→p. 122, 064)
島根県松江市伊勢宮町503-1
0852-25-9277
9:00–23:30(L.O. 23:00)　不定休
IMAGINE.COFFEE
Isemiya-cho 503-1, Matsue, Shimane

2 FAVORITE
焼鳥さえき(→p. 122)
島根県松江市寺町132-2
18:00–　不定休　※完全予約制
www.instagram.com/yakitori_saeki/
Yakitori Saeki
Teramachi 132-2, Matsue, Shimane

3 FAVORITE
TRATTORIA キツツキ(→p. 122)
島根県江津市松川町市村342-6
0855-52-7224
ランチ 11:30–15:00
ディナー 18:30–21:00　火・水曜休
TRATTORIA Kitsutsuki
Ichimura 342-6, Matsukawa-cho, Gotsu, Shimane

4 FAVORITE
アイス & カフェ ベッカライ コンディトライ ヒダカ(→p. 122)
島根県大田市大森町ハ90-1
0854-89-0500
11:00–16:00　月・火曜休(時期により変更あり)
Eis&Café Bäckerei Konditorei Hidaka
Omori-cho ha 90-1, Oda, Shimane

5 FAVORITE
MASCOS BAR & DINING(→p. 122, 050)
島根県益田市駅前町30-20
0856-25-7331
11:00–22:00(金・土曜 –23:00、日曜 –21:00)月曜休(連休時は変更あり)
MASCOS BAR & DINING
Ekimae-cho 30-20, Masuda, Shimane

6 FAVORITE
プロフェッショナルポーク レストラン ケンボロー(→p. 122)
島根県浜田市黒川町4191 末広ビル1F
0855-24-9909
ランチ 11:00–15:00(L.O. 14:00)
ディナー 17:00–22:00(L.O. 21:00)
チャイルドタイム 11:00–19:00 火曜休(祝日の場合は営業、翌水曜休、2・9月の第1月・水曜休)
Professional Pork Restaurant Camborough
Suehiro Bldg 1F, Kurokawa-cho 4191, Hamada, Shimane

7 FAVORITE
さんべ温泉そばカフェ 湯元(→p. 122)
島根県大田市三瓶町志学ロ1730-11
0854-83-2215
11:00–16:00(温泉 10:00–17:00)
火曜休(臨時休業あり)
Sanbe Onsen Soba Café Yumoto
Shigaku ro 1730-11, Sanbe-cho, Oda, Shimane

8 FAVORITE
美松食堂(→p. 122)
島根県鹿足郡津和野町後田ロ59-13
0856-72-0077
11:00–15:00
水曜休(毎月1日、祝日の場合は営業)
Mimatsu Shokudo
Ushiroda ro 59-13, Tsuwano-Cho, Kanoashi-gun, Shimane

9 FAVORITE
酒場ノンベ(→p. 122)
島根県益田市駅前町21-15
0856-32-3470
18:00–24:00　不定休
Sake Labo -nonpe-
Ekimae-cho 21-15, Masuda, Shimane

10 FAVORITE
こめじるし(→p. 122, 114)
島根県邑智郡邑南町下田所1570
0855-83-0088
11:00–16:00(時期により異なる。お菓子が売り切れ次第終了)不定休
Komejirushi
Shimotadokoro 1570, Onan-cho, Ochi-gun, Shimane

11
一畑電車(→p. 064)
[出雲大社前駅]
島根県出雲市大社町杵築南1346-9
0853-62-3383(本社)
Ichibata Electric Railway
[Izumo-taisha-mae Station]
Kizuki-Minami 1346-9, Taisha-cho, Izumo, Shimane

12
出雲大社(→p. 064)
島根県出雲市大社町杵築東195
0853-53-3100
8:30–17:00(お問い合わせ)
Izumo Oyashiro Shrine
Kizuki-higashi 195, Taisha-cho, Izumo, Shimane

13
小泉八雲記念館(→p. 064, 082)
島根県松江市奥谷町322
0852-21-2147
4～9月 9:00–18:00　10～3月 9:00–17:00
(受付は閉館の30分前まで)　年中無休(館内メンテナンスのため、年6回休館日あり)
The Lafcadio Hearn Memorial Museum
Okudani-cho 322, Matsue, Shimane

14
artos Book Store(→p. 064, 137)
島根県松江市南田町7-21
0852-21-9418
11:00–19:00　不定休
artos Book Store
Minamita-machi 7-21, Matsue, Shimane

15
須我神社(→p. 064)
島根県雲南市大東町須賀260
0854-43-2906
8:30–17:00
Suga Shrine
Suga 260, Daito-cho, Unnan, Shimane

16
奥出雲前綿屋 鐵泉堂(→p. 064)
島根県雲南市吉田町吉田2557-1
0854-74-0008
10:00–17:00　月・火曜休
Oku Izumo Maewataya Tessendo
Yoshida 2557-1, Yoshida-cho, Unnan, Shimane

17
西持田窯(→p. 064, 090)
www.instagram.com/nishi_mochidagama/
Nishi Mochidagama Pottery

18
垣内信哉(→p. 064, 090)
www.instagram.com/shinyakakiuchiglass/
Shinya Kakiuchi

19
安部榮四郎記念館(→p. 064)
島根県松江市八雲町東岩坂1754
0852-54-1745
8:00–17:00　火曜休(年末年始など臨時休業あり)
Abe Eishiro Memorial Hall
Higashi-Iwasaka 1754, Yakumo-cho, Matsue, Shimane

20
工藝 格(→p. 064, 142)
島根県松江市袖師町3-21(袖師窯内)
0852-21-3974
9:00–18:00　日曜・祝日休(要確認)
Kougei Itaru
Sodeshi-cho 3-21, Matsue, Shimane (in Sodeshigama Pottery)

21
天野紺屋(→p. 064 142)
島根県安来市広瀬町広瀬968
0854-32-3384
10:00–18:00　不定休
Amano Kouya
Hirose 968 Hirose-cho, Yasugi, Shimane

22
島根県立美術館(→p. 064)
島根県松江市袖師町1-5
0852-55-4700
10～2月 10:00–18:30
(展示室への入場は18:00まで)
3～9月 10:00–日没後30分
(展示室への入場は日没時刻まで)
火曜休、年末年始休(変更あり)
Shimane Art Museum
Sodeshi-cho 1-5, Matsue, Shimane

23
手打ちそば 東風(→p. 104)
島根県松江市雑賀町237
0852-67-2618
11:30–14:30　日・月曜休
Kochi
Saika-machi 237, Matsue, Shimane

24
手打 神代そば(→p. 104)
島根県松江市奥谷町324-5
0852-21-4866
11:00–14:00　水曜休(蕎麦がなくなり次第終了)
Kamiyo Soba
Okudani-cho 324-5, Matsue, Shimane

9 **objects**(→p. 036, 064)
[本店]
島根県松江市東本町2-8
0852-67-2547
11:00–18:00　水・木曜休、他不定休
JR山陰本線 松江駅から徒歩約15分
[別館]
島根県松江市天神町17-1 BIOTOUP 1A
12:00–18:00　（不定期オープン）
JR山陰本線 松江駅から徒歩約10分
objects.jp
objects(→p. 036, 064)
[Main Store]
Higashihon-machi 2-8, Matsue, Shimane
11:00–18:00 Closed on Wednesdays and Thursdays, other non-scheduled holidays
15 minutes on foot from Matsue Station on JR San'in Main Line
[Annex]
BIOTOUP1A Tenjin-machi 17-1, Matsue, Shimane
12:00–18:00 Open irregularly
10 minutes on foot from Matsue Station

10 **俵種苗店 SHIKINOKA**(→p. 038)
島根県鹿足郡津和野町後田ロ212
0856-72-0244
10:00–18:00　不定休
shikinoka.jp
JR山口線 津和野駅から徒歩約10分
SHIKINOKA (→p. 038)
Ushiroda Ro 212, Tsuwano-cho, Kanoashi-gun, Shimane
10:00–18:00　Irregular closing days
10 minutes on foot from Tsuwano Station on JR Yamaguchi Line

11 **山の駅さんべ**(→p. 040, 114)
島根県大田市三瓶町池田3294
0854-83-2053
火・水・金曜　10:00–14:00
土・日曜　10:00–16:00(雨天の場合は、早めの閉店あり)
月・木曜休、12～3月中旬冬季休業
yamanoekisanbe.net
JR山陰本線 大田市駅から車で約30分
Yamanoeki Sanbe(→p. 040, 114)
Ikeda 3294, Sanbe-cho, Oda, Shimane
Tuesdays, Wednesdays, and Fridays 10:00–14:00 Saturdays–Sundays 10:00–16:00 (in case of rain, the store may close early) Closed on Mondays and Thursdays, closed during the winter season from December to mid-March
30 minutes by car from Oda-shi Station on JR San'in Main Line

12 **石見銀山 まちを楽しくするライブラリー**
(→p. 042, 126)
島根県大田市大森町ハ94
0855-24-2201
10:00–17:00(L.O. 16:30)月～水曜休、他不定休
12～3月は、冬季営業(要確認)
ginzan-books.com
石見銀山公園駐車場から徒歩約10分
Iwami Ginzan Library(→p. 042, 126)
Omori-cho Ha 94, Oda, Shimane
10:00–17:00 (L.O. 16:30) Closed on Mondays, Tuesdays, Wednesdays, and irregular holidays Open in winter from December to March (confirmation required)
10 minutes on foot from Iwami Ginzan Park Parking Lot

13 **Sailing Coffee**(→p. 044)
島根県隠岐郡西ノ島町浦郷492
08514-2-2488
10:00–17:00(土・日曜 –16:00)臨時休業あり
sailing-coffee.com
別府港から車で約10分
Sailing Coffee(→p. 044)
Urago 492, Nishinoshima-cho, Oki-gun, Shimane
10:00–17:00 (Saturdays and Sundays –16:00) with occasional closing
10 minutes by car from Beppu Port

14 **珈琲館 湖北店**(→p. 046)
島根県松江市浜佐田町1044-1
0852-36-8968
9:00–17:00　木曜休
一畑電車北松江線 松江しんじ湖温泉駅から車で約5分
Coffee-Kan Kohoku Store(→p. 046)
Hamasada-cho 1044-1, Matsue, Shimane
9:00–17:00 Closed on Thursdays
5 minutes by car from Matsue Shinjiko-Onsen Station on Ichibata Electric Railway Kitamatsue Line

15 **暮らす宿 他郷阿部家**(→p. 048, 056, 126)
島根県大田市大森町ハ159-1
0854-89-0022
1泊2食付き1名 44,000円～(2名利用時)
kurasuyado.jp/takyo-abeke
石見銀山公園駐車場から徒歩約5分
Takyo-Abeke(→p. 048, 056, 126)
Omori-cho Ha 159-1, Oda, Shimane
One night with 2 meals (per person) from 44,000 yen (when 2 guests in one room)
5 minutes on foot from Iwami Ginzan Park Parking Lot

16 **MASCOS HOTEL**(→p. 050, 058, 090)
島根県益田市駅前町30-20
0856-25-7331
1泊素泊まり1名 9,100円～
mascoshotel.com
萩・石見空港から車で約15分
MASCOS HOTEL(→p. 050, 058, 090)
Ekimae-cho 30-20, Masuda, Shimane
One night with no meal (per person) from 9,100 yen
15 minutes by car from Hagi-Iwami Airport

17 **Entô**(→p. 052, 114)
島根県隠岐郡海士町福井1375-1
08514-2-1000
1泊素泊まり1名 17,500円～
ento-oki.jp
菱浦港から徒歩約5分
Entô(→p. 052, 114)
Fukui 1375-1, Ama-cho, Oki-gun, Shimane
One night with no meal (per person) from 17,500 yen
5 minutes on foot from Hishiura Port

18 **sog　福森拓**(→p. 054, 064)
島根県松江市天神町17-1 BIOTOUP 1C
050-5896-6002
sssog.jp
JR山陰本線　松江駅より徒歩約10分
sog　Taku Fukumori(→p. 054, 064)
Tenjin-machi 17-1, Matsue, Shimane
10 minutes on foot from Matsue Station on JR San'in Main Line

19 **石見銀山 群言堂　松場登美**(→p. 056, 048, 126)
[石見銀山 群言堂 本店]
島根県大田市大森町ハ183
0854-89-0077
11:00–17:00(カフェ　L.O. 16:30)
水曜休(祝日は営業)
www.gungendo.co.jp
石見銀山公園駐車場から徒歩約3分
Iwami Ginzan Gungendo
Tomi Matsuba(→p. 056, 048, 126)
[Iwami Ginzan Gungendo Main Store]
Omori-cho Ha 183, Oda, Shimane
11:00–17:00 (Cafe: L.O. 16:30) Closed on Wednesdays (open on national holidays)
3 minutes on foot from Iwami Ginzan Park Parking Lot

20 **益田工房／マスコス　洪昌督**(→p. 058, 112)
島根県益田市あけぼの西町3-14
0856-25-7651
masudakohboh.com
mascoshotel.com
MASUDA KOHBOH / MASCOS
Shotoku Koh(→p. 058, 112)
Akebono Nishi-machi 3-14, Masuda, Shimane

21 **津和野まちとぶんか創造センター**
玉木愛実(→p. 060)
[cafe & hostel TMC]
島根県鹿足郡津和野町後田ロ60-23
0856-73-7400
11:00–18:00(L.O. 17:00) 無休 ※臨時休業あり
www.tmc-tha.com/
JR山口線 津和野駅から徒歩約10分
Tsuwano Machi-to-Bunka Creation Center
Manami Tamaki(→p. 060)
[cafe & hostel TMC]
Ushiroda Ro 60-23, Tsuwano-cho, Kanoashi-gun, Shimane
11:00–18:00 (L.O. 17:00) Open all year round
*Temporary closing
10 minutes on foot from Tsuwano Station on JR Yamaguchi Line

d MARK REVIEW SHIMANE INFORMATION

1

島根県芸術文化センター グラントワ(→p. 020, 142)
島根県益田市有明町5-15
0856-31-1860
9:00–22:00　第2·4火曜休、年末年始休
［石見美術館］ 9:30–18:00
(入館は、17:30まで)火曜休、年末年始休
［いわみ芸術劇場］ 9:00–22:00　第2·4火曜休
(祝日の場合は、翌日以降の平日休)、年末年始休
www.grandtoit.jp
萩·石見空港から車で約15分
Shimane Arts Center Grand Toit(→p. 020, 142)
Ariake-cho 5-15, Masuda, Shimane
9:00–22:00　Closed on the 2nd and 4th Tuesday of every month, year-end and New Year holidays
［Iwami Art Museum］ 9:30–18:00 (Admission until 17:30) Closed on Tuesdays, Year-end and New Year holidays
［Iwami Art Theater］ 9:00–22:00 Closed on 2nd and 4th Tuesdays (if the day falls on a national holiday, closed on the following weekday), closed during year-end and New Year holidays
15 minutes by car from Hagi-Iwami Airport

2

出雲民藝館(→p. 022, 064)
島根県出雲市知井宮町628
0853-22-6397
10:00–17:00(入館は、16:30まで)
火曜休(祝日の場合は、翌日休)、年末年始休
izumomingeikan.com
出雲縁結び空港から車で約40分
Izumo Folk Crafts Museum(→p. 022, 064)
Chiimiya-cho 628, Izumo, Shimane
10:00–17:00 (Admission until 16:30)
Closed on Tuesdays (if Tuesday is a national holiday, closed the following day), Year-end and New Year holidays
40 minutes by car from Izumo Enmusubi Airport

3

浜田市世界こども美術館(→p. 024)
島根県浜田市野原町859-1
0855-23-8451
9:30–17:00(入館は、16:30まで)
月曜休、祝日の翌日休、年末年始休、
展示替期間休
www.hamada-kodomo-art.com/
山陰自動車道 竹迫ICから車で約2分
Hamada Children's Museum of Art(→p. 024)
Nobara-cho 859-1, Hamada, Shimane
9:30–17:00 (Admission until 16.30)
Closed on Mondays, the day following a national holiday, and during the exhibition change period at the year-end and new-year holidays.
2 minutes by car from Takezako exit on San'in Express way

4

津和野町立 安野光雅美術館(→p. 026)
島根県鹿足郡津和野町後田イ60-1
0856-72-4155
9:00–17:00(入館は、16:45まで)
木曜休(祝日は営業)、12月29日～31日休
※展示入れ替え休館あり
www.town.tsuwano.lg.jp/anbi/anbi.html
JR山口本線 津和野駅から徒歩約1分
Anno Mitsumasa Museum of Art(→p. 026)
Ushiroda I 60-1, Tsuwano-cho, Kanoashi-gun, Shimane
9:00–17:00 (Admission until 16:45)
Closed on Thursdays (open on national holidays) and December 29-31 *Subject to change due to exhibition closures.
1 minute on foot from Tsuwano Station on JR Yamaguchi Main Line

5

登土居(→p. 028)
島根県出雲市湖陵町大池858
0853-77-0799
火～木曜　11:00–15:00(L.O. 14:00)
金·土曜　11:00–15:00(L.O. 14:00)、
17:00–21:00 (L.O. 20:00)
日·月曜休、祝日不定休、他臨時休業あり
dohdoi.com
JR山陰本線 出雲市駅から車で約20分
Dohdoi(→p. 028)
Oike 858, Koryo-cho, Izumo, Shimane
Tuesday–Thursday 11:00–15:00 (L.O. 14:00)
Friday–Saturday 11:00–15:00 (L.O. 14:00),
17:00–21:00 (L.O. 20:00) Closed on Sundays and Mondays, irregular holidays,
and other occasional closures
20 minutes by car from Izumo-shi Station on JR San'in Main Line

6

姫のそば ゆかり庵(→p. 030, 104)
島根県仁多郡奥出雲町稲原2128-1 稲田神社内
0854-52-2560
ランチ 11:00–14:30(L.O.)
火曜·第3水曜休(祝日の場合は営業)、
1月初旬から2月末まで冬季休業
r.goope.jp/sr-32-323421s0022/
JR木次線 出雲横田駅から車で約5分
Hime-no-Soba Yukarian (→p. 030, 104)
Inahara 2128-1, Okuizumo-cho, Nita-gun, Shimane (Inside Inata Shrine)
Lunch 11:00–14:30 (L.O.) Closed on Tuesdays and the 3rd Wednesday of the month (open if the day is a national holiday), closed in winter from early January to the end of February.
5 minutes by car from Izumo-Yokota Station on JR Kisuki Line

7

糧(→p. 032)
島根県鹿足郡津和野町邑輝829-1
(堀氏庭園敷地内 旧畑迫病院)
0856-72-0339
土·日曜　［レストラン］ 11:00–14:00(L.O.13:30)
［カフェ］ 11:00–17:00　［本屋·物販］
10:00–17:00　木·金曜　11:00–14:00
月～水曜休　※1～2月は冬季休業
72recipes.jp
JR山口線 津和野駅から車で約15分
Kate(→p. 032)
Muraki 829-1, Tsuwano-cho, Kanoashi-gun, Shimane (Former Hatagasako Hospital, within Hori Teien Garden)
Saturday–Sunday　［Restaurant］ 11:00–14:00 (L.O. 13:30)　［Café］ 11:00–17:00　［Bookstore/shop］ 10:00–17:00 Thursday–Friday 11:00–14:00
Closed on Mondays through Wednesdays
*Closed during the winter season from January to February.
15 minutes by car from Tsuwano Station on JR Yamaguchi Line

8

出西窯(→p. 034, 064, 090)
［出西くらしのvillage］
島根県出雲市斐川町出西3368
0853-72-0239
9:30–18:00　火曜、元旦休
［くらしの陶·無自性館］
0853-72-0239
9:30–18:00　火曜休
［ル コションドール 出西］
0853-27-9123
9:30–17:00(L.O. 16:30) 火曜·第2·第4水曜休
［Bshop出西店］
0853-25-7332
10:00–18:00 火曜休
www.shussai-village.jp
出雲縁結び空港から車で約20分
Shussaigama Pottery(→p. 034, 064, 090)
［Shussai Kurashi-no-Village］
Shussai 3368, Hikawa-cho, Izumo, Shimane
9:30–18:00 Closed on Tuesdays and New Year's Day
［Kurashi-no-Tou　Mujosho Kan］
9:30–18:00 Closed on Tuesdays
［Le CochonD'or Shussai］
9:30–17:00 (L.O. 16:30) Closed Tuesdays, 2nd and 4th Wednesday of the month
［Bshop Shussai Store］
10:00–18:00　Closed on Tuesdays
20 minutes by car from Izumo Enmusubi Airport

髙木 晴香　Haruka Takagi
編集者
徳島にいらっしゃる際は
ご連絡ください！Twitter：takagichan98

高田 弘介　Kosuke Takada
D&DEPARTMENT MIE by VISON
陽と陰、どこか三重と似ている島根。いつか旅をしたい。

高野 知子　Tomoko Takano
D&DEPARTMENT HOKKAIDO 店長
家に入ってきたカメムシが越冬できるか研究中

高野 直子　Naoko Takano
リトルクリエイティブセンター
東京と岐阜をつなぐフリーマガジン
「TOFU magazine」を発行中！

竹内 葉子　Yoko Takeuchi
d news aichi agui スタッフ、
編集者（葉月舎）
島根の伝統野菜「津田かぶ」を
食べてみたい！

玉木 愛実　Manami Tamaki
津和野まちとぶんか創造センター
学校や地域の学びと創造を支える環境を
作っています。

俵 志保　Shiho Tawara
俵種苗店 SHIKINOKA 代表
種からはじまる暮らしを
デザインしています

辻井 希文　Kifumi Tsujii
イラストレーター
今回は島根の色々を
描かせて頂きました！

津田 堅司　津田 暁子
Kenji Tsuda　Akiko Tsuda
西持田窯 陶工
生き生きとした器が生まれるよう
日々心がけています！

土屋 誠　Makoto Tsuchiya
BEEK
今年本屋始めます。

角田 潤　Jun Tsunoda
Cafe PUENTE オーナー
神様もいいけど
スサノオマジックもいいです！

とつ ゆう　Yu Totz
絵描き・デザイナー
民芸のふるさと島根、すき。

戸谷 豪良　Takeyoshi Toya
ふぃーるど 百姓
楽しんで百姓しています！

中西 忍　Shinobu Nakanishi
建築家
津和野が持つ地場を未来に紡ぎたい

中山 領　Ryo Nakayama
シトロエンの人
窓全開で、ベタ踏み坂を
ドライブしてみたい！

南雲 克雅　Nagumo Katsumasa
日本つけ麺学会事務局長
東京都中野区発祥の「つけ麺」を
世界に広める活動中！

西村 史之　Fumiyuki Nishimura
artos Book Store 店長
今年 artos は20周年を迎えました！

原田 將裕　Masahiro Harada
茅ヶ崎市役所
祝・島根号！茅ヶ崎から遊びに行きます！

日野 藍　Ai Hino
デザイナー・YON編集長
四国から島と山越え
島根まで行きたいなぁ

平井 俊旭　Toshiaki Hirai
島根県立大学 教員
石見銀山の大森町、
楽しいので遊びに来てねー！

廣田 理紗　Risa Hirota
島根県立石見美術館　専門学芸員
移住してはや16年。
島根の土地と人に魅了されています！

福森 拓　Taku Fukumori
sog 株式会社 代表取締役
d の視点で切り取ったら、
こんな島根になりました。

藤井 保　Tamotsu Fujii
写真家
島根にJターンをして4年になります。

藤原 英生　Hideki Fujihara
産業教育プロジェクト 代表
神話・歴史・文化が現代にも共存する
黄泉がえりの國

舩木 伸児　Shinji Funaki
舩木窯６代目
一見「意味のないもの」「なくてもいいもの」を重要視。

古岡 大岳　Hirotake Furuoka
豆岳珈琲　焙煎など担当
みのたけブレンド、今の豆岳珈琲の
身の丈をどうぞ

古谷 阿土　Aduchi Furutani
d47 MUSEUM
まだ旅したことない島根県。
島根号片手に訪れたい！

星野 雅俊　Masatoshi Hoshino
BELLÚRIA 高崎店 Store manager
桐生は小さくて、お散歩しやすい
穏やかな街です。

本多 尚諒　Naoaki Honda
テンナイン・コミュニケーション
釜揚げそば、とても気になります！

前野 祐輝　Yuki Maeno
D & DEPARTMENT KAGOSHIMA by MARUYA
鹿児島でイラストを描きながら
活動しています。

松井 俊太郎　Syuntarou Matsui
D&DEPARTMENT USED バイヤー
まだ見ぬ used を探しに
島根県に行ってみたいです！

松場 忠　Tadashi Matsuba
石見銀山 群言堂 代表
日本のものづくりと生活観光、
地域づくりをしています

宮本 美保子　Mihoko Miyamoto
島根県食生活改善推進協議会会長
浜田市食生活改善推進協議会会長
幅広い世代を対象とした食を通した
健康づくり活動

毛利 優花　Yuuka Mouri
洲本市地域おこし協力隊
大学生の頃、島根にリサーチに
行ったのを思い出します。

本村 拓人　Takuto Motomura
Media Surf Communications
ナガオカさんAI時代、余暇に対する
義語はなんだと思われますか？

森山 勝心　Katsushi Moriyama
Oki Islands Inc.
島根号を持って、
島根の旅を愉しんでください！

安本 みゆき　Miyuki Yasumoto
編集者
本州の西の端っこ下関市在住。
おいでませ山口へ！

山﨑 悠次　Yuji Yamazaki
写真家
猫背な人生

山本 阿子　Ako Yamamoto
D&DEPARTMENT FUKUSHIMA
日本百名山に挑戦したい

山本 耕平　Kohei Yamamoto
株式会社ヤマト醤油味噌 マネージャー
町家の並ぶ金沢の風景を
ぜひ散策して欲しいです。

渡邊 一　Hajime Watanabe
有限会社渡邊水産　代表取締役
「うまいをあなたに」渡すいの理念です。

渡邉 友紀　Yuki Watanabe
ym.（カフェ）
松戸で美味しいお菓子作ってます！

CONTRIBUTORS

相馬 夕輝 Yuki Aima
D&DEPARTMENT つづくをたべるディレクター
島根は郷土食の宝庫。
水ある所に文化あり。

浅川 友里江 Yurie Asakawa
Entô 広報担当
Entôで「地球にぽつん」体験を
してみませんか？

天津 やよい Yayoi Amatsu
フリーランス
島根は懐かしい、温かい思い出が
いっぱいです！

有賀 みずき Mizuki Aruga
d design travel 47 情報担当
47 情報を引き継ぎ、初編集。
94のご縁に感謝です！

井上 映子 Eiko Inoue
ダイアテック　BRUNO 広報担当
自転車の新たな楽しみを伝えたい！！

井上望 Nozomi Inoue
sog 株式会社　コピーライター
仕事したくない時は、
宍道湖か海に逃避します。

井上 裕司 Yuji Inoue
たなべたたらの里
たたら製鉄　モノづくりの原点！

井上 由華 Yuka Inoue
一児の母
結婚を機に南大阪へ。
自然も食材も豊かでいい所です。

今田 雅 Miyabi Imada
.P
直感的に探求する何者でもないわたし

岩井 巽 Tatsumi Iwai
五分
青森県五戸町で馬革ブランド<五分>
として活動しています。

岩滝 理恵 Iwataki Rie
D & DEPARTMENT TOYAMA
島根の美味しいもの知りたい！

植本 寿奈 Suna Uemoto
d47 食堂 料理人
高津川、斐伊川から宍道湖、
日本海へ水を辿りました。

内田 幸映 Yukie Uchida
d 食堂 京都
京都に住んでまるっと3年経ちました。
お香が好きになりました。

梅津 昂明 Takaaki Umetsu
株式会社 Looop
今年は屋久島へ
島根の熊野様のエネルギーも感じたい

衛藤 武智 Takenori Eto
出雲そば食したい関係
～河船のもそろもそろに國来々々と～
出雲国風土記ヨリ

大江 健太 Kenta Ooe
糧　店主／建築企画
余白いっぱいの津和野で、
一緒になにか企てませんか？

大北 吾子 Ako Ogita
d47 食堂 店長
次は島根で源氏巻の食べ比べを
しようと思います。

加賀崎 勝弘 Katsuhiro Kagasaki
PUBLIC DINER
海と空の境界線が溶けている出雲が
身体に残っています。

梶谷 美由紀 Miyuki Kajitani
株式会社 necco 代表
三瓶山（さんべさん）の麓"山の駅"で
お待ちしています

鹿子木 千尋 Chihiro Kanokogi
d47 design travel store
次回は三瓶山登山へ！！！

岸本 展明 Nobuaki Kishimoto
IMAGINE.COFFEE 代表
島根に来たら、何はともあれまずは
IMAGINE.COFFEEへ！というような
コーヒー屋でありたいです。

国井 純 Atsushi Kunii
ひたちなか市役所
摩天崖の眺め、Entôで迎えた朝、
島根の美しい記憶たち

熊谷 太郎 Taro Kumagai
株式会社らじょうもん代表
映画「砂の器」で知った亀嵩。
いつか行ってみたい。

黒江 美穂 Miho Kuroe
D&DEPARTMENT ディレクター
遠いけどふらっと行きたくなる
不思議なパワーの島根！

桑原 正樹 Masaki Kuwabara
宍道湖漁業協同組合 参事
宍道湖の魚貝を通じて、
島根の自然の魅力を伝えたい。

洪 昌督 Shotoku Koh
MASCOS INC. MASUDA KOHBOH Inc. 代表
取締役（Musician）
マスコスマスコスマスコス
マスコスマスコスマスコス

工藝 格 Kougei ITARU
製造業
民藝をルーツに、
島根を依怙贔屓した活動をしています。

古賀 義孝 Yoshitaka Koga
光画デザイン
デザインで、世の中を明るくできると
信じています。

小加本 行広 Yukihiro Kogamoto
石見神楽東京社中 代表
石見に息づく伝統文化の魅力を
発信しています。

金藏 未優 Miyu Konzo
D&DEPARTMENT TOKYO
◯◯の国しまね。

齋藤 則子 Noriko Saito
隠岐の島町 町議会議員
岩ガキ・岩海苔・海苔ハバ・アラメ・
シアサリ汁絶品

坂田 実緒子 Mioko Sakata
大ナゴヤツアーズ事務局
温泉津焼の窯元巡りに出かけたい！

坂本 大三郎 Daizaburo Sakamoto
山伏
島根といったら『砂の器』を
思い浮かべます。

坂本 大祐 Daisuke Sakamoto
オフィスキャンプ
奈良県東吉野村で
コワーキングスペースを運営中。

佐々木 創 Hajime Sasaki
objects 代表
移住して14年。
都会では暮らせない体質になりました。

佐藤 春菜 Haruna Sato
編集者
旭川生まれ。東北を拠点に
旅して暮らして書いています。

澤田 央 Hiro Sawada
cafe & shop BRICK 店長
弘前れんが倉庫美術館&BRICKで
お待ちしています！

芝生 かおり Kaori Shibo
福井かひる山 風土舎
山ふところに移住し5年目。
炭焼きに挑戦したいです。

島袋 みのり Minori Shimabukuro
D&DEPARTMENT OKINAWA
島根号を片手に旅をする日が
楽しみです！

下里 杏奈 Anna Shimosato
檸檬
「檸檬」というユニット名で
活動しています。

末永 侑 Yu Suenaga
フォトアトリエすえなが
島根のいろいろ、
この特集号で知れるのがたのしみ！

高木 崇雄 Takao Takaki
工藝風向 店主
四月には二年ぶりに「出西窯青年展」を
開催します。

& ginger／36⑤／47ネイル川田舞／821&350／AKAGERA32／artos Book Store／asa／Atelier Sunoiro／bulkstore kinotoma／CALLING BOOKS／cera cera
CHIGWO／CHITEN SHOP／d日本フィルの会／fujimura hitomi／FUTAGAMI／Gerd Knäpper Gallery／goggol／Green's Baby／Hello! Hiroshima Project 吉原俊朗
hirven woodworks／HUMBLE CRAFT／inutaku3／Jeremy Hunter & Tomo Ogino／JNJN／K.Hori／K.OKADA／K.T／Keisuke Goto／KENJI FUJIHARA
Kina Village 村長 河辺匡太／Marc Mailhot／marutt Inc.／Masa／MASCOS INC.／Matsue Sunset／matsuyuki／mi／misato／morikacelica／Natsuki Ota／NU
samba2001／Saori Mukai／saredo - されど -／SHIKINOKA／Shun Ito and Etsuko Tabira／shunshun／sog株式会社／sone yukari／Soto／SPIRA FARM／takada
TALL／Ten Nishitani／TETSUYA OKAZAKI／TMC 一般社団法人津和野まちとぶんか創造センター／watari yuna.／YARN HOME 荒川祐美／yuchin／あずにゃん
いしだじゅり／イノチグラス／いまで／うっち／エドゥカーレ／おおなんきらりエネルギー株式会社／おかじ／かめお／カヤノユウイチ／かわしまさんち
キリヤマナオコ／くりはらゆうこ／くろちゃん／けいこ／こだまなつみ／ことり。／コト暮らし／こやまちはる／ささきあつし／しまねのみつそらはる／しょうこ
ショウジタクト／じょーじ／しんどうひとみ／タケムラナオヤ／つちのと舎／どーも／とくら建築設計／ナイタニハジメ／ナカムラケンタ／なかむらみほ／にしこ
はたのまよ／はらさきこ／ひかり／ひさながいづみ／ひはしゅふ／ヒライシカナコ／ふき／フナトミワ／ヘイソン・ニャー／ほっかインド会／ますだくみこ／ますだ家
ますみさん／まつおかよこ／まりたん／まる／みきたま／ミク／ミホママ／やまねやすひろ／りえちん／ルーフスケイプ／安達佳／安達怜美／安藤克也
医療法人スマイルライン／隠岐サーキュラーデザインラボ／永合由美子／永末武寛／塩出喬史／奥田周平／横山順也／岡部淳也／沖田知也／下中隆嗣
下尾苑佳／加賀崎勝弘（PUBLIC DINER）／河野梨恵／梶谷郁子／梶谷美由紀／株式会社MARUEIDO ART PROJECT／株式会社SAIDO 品川良樹／株式会社Stayand
株式会社あしたの為のDesign／株式会社アットゴー／株式会社スタプロ COO 斉藤大将／株式会社ソフィアクロスリンク／株式会社ビドルインターナショナル
株式会社みちば／株式会社村松建築／鎌田祥／鴨木知子／関本亜紀／岸本展明／岩下雄大（株）倉浜建設／鬼木／吉永伸裕／吉廣則子／喫茶ホボハチ
宮島工芸製作所／魚谷紗代子／錦織叶羽／金子伸二／金田郁也／桑原正樹／郡山裕子／元田（BOSS）／原久子／原田將裕／吾郷誠／御子柴北斗／工藝格
江田島ポタジェ＆レストラン ブリコラージュディセット 空本 健一／高橋良之／合同会社現象舎／国井純（ひたちなか市役所）／今田順／佐々木文雄／佐藤愛
佐藤夏雄／佐藤里絵／佐藤竜／坂本正文／坂本明子／崎山智華／笹岡可那子／三浦編集長／三木康裕／三木脩平／山代悟／山田摂／山﨑萌果／持田神社
時田隆佑／鹿糠さやか／七月十日豆／柴崎由紀／狩野尚太（shochang）／秋山千夏／十八月／小磯麻樹子／小蔭／小加本行広（石見神楽東京社中）／小原千寿
小松雅人／小村淳浩／小藤宗相／小野寺拓郎／小柳文／小林俊介／松場忠／松本美紀／上田歯科医院／城崎温泉 富士見屋／新開雅啓／新谷浩司／新田悟朗
新田直子／森光男／森居真悟／森山俊信／森田八雲／森内理子／森本さと美／森野智子／神田恭秀／吹屋ふるさと村陶芸の会／水木智英（コーネル）
水野孫人、吾郷直美／杉戸ファミリー／瀬良修／西持田窯／西村愛／西嶋一泰／西尾麻美／西本三由紀／石見銀山群言堂／石見銀山デッサンドールズ
石川秀寛／赤石洋平／川岸正寛／川西尚仁／川名部敬介／浅見橙／前沢泰史／前田博子／村木諭／太刀川英輔／大下健一／大江健太／大黒朱梨
大切な種子を守る会 村岡大吾郎／大村和広／大竹高史／大畑バラ園／大野木達也／大林香織／大﨑彩香／鷹野寛之／谷口博輝／谷川醸造（株）／池田円香
池内祥見／着物スタイリストおだ／中村司／中村麻佑／中村和可子／中嶋武／長谷川将之／長谷川勇紀／長尾純／長友浩之／田口雅教／田中伸明／田中輝美
田中雄也／田中洋美／田附千早／田邊直子／渡部敬太／渡邉大路／渡邉家／土屋明子／唐松奈津子／島根県地域おこし協力隊・山田曜子
島根県立大学 地域づくりコース／嶋村悠子／藤原英生（産業教育プロジェクト）／藤谷瑞樹／藤田浩司／陶山貴司／道場文香／徳間アキフミ／奈桜／日向野めぐみ
白築昂／白田典子／八重田和志／飯塚寿江／樋口全丈／百瀬／布野カツヒデ／風子／風来坊書庭／平井俊旭／平野光國／峰山博気／望月理恵／堀江拓／
末永明子／木村まさおはるえ／野窓［Nomad ノマド］Tsuwano GuestHouse & Cafe Lounge／矢ノ倉利幸／柳家花緑／友員里枝子／里山プライベートハウス コイサイド
留白／糧／鈴木慶／鈴木龍／鈴木正人／和多田菜美子／國松勇斗・素子／姚遠／檜谷邦茂／餃子／髙柳敦史／Katsushi・Terue・Rika・Nao・Maki
他、匿名80名

SUPPORTERS of CROWDFUNDING

「島根号」の制作費の一部は、クラウドファンディングにて募集しました。ご支援いただいた皆さん、ありがとうございました。

さいと

note

株式会社
あしたの
＿＿＿為の
Design
d@ashitame.org

https://note.com/izumo365

SAIDO.inc
DESIGN STUDIO

株式会社SAIDO［サイド］ 島根県松江市殿町58古井ビル2F

越境デザイン
正解のないカケザンを

Sofia
株式会社ソフィアクロスリンク
sofia-crosslink.com

bulk
store
kinotoma

BULKSTORE.KINOTOMA

sog

IZUMO
365

いんすた
@izumo365

おおなんきらりエネルギー株式会社
Ohnan Kirari Energy Corporation

OTHER ISSUES IN PRINT

1 北海道 HOKKAIDO	2 鹿児島 KAGOSHIMA	3 大阪 OSAKA	4 長野 NAGANO	5 静岡 SHIZUOKA	6 栃木 TOCHIGI	7 山梨 YAMANASHI	8 東京 TOKYO	9 山口 YAMAGUCHI
10 沖縄 OKINAWA	11 富山 TOYAMA	11.2 富山2 TOYAMA2	12 佐賀 SAGA	13 福岡 FUKUOKA	14 山形 YAMAGATA	15 大分 OITA	16 京都 KYOTO	17 滋賀 SHIGA
18 岐阜 GIFU	19 愛知 AICHI	20 奈良 NARA	21 埼玉 SAITAMA	22 群馬 GUNMA	23 千葉 CHIBA	24 岩手 IWATE	25 高知 KOCHI	26 香川 KAGAWA
27 愛媛 EHIME	28 岡山 OKAYAMA	29 茨城 IBARAKI	30 福島 FUKUSHIMA	31 三重 MIE	32 神奈川 KANAGAWA	33 福井 FUKUI	済州 JEJU	34 広島 HIROSHIMA

HOW TO BUY

「d design travel」シリーズのご購入には、下記の方法があります。

店頭で購入
Physical Stores

・D&DEPARTMENT 各店（店舗情報 P.179）
・お近くの書店（全国の主要書店にて取り扱い中。在庫がない場合は、書店に取り寄せをご依頼いただけます）

ネットショップで購入
Online Stores

・D&DEPARTMENT ネットショップ www.d-department.com
・D&DEPARTMENT global site www.ddepartment.com
・Amazon amazon.co.jp
・富士山マガジンサービス(定期購読、1冊購入ともに可能) www.fujisan.co.jp

*書店以外に、全国のインテリアショップ、ライフスタイルショップ、ミュージアムショップでもお取り扱いがあります。
*お近くの販売店のご案内、在庫などのお問い合わせは、D&DEPARTMENT PROJECT 本部・書籍流通チームまでご連絡ください。(☎03-5752-0520 平日9:00–18:00)

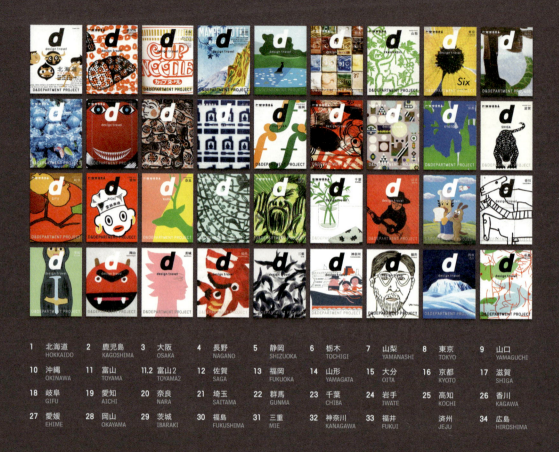

編集後記

渡邉壽枝 Hisae Watanabe
ロングライフデザインの会 事務局。埼玉県出身。
日頃からd design travel 編集部を細々サポート。

何を隠そう、私が免許を取得したのは、島根の方にとってはお馴染み（?!）益田市にある某教習所だ。学生時代、同級生たちと夏休みを利用して行った合宿は、免許の取得以上に楽しい毎日で、今でも思い出話に花を咲かせては、“私たちの益田”と呼ばせていただいている（おかげさまで安全運転で暮らしています）。当時は、教習所にこもりきりだったが、改めて益田の魅力を知ることができた「島根号」。学生時代、共に免許を取った仲間たちと、益田の町をドライブすることを夢見ている。

発行人 / Founder
ナガオカケンメイ Kenmei Nagaoka
（D&DEPARTMENT PROJECT）

編集長 / Editor-in-Chief
神藤 秀人 Hideto Shindo（D&DEPARTMENT PROJECT）

編集 / Editors
渡邉 壽枝 Hisae Watanabe（D&DEPARTMENT PROJECT）
有賀 みずき Mizuki Aruga

執筆 / Writers
高木 崇雄 Takao Takaki（Foucault）
坂本 大三郎 Daizaburo Sakamoto
鹿子木 千尋 Chihiro Kanokogi（d47 design travel store）
大北 吾子 Ako Ogita（d47 SHOKUDO）
相馬 夕輝 Yuki Aima（D&DEPARTMENT PROJECT）
井上 望 Nozomi Inoue（sog Inc.）
洪 昌督 Shotoku Koh（MASDA KOHBOH Inc. / MASCOS INC.）
西村 史之 Fumiyuki Nishimura（artos Book Store）
角田 潤 Jun Tsunoda（Cafe PUENTE）
深澤 直人 Naoto Fukasawa

デザイン / Designers
窪田 千莉 Senri Kubota（D&DESIGN）
高橋 恵子 Keiko Takahashi（D&DESIGN）
村田 英恵 Hanae Murata（D&DESIGN）

撮影 / Photograph
山﨑 悠次 Yuji Yamazaki

イラスト / Illustrators
辻井 希文 Kifumi Tsujii
坂本 大三郎 Daizaburo Sakamoto
山野 孝弘 Takahiro Yamano（Kogei Itaru）

日本語校閲 / Copyediting
衛藤 武智 Takenori Eto

翻訳・校正 / Translation & Copyediting
ニコル・リム Nicole Lim
真木 鳩陸 Patrick Mackey
ブリーン・ニコラス Nicholas Breen
松本 結美子 Yumiko Matsumoto
本多 尚諒 Naoaki Honda
（Ten Nine Communications, Inc.）

制作サポート / Production Support
ユニオンマップ Union Map
加瀬 千寛 Chihiro Kase
植本 寿奈 Suna Uemoto（d47 SHOKUDO）
d47 design travel store
d47 MUSEUM
d47 食堂 d47 SHOKUDO
D&DEPARTMENT HOKKAIDO by 3KG
D&DEPARTMENT FUKUSHIMA by KORIYAMA CITY
D&DEPARTMENT SAITAMA by PUBLIC DINER
D&DEPARTMENT TOKYO
D&DEPARTMENT TOYAMA
d news aichi agui
D&DEPARTMENT MIE by VISON
D&DEPARTMENT KYOTO
D&DEPARTMENT KAGOSHIMA by MARUYA
D&DEPARTMENT OKINAWA by PLAZA 3
D&DEPARTMENT SEOUL by MILLIMETER MILLIGRAM
D&DEPARTMENT JEJU by ARARIO
D&DEPARTMENT HUANGSHAN by Bishan Crafts Cooperatives
Drawing and Manual

広報 / Public Relations
松添 みつこ Mitsuko Matsuzoe（D&DEPARTMENT PROJECT）
清水 睦 Mutsumi Shimizu（D&DEPARTMENT PROJECT）

販売営業 / Publication Sales
田邊 直子 Naoko Tanabe（D&DEPARTMENT PROJECT）
川端 依子 Yoriko Kawabata（D&DEPARTMENT PROJECT）
山本 仁美 Hitomi Yamamoto（D&DEPARTMENT PROJECT）

表紙協力 / Cover Cooperation
舩木 伸児 Shinji Funaki（Funakigama Pottery）

協力 / Support
株式会社石見銀山生活文化研究所
Iwami Ginzan Lifestyle Culture Research Institute Co., Ltd.

表紙にひとこと

陶板『鶏』舩木研兒(1927-2015)
島根というと、“ 民藝ゆかりの地 ”と、みんなが口を揃えて言います。でも、僕が実際に旅した島根は、古いものがそのまま残っていて、それを島根の人が大切に守ってきた。ただただ、それだけだったようにも思えます。舩木研兒さんの作品には、島根から世界へ羽ばたこうという意思があり、「来待釉薬」に、バーナード・リーチ直伝の「スリップウェア」という、どちらかといえば、“ 民藝を取り巻く文化や風土 ”を、1枚の陶板に表現しているようにも思えました。それは、僕が2か月暮らした島根の風景そのもので、同じ来待釉薬に染められる「石州瓦」にも似た、“ 島根らしいデザイン ”を感じます。

One Note on the Cover

Niwatori **("Chicken") by Kenji Funaki (1927–2015)**
Shimane Prefecture is known as a "place associated with *mingei.*" Kenji Funaki of Funakigama Pottery, however, expressed through his works the idea of taking flight and transcending Shimane. His use of *Kimachi-uwagusuri* glaze, applied based on slipware techniques passed down directly by Bernard Leach during his time in Japan, results in works that can convey, through a single ceramic panel, the culture, traditions and features which pervade *Mingei.* These pieces are an integral part of the Shimane scenery I experienced through my two-month sojourn, and just like the *Sekishu-gawara* tiles unique to the region which use the same *Kimachi-uwagusuri* for their coloring, Funaki's designs are something inseparable from Shimane design as a whole.

---

d design travel SHIMANE
2025年4月4日 初版 第1刷
First printing: April 4, 2025

発行元 / Publisher
D&DEPARTMENT PROJECT
158-0083 東京都世田谷区奥沢8-3-2
Okusawa 8-chome 3-2, Setagaya, Tokyo 158-0083
03-5752-0097
www.d-department.com

印刷 / Printing
株式会社サンエムカラー SunM Color Co., Ltd.

ISBN 978-4-903097-35-0

Printed in Japan

掲載情報は、2025年2月時点のものとなりますが、
定休日・営業時間・詳細・価格など、変更となる場合があります。
ご利用の際は、事前にご確認ください。
掲載の価格は、特に記載のない限り、すべて税込みです。
定休日は、年末年始・GW・お盆休みなどを省略している場合があります。
The information provided herein is accurate as of February 2025. Readers are advised to check in advance for any changes in closing days, business hours, prices, and other details.
All prices shown, unless otherwise stated, include tax.
Closing days listed do not include national holidays such as new year's, obon, and the Golden Week.

全国の、お薦めのデザイントラベル情報、本誌の広告や、
「47都道府県応援バナー広告」(P. 154～177のページ下に掲載)
についてのお問い合わせは、下記、編集部まで、お願いします。

宛て先
〒158-0083 東京都世田谷区奥沢8-3-2 2F
D&DEPARTMENT PROJECT
「d design travel」編集部宛て
d-travel@d-department.jp

携帯電話からも、D&DEPARTMENTの
ウェブサイトを、ご覧いただけます。
http://www.d-department.com

この書籍の一部は、「株式会社石見銀山生活文化研究所」の
事業再構築補助金により作成しています。
A portion of this book was created with a business restructuring subsidy from "Iwami Ginzan Lifestyle Culture Research Institute Co., Ltd."

津和野四季

TSUWANO -SHIKI-

四季折々の
伝統行事を楽しむ

Experience traditional events
throughout the four seasons.

Découvrez les événements
traditionnels au fil des quatre saisons.

vol.1

伝統行事を通して感じる
津和野の四季

島根県西部・石見(いわみ)地域の魅力とは。
四季の移ろいが織りなす様々な表情の景色。
でもそれだけじゃない。
この地域には四季折々の伝統行事、神事、祭りがあります。
暮らしの中で脈々と受け継がれ、守られてきた伝統行事は、
今なお当時の息遣いを伝えてくれます。

Experience the seasons of Tsuwano through traditional events.

What makes western Iwami so attractive?
Also known as the “Little Kyoto of the San’in Region”, Tsuwano has many traditional events, rituals and festivals to match the ever-changing seasonal landscapes.
These traditions have been carefully passed down over the centuries, preserving the spirit of ancient Japan.

Vivez au cœur des saisons de Tsuwano lors de multiples événements traditionnels.

Qu'est-ce qui rend la région occidentale d'Iwami si séduisante?
Également connue sous le nom de « petit Kyoto de la région du San'in », la ville de Tsuwano est animée par de nombreux événements, rituels et festivals traditionnels qui s'inscrivent dans les paysages pittoresques des quatre saisons.
Ces traditions ont été soigneusement perpétuées au fil des siècles, préservant ainsi l'esprit du Japon ancien.

鷲原八幡宮　流鏑馬神事

Spring
Printemps

毎年４月第１日曜日開催

全国唯一、鎌倉時代の馬場を勇壮な騎馬が駆ける

室町時代末期の永禄11年(1568)に建てられた、国指定重要文化財・鷲原八幡宮(わしばらはちまんぐう)。大勢の観衆と境内の桜が見守る中、勇壮な騎馬が一騎、また一騎…。見事的を射れば拍手喝采が沸き起こる。

幕末の津和野の情景が描かれた100枚の図画・津和野百景図で「鷲原のやつさ」として描かれる流鏑馬は旧暦8月13日、藩主が上覧する中、2人の農夫が各3回ずつ馬に乗り、その腕を披露したという神事だ。安土(的を掛ける盛り土)をぐるりと取り囲んだ馬場は八幡宮創建と同年に造られ、現在では全国で唯一現存する、鎌倉時代の古式に則ったもの。

流鏑馬神事は明治以降、一度は途絶えてしまったが、昭和32年(1957)に津和野弓道協会有志が歩射流鏑馬(ぶしゃやぶさめ)として復活した。毎年4月の第1日曜日に開催している。

Washibara Hachimangu Shrine Yabusame: Traditional Horseback Archery

First Sunday of April

A spectacular Samurai performance at the oldest Yabusame grounds in Japan.

Designated as an Important Cultural Property of Japan, Washibara Hachimangu Shrine was built during the Muromachi period in 1568. Every April, people gather from across Japan to watch the mounted archers perform this breathtaking ritual beneath the canopy of blossoming cherry trees.

Yabusame was appreciated in the Edo period by the feudal lord and the samurai as depicted in the Japan Heritage “Tsuwano Hyakkeizu”, a collection of 100 paintings illustrating scenes and customs of the Tsuwano domain as it was 160 years ago. Built in the same year as the Washibara Hachimangu Shrine, the Yabusame riding grounds are the only ones in Japan that preserve the ancient original layout seen in the 12th-century Kamakura period.

Today, archers from the 830-year-old Ogasawara School of Yabusame, perform this sacred ritual every year at Washibara Hachimangu Shrine on the 1st Sunday of April.

©MASUDA KOHBOH Inc.

津和野百景図【第三十六図】鷲原のやつさ

Sanctuaire Washibara Hachimangu Yabusame : tir à l'arc traditionnel à cheval

Le premier dimanche d'avril

Un spectacle exceptionnel de samouraï ayant lieu sur le plus ancien terrain de Yabusame du Japon.

Le Yabusame était apprécié à l'époque d’Edo par le seigneur féodal et les samouraïs. Il est notamment représenté dans un tableau du patrimoine japonais « Tsuwano Hyakkeizu », une collection de 100 peintures illustrant des scènes et des coutumes du domaine de Tsuwano tel qu'il était il y a 160 ans.

Désigné en tant que bien culturel important du Japon, le sanctuaire Washibara Hachimangu a été construit pendant la période Muromachi en 1568. Chaque année en avril, des spectateurs venus de tout le Japon s’y retrouvent pour assister au Yabusame ; c’est l’occasion unique d’assister à ce rituel extraordinaire, exécuté par les archers à cheval sous la canopée des cerisiers en fleurs.

Construit la même année que le sanctuaire Washibara Hachimangu, le terrain de Yabusame est le seul au Japon à conserver l'ancienne structure d'origine, datant de la période de Kamakura du XII e siècle.

Les archers de l'école Ogasawara de Yabusame, créée il y a 830 ans, pratiquent ce rituel sacré chaque année au sanctuaire Washibara Hachimangu, le 1er dimanche d'avril.

©MASUDA KOHBOH Inc.

弥栄神社の鷺舞

Summer
Eté

毎年7月20日・27日開催

都の薫りを伝える舞に疫病鎮護の祈りを込めて

夏空の下、雌雄の鷺が優雅に舞う。唄方の謡に合わせて、笛・小鼓・鐘・太鼓が厳かに響き、人々は足を止め行列に見入る。

2022年、ユネスコ無形文化遺産に登録された「風流踊」の一つ、鷺舞(さぎまい)は、津和野の夏の風物詩。

天文11年(1542年)に、京都から山口を経て、この地に移入されたのが始まりだといわれる。

神事として奉納される典雅な鷺舞は、津和野の町民によって大切に受け継がれ、毎年、弥栄(やさか)神社大祭の7月20日の渡御(とご)、27日の還御(かんご)に御神幸の行列と共に鷺舞連中が町内を練り歩く。

京都祇園会の姿を今に伝える貴重な舞は、国の重要無形民俗文化財にも指定され、日本の代表的な古典芸能の一つとして、海外でも知られるようになった。

©MASUDA KOHBOH Inc.

津和野百景図【第十七図】祇園会鷺舞ひ

Sagimai: The Heron Dance of Yasaka Jinja Shrine

July 20th & 27th

A sacred dance infused with prayers of protection against diseases and evil spirits.

Solemn chants, flutes, bells and drums accompany a male and female heron as they dance beneath the summer sky. It is said to have started in 1542, when it was introduced to Tsuwano from Kyoto via Yamaguchi.
In 2022, the Sagimai was registered on the list of UNESCO Intangible Cultural Heritage of Humanity as one of the 41 "Furyu-odori" (Ritual Dances) and is a cherished summer tradition in Tsuwano. This elegant dance and sacred offering is held every year during the Grand Festival of the Yasaka Jinja Shrine on both July 20th and 27th, and preserves the ancient traditions of the Kyoto Gion Matsuri.

It has been designated as an Important Intangible Folk Cultural Property of Japan and is recognized internationally as one of Japan's representative classical performing arts.

Sagimai : la danse du héron du sanctuaire Yasaka Jinja

Les 20 et 27 juillet

Une danse sacrée imprégnée de prières de protection contre les épidémies et les mauvais esprits.

Des chants solennels, des flûtes, des cloches et des tambours accompagnent un héron mâle et une femelle qui dansent sous le ciel estival. Les origines de cette danse remontent à l'année 1542, lorsqu'elle a été introduite à Tsuwano en provenance de Kyoto via Yamaguchi.
En 2022, le Sagimai a été inscrit sur la liste du patrimoine culturel immatériel de l'humanité de l'UNESCO comme l'une des 41 "Furyu-odori" (danses rituelles) et reste une tradition estivale très prisée à Tsuwano. Cette danse élégante est une offrande sacrée qui a lieu chaque année pendant le Grand Festival du sanctuaire Yasaka Jinja, les 20 et 27 juillet. Elle préserve les anciennes traditions du Gion Matsuri de Kyoto et a été désignée en tant que bien culturel folklorique intangible important du Japon.

Aujourd'hui, elle est reconnue internationalement comme l'un des arts du spectacle classiques représentatifs du Japon.

津和野踊り

Summer
Eté

毎年8月15日開催（盆踊り大会）

小京都津和野の伝統芸能
400年以上続く夏の風物詩

覆面のような黒い頭巾に白い長鉢巻を締めた衣装で、静かに舞い踊る姿を初めて見た人は、まるで忍者だと思うことだろう。「津和野踊り」は400年もの間、脈々と受け継がれている盆踊りだ。1617年、鹿野城主(現在の鳥取市鹿野)であった亀井氏が津和野に移封となった際に伝わったとされる念仏踊り。戦国武将の亀井茲矩(かめいこれのり)が城攻めの一計として、盆踊りの輪に踊り子の扮装をした兵士を紛れ込ませて城下へと侵入させ、敵が見物している隙に奇襲をかけて戦勝したというわれがある。この津和野踊りは県の無形民俗文化財に指定され、毎年8月10日の「柳まいり」から踊り始められ、8月15日の殿町盆踊り大会まで町内各所で踊られている。

津和野踊保存会 提供

Tsuwano Odori: Obon Dance

The main festival is held on August 15th.

A 400-year-old Obon tradition in Tsuwano.

As dancers dressed in black hoods and white headbands quietly move in unison through the streets, the sight of the Tsuwano Odori might make a first-time visitor think of ninja, in fact, that's not far off the mark.
The origin of this dance dates back to the 16th-century Sengoku period before the Kamei clan was relocated to Tsuwano at the order of Tokugawa Ieyasu. At the time, the clan governed Shikano (Tottori Prefecture) and this dance was used as a strategic move during a castle siege of a neighboring enemy. The Kamei clan sent soldiers disguised as dancers to secretly infiltrate the opposing town during the Obon* Festival. They then took advantage of the enemy's distraction to launch a surprise attack, emerging victorious.
After the Kamei clan relocated to Tsuwano, it became an Obon tradition held from August 10th to the 15th at various locations throughout the town. It has been designated as an Intangible Folk Cultural Property of Shimane Prefecture.

*Obon is a national Buddhist festival in August that commemorates the ancestors whose spirits are believed to temporarily return during this time.

Tsuwano Odori : danse Obon

La fête principale a lieu le 15 août.

Tradition Obon, équivalent de la Toussaint, qui perdure à Tsuwano depuis 400 ans.

Les danseurs vêtus de cagoules noires et de bandeaux blancs se déplacent harmonieusement à l'unisson dans les rues. Dans l'esprit d'un visiteur novice, cette danse évoquerait le ninja, ce qui n'est pas loin d'être le cas.
Tsuwano Odori fût créé au XVI e siècle lors de la période Sengoku, avant que le clan Kamei ne s'implante à Tsuwano par ordre de Tokugawa Ieyasu. À cette époque, le clan dirigeait Shikano (préfecture de Tottori). Cette danse fut alors utilisée comme un stratagème militaire durant la conquête du territoire voisin.
Le clan Kamei envoya des soldats déguisés en danseurs pour s'infiltrer secrètement dans la ville ennemie pendant le festival Obon*. Ils profitèrent ensuite de la distraction de leurs adversaires pour lancer une attaque surprise, sortant victorieux.
Depuis lors à Tsuwano, Obon est célébré chaque année de cette manière du 10 au 15 août à divers endroits de la ville. Cette danse a été désignée bien culturel folklorique immatériel de la préfecture de Shimane.

*Obon est un festival national bouddhiste qui a lieu en août. C'est la commémoration des ancêtres, dont les esprits sont censés revenir temporairement en ce monde durant cette période.

津和野郷土料理　芋煮

Fall
Automne

毎年 10 月第 3 日曜日開催（芋煮と地酒の会）

「日本三大芋煮」に数えられる津和野の芋煮

山形県中山町・愛媛県大洲市と並び、日本三大芋煮と称される津和野の芋煮。
青野山（あおのやま）山麓の火山灰の土壌は里芋の栽培に適し、昔から津和野では山々が紅葉で色づきはじめると、町内各所で「芋煮会」という宴席が設けられ、おもてなしに芋煮が供されていた。芋煮を囲んで飲み、歌い、語らいあう芋煮会が現在でも続いている。
津和野の芋煮は、昆布と炙った小鯛からとった出汁に里芋と鯛の身を加え、最後に柚子皮を添えるシンプルではあるが上品な味わいが特徴。平成元年からは観光客にも芋煮を楽しんでもらおうと、毎年10月の第3日曜日に「芋煮と地酒の会」が開かれている。芋煮会当日は、地元の里芋を使い、大きな鍋で煮込んで芋煮を提供している。

Tsuwano Imoni: Traditional Local Soup

Third Sunday of October

One of the “Three Great Imoni of Japan”

Considered one of the “Three Great Imoni of Japan”, alongside Nakayama (Yamagata Prefecture) and Ozu (Ehime Prefecture), Tsuwano imoni is a type of traditional soup characterized by its simple but elegant taste of taro grown in the volcanic soil at the foot of Mt. Aono. It is added alongside sea bream into a broth made from kombu and yuzu peels.
Imoni celebrations are held in autumn in each district, and serve as a way to strengthen bonds in the community as locals gather around massive pots of soup to enjoy the scenery, drink local sake, sing and dance.

The "Imoni and Local Sake Gathering" has been held every year since 1989, on the 3rd Sunday of October.

Tsuwano Imoni : soupe locale traditionnelle

Le troisième dimanche d’octobre

L'un des « Trois Grands Imoni du Japon ».

Le Tsuwano Imoni est considéré comme l'un des « Trois Grands Imoni du Japon » avec Nakayama (préfecture de Yamagata) et Ozu (préfecture d'Ehime).
Ce type de soupe traditionnelle est caractérisé par son goût simple mais élégant. Il est réalisé à partir de taro cultivé au pied de l’ancien volcan Aono et de daurade, mijotés dans un bouillon à base de kombu et d'écorces de yuzu.
Les fêtes Imoni, qui ont lieu à l'automne dans chaque district, permettent de renforcer les liens au sein de la communauté. Les habitants se rassemblent alors autour d’imposantes marmites de soupe pour profiter du paysage, boire du saké local, chanter et danser.

Le « Rassemblement Imoni et Saké Local » a lieu chaque année depuis 1989, le 3e dimanche d'octobre.

命婦狐の失せ物探し道中

Winter
Hiver

初午の日に近い土日祝日のいずれかで開催

夫婦狐が津和野城下の町を練り歩く

江戸時代、津和野城の倉庫番をしてきた男が、蔵の鍵を無くしてしまい、お殿様から7日以内に見つけられなかったら切腹をするよう言い渡される。その倉庫番はすがる気持ちで稲荷神社に鍵が見つかるよう毎日お参りをしたところ、7日目に無事鍵が見つかった。そして、このいきさつを聞いたお殿様が、願いが成就する稲荷様であると仰せられ、成就の「成」の字を当てて「稲成(いなり)神社」と称するようになったと言われている。

そんな、失せ物伝承に由来する「鍵」を太皷谷稲成(たいこだにいなり)神社に奉納するのが「命婦狐(みょうぶきつね)の失せ物探し道中」だ。「失せ物探し」の伝承の中には、倉庫番のもとへ狐が鍵をくわえて現れたとするものもあり、その伝承をモチーフにしている。狐面をかぶった夫婦狐と約10名の従者狐が町内を練り歩く姿は神秘的かつ楽しげだ。

The Sacred Foxes' Hatsu'uma Pilgrimage

*Start of February**

A fox couple and their retainers parade through the historical streets of Tsuwano.

In the Edo period, the keeper of storehouses for the lord of Tsuwano lost the key. The lord was furious and announced that if the key was not found within seven days, the keeper would have to perform *seppuku* (a form of ritual suicide). The keeper desperately prayed every day at the Taikodani Inari Jinja Shrine, hoping to find the key, but to no avail. Miraculously, on the seventh day, the key was found. Upon hearing this, the lord believed that Inari, the deity of the shrine granted the wish. In recognition of this miracle, he changed the spelling of the shrine's name from 稲荷 (Inari) to a homophone, 稲成, meaning to succeed.
Ever since, it is the only Inari shrine in Japan that has this version of the name and its deity is renowned for helping to find lost objects, fulfilling wishes and granting business success.

Today, in remembrance of this legend, the fantastical scene of the fox procession takes place in downtown Tsuwano where a fox couple brings back the lost key to the Taikodani Inari Jinja Shrine.

*The date changes every year. Please check the Tsuwano Tourism Association website for the most current information.

Le Pèlerinage de Hatsu'uma des renards sacrés

*Début février**

Un couple de renards et leurs serviteurs défilent dans la vieille ville de Tsuwano.

Durant la période Edo, le gardien des entrepôts du seigneur de Tsuwano perdit la clé. Le seigneur, furieux, annonça que si la clé n'était pas retrouvée sous sept jours, le gardien devrait faire *seppuku* (une forme de suicide rituel). Le gardien pria chaque jour au sanctuaire Taikodani Inari Jinja, dans l'espoir de retrouver la clé. En vain. Miraculeusement, le septième jour, la clé fut retrouvée. En apprenant cela, le seigneur crut que le Inari, la divinité du sanctuaire, avait exaucé le vœu du gardien. En gage de reconnaissance de ce miracle, il changea l'orthographe du nom du sanctuaire de 稲荷 (Inari) à un homophone, 稲成, qui signifie réussir.
Depuis, c'est le seul sanctuaire au Japon qui porte cette version du nom. La divinité qui y réside est réputée pour aider à retrouver les objets perdus, exaucer les vœux et accorder le succès dans les affaires.
Aujourd'hui, en souvenir de cette légende, la scène féérique de la procession se déroule dans le centre-ville de Tsuwano ; un couple de renards ramène la clé perdue au sanctuaire Taikodani Inari Jinja.

*La date change chaque année. Veuillez vérifier sur le site web de l'Association Touristique de Tsuwano.

周辺地域の伝統行事・文化施設

津和野の周辺地域にも伝統ある
行事が盛りだくさん

Other traditions of the western Iwami region.

Autres traditions dans la région occidentale d'Iwami.

水源祭り

吉賀町 | Yoshika

一級河川高津川の水源地にそびえる古代杉(樹齢1,000年以上)。その傍にある「大蛇ヶ池(だいじゃがいけ)」に稲わらで作った藁蛇を担ぎ出し、勇敢に舞いながら雨乞い神事を行う祭りだ。例年6月中旬開催。

©MASUDA KOHBOH Inc.

Suigen Matsuri Festival

In mid-June every year, this festival takes place near the source of Takatsugawa River, where a 1000-year-old cedar tree still stands tall. It's a unique and energetic festival in which a snake figure made of rice straw is carried to a nearby pond and locals perform a ritual dance to pray for rain.

Festival Suigen Matsuri

Chaque année à la mi-juin, un festival a lieu près de la source de la rivière Takatsugawa, où se dresse encore un cèdre millénaire. Il s'agit d'un festival au dynamisme unique, au cours duquel un serpent fait de paille de riz est transporté jusqu'à un étang voisin ; les habitants y exécutent une danse rituelle, priant pour la venue de la pluie.

お問い合わせ先
—
吉賀町役場企画課
TEL 0856-77-1437

公式ホームページ→

八朔祭《はっさくさい》

益田市 | Masuda

人麿の誕生の日、9月1日（陰暦の8月1日）を祝って行われるもので西石見有数の賑やかな祭。高角橋から高津柿本神社までの道に屋台が並び、人々は家内安全や農業の厄をはらう風よけを願い高津柿本神社を参拝する。
神社では石見神楽の奉納が行われ、奏楽の音色と勇壮な舞が披露される。夕方には高津川の河川敷で催される流鏑馬神事により、的を射る音とともに観客の歓声が湧き上がる。

お問い合わせ先

益田市観光協会
TEL 0856-22-7120

公式ホームページ→

Hassaku-sai Festival

One of the liveliest festivals in western Iwami, this event occurs on September 1st and is held in honor of the birth of one of the greatest *waka* poets in Japanese history, Hitomaro, who was born in the mid-7th century. Stalls line the half-kilometer path from Takasumi Bridge to Takatsu Kakinomoto Jinja Shrine, where an offering of Iwami Kagura (traditional Shinto music and dance) is performed to the gods and people pray for the safety of their families and protection from agricultural troubles. In the evening, a Yabusame horseback archery event is held on the riverbank of Takatsugawa River.

Festival Hassaku-sai

Ce festival animé de la partie occidentale de la région d'Iwami a lieu le 1er septembre. Y est célébrée la naissance de Hitomaro, l'un des plus grands poètes *waka* de l'histoire du Japon, né au milieu du VII e siècle. Des stands jalonnent le demi-kilomètre qui mène du pont Takasumi au sanctuaire Takatsu Kakinomoto Jinja, où un spectacle d'Iwami Kagura (musique et danse traditionnelles shinto) est dédié aux dieux. On vient y prier pour la sécurité de sa famille et la protection contre les vicissitudes traversées par l'agriculture. Le soir, le Yabusame (tir à l'arc à cheval) est organisé sur les rives de la rivière Takatsugawa.

島根県芸術文化センター「グラントワ」

益田市 | Masuda

全国でも珍しい、美術館と劇場が一体となった施設。その愛称になっている「グラントワ」は、フランス語で大きな屋根を意味する。大きく広がる屋根だけでなく壁面にも、石見地方特産の石州瓦が用いられている。

Shimane Arts Museum & Theater

Grand Toit

“Grand Toit” meaning "Large Roof” in French, is an art museum and theater combination, quite a rare case in Japan. The building features not only a large and expansive roof, but also walls adorned with local Sekishu roofing tiles that pay tribute to the traditions and culture of the Iwami region.

Musée des arts et Théâtre de Shimane

Grand Toit

Grand Toit est une combinaison de musée d'art et de théâtre, un cas assez rare au Japon. Le bâtiment est caractérisé non seulement par son toit imposant, mais aussi par ses murs ornés de tuiles locales « Sekishu » qui rendent hommage aux traditions et à la culture de la région d'Iwami.

大ホールホワイエ
Grand Hall Foyer
Foyer du Grand Hall

展示室C
Exhibition Room C
Salle d'exposition C

お問い合わせ先

島根県芸術文化センター
「グラントワ」
TEL 0856-31-1860

公式ホームページ→

島根県立石見美術館

趣向の異なる大小4つの展示室ではバラエティ豊かな展覧会が開催される。「森鷗外（津和野町出身で明治時代の文豪）ゆかりの作品」、森英恵（島根県出身の世界的ファッションデザイナー）のコレクションを軸とした「ファッション」、「石見の美術」など、所蔵コレクションも魅力的。ゆったりとアートの世界に浸れる空間。

※展示内容・期間はホームページ等でご確認ください

展示室A
Exhibition Room A
Salle d'exposition A

Iwami Art Museum

The museum showcases a variety of exhibitions across four uniquely designed rooms. Its collection includes artworks related to Mori Ogai (a prominent author from the Meiji period, born in Tsuwano), a focus on fashion featuring designs of Hanae Mori (a globally acclaimed designer from Shimane), as well as exhibitions on Iwami Art and other fascinating pieces. It provides a spacious environment where you can fully immerse yourself in the world of art.

*For details on current exhibits and their dates, please check the website.

Musée d'art d'Iwami

Le musée organise diverses expositions dans quatre salles aux ambiances distinctes. La collection comprend des œuvres liées à Mori Ogai (un écrivain de la période Meiji, né à Tsuwano), une section dédiée à la mode avec les créations de Hanae Mori (une designer mondialement reconnue, originaire de Shimane), ainsi que des expositions sur l'Art d'Iwami et d'autres pièces fascinantes. Un espace vaste où vous pouvez pleinement vous immerger dans l'univers de l'art.

N.B.: Pour plus de détails sur les expositions en cours et leurs dates, veuillez consulter le site web.

島根県立いわみ芸術劇場

世界的に有名な指揮者・小澤征爾氏も絶賛した国内屈指の設備と機能性を誇る1500席の大ホール。舞台と客席との一体感が味わえる400席の小ホール。2つのホールでコンサートや演劇、ミュージカルなど多彩な演目が楽しめる。

大ホール
Grand Hall Auditorium
Auditorium du Grand Hall

Iwami Arts Theater

The large hall, with its 1,500 seats, boasts state-of-the-art facilities and functionality, earning high praise from Seiji Ozawa, an internationally renowned Japanese conductor. The smaller hall, with 400 seats, offers an intimate atmosphere that allows for a deeper interaction between the stage and the audience. Both venues host a variety of performances, including concerts, theater, and musicals, providing a rich cultural experience.

Théâtre des Arts d'Iwami

Le grand hall de 1500 places, réputé pour ses équipements et fonctionnalités de pointe, a reçu de vives éloges de la part de Seiji Ozawa, un chef d'orchestre japonais internationalement reconnu. Le petit hall de 400 places permet une connexion plus intime entre la scène et le public. Les deux salles accueillent des concerts, du théâtre et des comédies musicales, offrant une expérience pluri-culturelle de qualité.

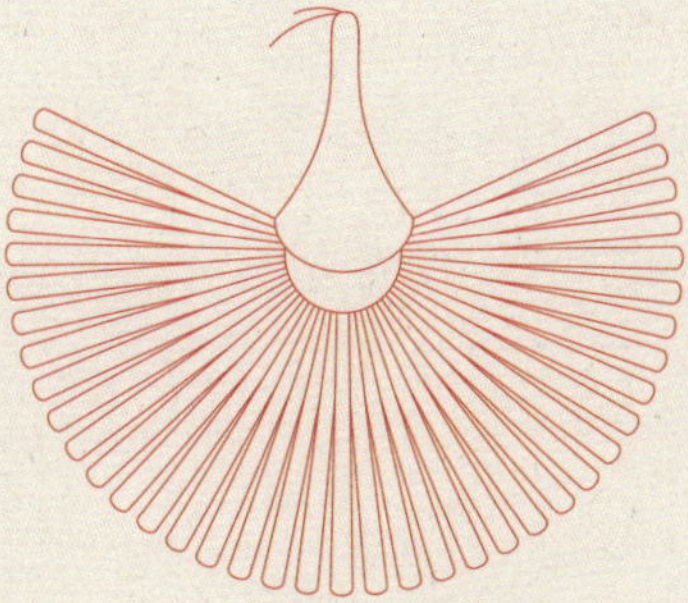

TSUWANO -SHiKi-

発行：2025年3月

発行元｜公益社団法人 島根県観光連盟石見事務所　〒697-0041 島根県浜田市片庭町 254

協力｜津和野町商工観光課

各行事のお問合せ先｜一般社団法人 津和野町観光協会　Tsuwano Tourism Association
TEL 0856-72-1771
https://tsuwano-kanko.net/